企业年金方案设计实务

宋效中　王立国　郭进才　刘建文等　著

北　京
冶　金　工　业　出　版　社
2009

内 容 提 要

企业年金作为养老保险的第二支柱已经越来越为企业和职工所重视，本书以企业决策者、企业年金方案设计者、企业年金基金运营相关机构以及对企业年金感兴趣的经济类、管理类专业学生为对象，在简要介绍了企业年金的目的、意义、理论基础和国外经验之后，把重点放在企业年金方案设计实务上，说明在企业年金方案设计之初应做好哪些必要准备，对企业年金计划的参加人员范围、资金筹集方式和缴费办法、利益分配公式的设计、待遇计发和支付方式、个人账户的转移、结算和封存、企业年金基金投资管理、税收政策、精算模型等重点、难点问题进行了详细论述。本书是在大量调查以及企业年金方案设计课题经验基础上的总结，是理论联系实际的结晶。

本书适合于企业领导、正在或者准备进行企业年金方案设计的有关人员、企业年金管理和运作部门的工作人员阅读，也适合于经济、管理类高年级本科生、研究生参考。

图书在版编目(CIP)数据

企业年金方案设计实务/宋效中等著.—北京：冶金工业出版社，2009.3

ISBN 978-7-5024-4861-5

Ⅰ.企…　Ⅱ.宋…　Ⅲ.企业—养老保险—中国　Ⅳ.F842.67

中国版本图书馆 CIP 数据核字(2009)第 029020 号

出 版 人　曹胜利
地　　址　北京北河沿大街嵩祝院北巷 39 号，邮编 100009
电　　话　(010)64027926　电子信箱　postmaster@cnmip.com.cn
责任编辑　郭庚辰　美术编辑　张媛媛　版式设计　葛新霞
责任校对　刘　倩　责任印制　牛晓波
ISBN 978-7-5024-4861-5
北京百善印刷厂印刷；冶金工业出版社发行；各地新华书店经销
2009 年 3 月第 1 版，2009 年 3 月第 1 次印刷
850mm×1168mm　1/32；8.625 印张；227 千字；258 页；1-3000 册
25.00 元
冶金工业出版社发行部　电话：(010)64044283　传真：(010)64027893
冶金书店　地址：北京东四西大街 46 号(100711)　电话：(010)65289081
（本书如有印装质量问题，本社发行部负责退换）

前　言

自20世纪70年代石油危机以来，世界许多国家相继出现了经济发展速度放缓、人口老龄化、社会保障支出过度膨胀等问题。为了抑制过度膨胀的基本养老保险支出，在世界范围之内兴起了一场养老保险制度改革的热潮。以企业年金为第二支柱的“三支柱”养老保障体系，因为具有政府、企业、个人多方参与的特点，得以较好地贯彻实施并迅速普及发展。

我国企业年金计划起步于1991年（当时名为补充养老保险）。据预测，企业年金在未来每年将有1 000亿元左右的速度增长，到2010年各类年金累计金额将达到10 000亿元左右，届时企业年金将成为我国多层次养老保险体系中名副其实的第二支柱。但是，截至2006年底，全国有1.7万家企业建立了企业年金，参保人数655万人，基金积累260亿元，参加企业年金的人数仅相当于参加国家基本养老保险人数的5%左右。企业年金前一阶段发展缓慢的原因很多，在理论和实务方面还存在许多不足之处，从企业年金方案设计角度来看主要包括以下几方面：

（1）机械地介绍和照搬国际经验，没有与我国的具体实际有机地结合起来，对我国实践中出现的新问题缺乏指导意义。例如正在困扰企业年金方案设计的企业年金参加人员范围的界定、企业缴费的分配模式、企业年金的投资管理等问题是企业年金方案设计实务迫切需要解决的问题。这些设计上的问题由于我国的特殊情况，国际上并没有类似的惯例，需要我们独立思考、另辟蹊径。

（2）企业年金发展对策的研究缺乏针对性，基于全国范围的研究较多，而总结小范围、试点性质的现状和影响因素的研究较少。这难免出现对问题的讨论大而空，对现状泛泛描述，对影响因素的考虑不周全，由此而得出的对策对现实的指导意义不大。而要解决这一问题，必须有针对性地以某一企业为试点，进行深入的调查研究，并提出解决问题的办法。

(3) 对技术层面上的探讨缺乏实际操作性，没有脱离理论研究的惯性。例如，对企业年金基金的投资管理方面，以全面罗列投资管理的方式、归纳总结哪种投资方式更为恰当的研究较多，这可能会得出这种方法有这种方法的好处，那种方法有那种方法的好处的尴尬结论。这样的研究结论对实际操作的指导意义并不大。

当前，我国企业年金制度发展不平衡和缓慢的原因主要来自两个方面：宏观层面上的影响和微观层面上的影响。(1) 宏观层面上的影响有：税收优惠不到位；法律制度不规范；资本市场不够成熟等。这些因素从大环境上制约了企业年金的发展。(2) 微观层面上的影响往往被人们所忽视，而这些因素都或多或少地与企业年金的方案设计相联系，例如，参加人员范围设置不合理影响到企业年金的规模和执行阻力；企业缴费率不高影响了职工参与企业年金的积极性；账户的转移终止等条款造成职工调离、退休时企业年金个人账户的混乱；投资管理的条款过于死板，影响了企业年金基金的投资效益，企业年金保值增值的要求得不到满足，最终影响到企业年金的替代率；企业缴费的分配模式混乱造成了企业缴费划入个人账户的不公平性，对企业年金的制度权威性提出了挑战等。因此本书针对企业年金运行的微观层面——企业年金的方案设计问题进行论述，对实践具有较好的指导性。

我们在近两年的时间里，承接了华北某国有大型油田、秦皇岛市科技局、河北省劳动和社会保障厅以及河北省社会科学发展研究中心等单位的企业年金方案设计研究的课题，通过各种渠道，获得了中国工商银行股份有限公司、河北省分行、廊坊市管道局、冀东油田等二十余个国有大中型企业的企业年金方案。在充分研究这些方案的基础上，我们实地走访了河北省某大型油田、冀东油田、四川油气田公司以及新疆石油公司，并采取了发放调查问卷、与一线职工和社保部门领导座谈讨论等多种调查方式，了解了企业年金方案设计和实际运行中的重点、难点问题。

我们通过对这些企业年金重点、难点的研究，总结出企业年金方案设计的总体思路、应该注意的问题以及解决问题的办法，形成了一套对企业年金方案设计者有参考价值的基本构想，并用简明通俗的语言编成此书。

本书由博士生导师宋效中教授组织编写，并负责全书的总体结构设计、修改和定稿，由几位长期研究企业年金制度的专家学者和多名企业社会保障部门的工作人员分工编写。参加本书撰写的人员有：燕山大学经济管理学院的王立国、郑涛、韩伟、姜铭、李金玲、高丽霞、贺玉德、胡媛媛；华北油田社会保险管理局的郭进才、刘建文、王梦宅、喇明云、孙秀兰、夏姝媛、潘正慧、郭俊杰、王继春。

由于作者水平所限，书中不妥之处，恳请广大读者批评指正。

作 者

2008 年 8 月

目　　录

1 导　论

1.1 对企业年金的基本界定

1.1.1 企业年金的基本概念及特点

1.1.1.1 企业年金的基本概念

“年金”一词来源于英文“pension”，即“养老金”。企业年金的英文原词是“employer s pension”或“occupational pension”，即由企业退休金计划提供的养老金。其实质是以延期支付方式存在的员工报酬的一部分，或者是员工应分享的企业利润的一部分。企业年金制度是年金制度的一个特殊种类，它源于西方社会早期的企业退休金制度或退休给付制度。其最主要的特征是年金由企业举办，缴费的大部分由雇主负责并承担给付责任的一种退休收入保障制度。

我国学者对企业年金的概念进行了一些界定，如有人认为，企业年金是介于社会保险和商业保险之间的一种特殊养老保险形式；有人认为，我国企业年金制度是总结世界各国多年来实施的各种类型年金的补充，养老保障制度的实践经验及教训，并结合中国国情所进行的选择等。

2004 年劳动与社会保障部颁布的《企业年金试行办法》中，将企业年金界定为：企业及其职工在依法参加基本养老保险的基础上，自愿建立的补充养老保险制度。这个概念具有一定的权威性，但笔者认为它概括得还不太全面，没有说明企业年金的本质。

笔者认为，企业年金是指在政府强制实施的公共养老金或国家养老金之外，企业在国家政策的指导下，根据自身的经济实力和经济状况建立的，为本企业职工提供一定程度的退休收入保障的补充性养老金制度，这种界定是比较全面的、深刻的，具有本质性的概念。

1.1.1.2 企业年金的特点

根据这种界定，我国的企业年金具有如下的特点：

A 企业年金的参与人

企业年金的参与人是依法履行了基本养老保险义务，具有健全的劳动关系协调机制的企业。这些企业可以建立企业年金计划，并由企业和职工共同协商制定《企业年金章程》。

B 企业年金的资金来源

企业年金的资金来源是用人单位和职工双方基于基本工资总额和个人工资，依据国家有关法律、政策和协议向企业年金计划缴费；在合格的企业年金计划中，用人单位缴费应当享有免税待遇，职工缴费也应享有免税或延税待遇。

C 企业年金的管理模式

企业年金要建立完全积累的个人账户，以实行长期积累和市场化运营，账户资产(包括既定受益权)归受益人所有，投资风险也由受益人承担。

D 企业年金的经办机构

企业年金的经办机构包括企业年金理事会、账户托管机构、投资管理机构等。经办机构依法或依据合同对账户资产进行管理，对账户资产投资分担责任。

E 在企业年金中的政府角色

政府不直接管理年金计划，但要通过法律和政策手段推行企业年金制度，并对其实施严格的监督管理，以确保缴费和受益人的利益。

F 企业年金的支付

企业年金的支付可以一次性支付或分期支付，这要由《企业年金计划章程》规定或由受益人选择。

1.1.2 企业年金与基本养老保险和商业保险的区别

企业年金与社会基本养老保险、商业年金保险既有联系，又有区别，其区别主要表现在以下三个方面。

1.1.2.1 三者的性质不同

社会基本养老保险是由政府立法强制实施，并通过建立基金，使劳动者达到法定退休年龄或丧失劳动能力时，按国家规定退出工作岗位时，能享受国家给予的物质帮助的一种社会保险制度，它是社会保障体系的基础。商业年金保险是商业寿险公司为筹集资金投入市场运作，获取盈利而卖出的商品，属于商品范畴。

企业年金与社会养老保险和个人商业养老保险共同构成我国社会养老保险体系的三大支柱。从企业年金的意义上看，企业年金是一项制度，一项旨在保证员工退休之后依然能获得一部分补充养老金的制度，其发起和建立都可以以管理运作机构的盈利为目的，是属于企业保障计划和企业福利制度的范畴。参加企业年金与否在很大程度上取决于企业效益的多寡。这也是企业年金和社会养老金、商业年金寿险品的本质区别。

1.1.2.2 三者所享受的优惠政策不同

为了鼓励企业年金的发展，使其真正起到我国养老保险体系的第二支柱作用，国务院于2000年发布了《关于印发完善城镇社会养老保险体系试点方案的通知》(以下简称通知)，该通知明确规定："有条件的企业可为职工建立企业年金，并实行市场化运营和管理，企业年金实行基金完全积累，采用个人账户方式进行管理，费用由企业和个人共同缴纳，企业缴费在工资总额4%的部分，可以从成本中列支。"即企业所缴纳的费用可以部分免税。

对于社会基本养老保险，国家税务总局在财税[2006]10号文件中就个人所得税问题作出了明确的规定："企事业单位按照国家或者省(自治区，直辖市)人民政府规定的比例或办法实际缴付的基本养老保险费，免征个人所得税。个人按照国家或省(自治区、直辖市)人民政府规定的缴费比例或办法实际缴付的基本养老保险费，允许在个人应纳所得税额中扣除。企事业单位和个人超过规定的比例和标准缴付的基本养老保险费，应将超过部分并入个人当期的工资、薪金收入，计征个人所得税。”

而对于商业保险，财政部财企[2003]61 号文件中曾明确规定：“职工向商业保险公司购买财产保险，属于个人投资行为，其所需资金一律由个人承担，不得由企业报销。”即购买商业年金保险品则没有税收上的优惠。

1.1.2.3　企业年金当事人之间的关系和社会基本养老保险、商业年金保险品的当事人关系不同

企业年金管理所涉及的当事人多，关系也较为复杂，而商业年金保险品和社会基本养老保险所涉及的当事人少，关系相对比较简单，对企业年金而论，根据《企业年金试行办法》的规定，参加企业年金的职工为企业年金的受益人，同时“建立企业年金的企业应当确定企业年金受托人，受托管理企业年金。”“受托人可以委托具有资格的企业年金账户管理机构作为账户管理人，负责管理企业年金账户；可以委托具有资格的投资运营机构作为投资管理人，负责企业年金基金的投资运营。受托人应当选择具有资格的商业银行或专业托管机构作为托管人，负责托管企业年金基金。”“企业年金基金必须与受托人、账户管理人、投资管理人的自有资产或其他资产分开管理，不得挪作其他用途。”可见，企业年金的参与者包括职工、企业、托管人、受托人、投资管理人、账户管理人等多个当事人。其中，企业及企业职工和企业年金受托人(以下简称受托人)之间是受托关系，受《信托法》的约束，受托人和账户管理人、投资管理人以及托管人之间是委托代理关系，受《合同法》的约束，其运营管理同时受银监会、证监会等多方机构的监管，监督比较严格，如图1-1 所示。

而商业保险公司的合同的当事人是保险人和投保人、被保险人，他们是合同关系人。保险人和投保人之间是保险合同关系，受保险法的约束，保险人的运营管理主要受保监会的监督和管理。

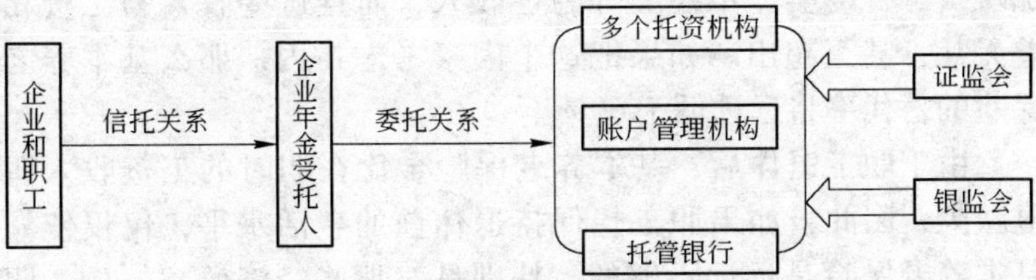

图 1-1 企业年金运作模式及各方当事人关系

社会基本养老保险的当事人是有关企业及其职工的以及负责社会保险征缴管理的运作和发放养老金的政府机构。社保基金的建立和运作主要依据《中华人民共和国劳动法》和国务院《社会保障费征缴暂行条例》。

1.2 建立和发展企业年金的意义

企业年金之所以能成为社会养老保障的第二支柱，在于它能够对整个社会保障体系起到延伸和完善作用，特别是在基本养老保险替代率水平低，现收现付制陷入困境，人口老龄化加剧的情况下，它起的补充养老保险的作用尤为突出；此外，企业年金是一个“金手铐”，能够吸引和留住企业优秀人才，增强企业凝聚力；企业年金作为投资工具具有更大的灵活性，可以最大幅度地调动社会资本，并实现资本的优化配置，建立企业年金的意义是重大的。

1.2.1 建立企业年金，改善职工退休生活

1.2.1.1 提高职工退休收入

基本养老保险虽然覆盖面广，但是，保障水平较低。据劳动和社会保障部保险事业管理中心统计，1999 年、2000 年、2001 年，我国企业退休人员基本养老金分别为 494 元、544 元和 540 元，分别占当年职工月平均工资的 71%、69.6% 和 59.7%。不过这是名义替代率，即按职工得到的工资来衡量。我国职工实际情况是除了工资收入以外，还有工资性补贴，岗位津贴、

加班费、月度奖、年终奖等隐性收入，而且这些收入与工资相差无几，甚至超出。如果把这个因素考虑在内，那么基本养老保险的替代率将远远低于60%。

由于职工退休后，基本养老保险金比在职时的工资收入明显减少，因此，如果职工想保持退休前的生活水平，仅仅依靠基本养老保险是远远不够的。特别是对那些经济效益好的，职工工资大大高于社会平均工资的企业来说。退休后其实际替代率越低。如果不建立企业年金计划，则会造成退休职工收入的大幅度降低。为了使职工退休后收入水平不至于降低太多，市场经济国家都通过国家立法建立了企业年金制度。建立企业年金制度的首要目的是为了让退休人员生活得更好。

1.2.1.2 我国基本养老保险的困境

1997年7月，国务院发布了《国务院关于建立统一的职工养老保险制度的决定》，明确规定我国的基本养老制度为社会统筹与个人账户相结合的筹资模式，实现由现收现付制模式的养老保险制度向"部分积累"模式养老保险制度过渡。其具体办法是：(1)"老人"老办法，即决定退休前的"老人"仍按以前的规定执行，其待遇水平保持不变；(2)"中人"过渡办法，即新制度实施时尚未退休，但是已经工作了相当年份的职工，这部分人除了个人账户和基础养老金之外，还有一部分过渡养老金(即其在"现收现付"制度下无个人账户工作年限的补偿金)；(3)"新人"新办法，即新制度实施之后参加工作的人，养老金由基础养老金账户和个人账户组成。个人缴费年限不满15年的不享受基础养老金待遇，其个人账户存储额一次支付给本人。

不过，由于决定实施前已经退休的"老人"，由于他们以往没有任何积累，因此需要筹足支付其全部退休养老金的经费；还未退休但在旧体制下工作过的"中人"则需要对其在改革前的工作年限视同缴费年限进行补偿，两者相加形成的历史欠账以万亿记(原国务院体改办2000年测算的结果为67145亿元)。由于这部分历史欠账并没有指明通过什么途径筹集，当社会统筹费不足以支付离退休职工的养老金时，个人账户的不完全积累金成了弥补“缺口”的主要资金来源。个人账户的不完全积累金被无偿的透支，导致的结果是个人账户的实际积累为零，个人账户成为“空账”，仅仅是作为养老金计发的办法，更不用说获得投资收益了。巨额的历史债务也直接导致了养老金缺口越来越大，据统计，2000 年缺口达到 300 亿元，2003 年中央财政补助 470 多亿元。为了缩小这个缺口，基本养老保障的替代率可能还要降低，而要保障不降低离退休职工的生活水平，就必须建立企业年金制度，而且还要发展商业保险。

1.2.2 吸引和留住人才，增强企业凝聚力

对于生产经营状况较好，经济效益较为突出的，民主管理较佳的企业来说，建立企业年金，对吸引并保住优秀人才，增长企业凝聚力，也能起到重要作用。

1.2.2.1 企业年金是一种隐蔽的“契约性合同”

在当代企业大量采用高科技生产技术的条件下，企业职工必须经过一定的岗位培训才能胜任本职工作。为此，雇主必须为职工的培训进行大量投资。对于这些经过培训从而掌握了一定的生产和工作技能的职工，雇主一般不希望他们过早离开企业。另外，现代化的生产也需要一定的团队精神和团队配合，在本企业工作时间较长的职工相互之间比较了解，配合得也比较默契，这对于提高企业的生产率是有利的。而如果职工流动频繁，企业以往的投资就会丧失，职工队伍中的新人缺乏团队配合，企业劳动生产率就会下降。正是由于这个原因，日本及欧美的大企业一般都不愿意辞退职工，除非在经济严重衰退从而使企业不得不减产，不得不裁员的情况下，大公司都希望有一个稳定的职工队伍。然而，在激烈的竞争面前，每个企业都求贤若渴，在这种情况下，“挖人”、“跳槽”等现象就变得屡见不鲜。面对这种情况，企业就必须想办法稳住自己的职工队伍，增强企业吸引力，由于企业与职工签订终身就业合同一般是不

合法的，所以企业要留住人才，最佳的办法就是采取基于自愿原则的经济手段。

在实践中，一些企业发现，企业年金是一种隐蔽性的“契约性合同”，是无形的“金手铐”，能把企业员工拴在企业。因为企业为职工的企业年金账户缴费实际上仍出自职工工资。企业年金等于一笔延期的工资支付，职工用较低的工资换取了一种未来退休后取得养老金的权力。职工要想退休后取得企业年金的权力，就必须在实施该企业年金计划的企业里工作一定的时期，如果一个职工很早就离开了这个企业，那么该职工企业年金账户中由企业缴纳的部分就会被剥夺，或者大打折扣。因此，职工为了能在退休后得到全额的年金收入，必须在这个企业里工作一定的时间。这样，企业年金实际上就变成了一种隐蔽性的“契约性合同”，它要求职工长期地为一家企业工作。当然，这种“契约性合同”也要求雇主除非在不得已的情况下，否则不能取消企业年金计划。另外，各国课征的个人所得税一般采用超额累进税率，员工在工作期间一般收入比较高，这样他们就可能适用较高的边际税率，其税收负担就会加重，而如果企业实施企业年金计划，企业和职工缴纳的一部分缴费就不纳税。当职工退休后领取企业年金时，尽管这笔企业年金也要申报纳税，但由于退休后收入大幅度降低，因此企业年金所适用的边际税率也会下降。

1.2.2.2 建立企业年金，增强企业凝聚力

建立企业年金可以增强企业凝聚力和竞争力的原因在于，它能进一步实现职工参与企业效益分配和管理，从而将企业和职工利益更紧密地结合起来。企业年金的分配方案可以是多样的，有差别的；与效率工资制度相结合使用，是企业鼓励竞争，奖励忠诚和贡献的手段，企业年金的建立不仅有利于调动职工的劳动积极性，而且有利于促进企业提高经济效益，并在提高经济效益的基础上，提高职工的年金待遇。

现代企业之间的竞争，在很大程度上演变为人力资本的竞

争。企业年金制度根据企业经营理念和自身实力的不同实行个性化设计，把岗位、贡献、职务、职保、工会、发明创造、奖励都纳入到企业年金分配计量因素中，将职工利益和企业利益有机结合起来，使职工利益和企业预期实现的经济效益相统一，能成为企业调动职工积极性、创造性和挽留高素质人才的有效激励机制，既可以提高企业劳动生产率，增强企业竞争力，又可以增强企业归属感，提高职工对企业的忠诚度。

1.2.3 应对老龄化危机

1.2.3.1 我国已进入老龄化社会

根据我国第五次人口普查资料，我国已进入老龄化社会。

1990 年到 2000 年 10 年间，我国人口年平均增速为 1.07%，低于世界 1.3% 的平均水平；但是老龄化人口的年平均增长为 3.4%，为世界之最。据世界银行统计，截止到 2006 年，全世界 60 岁以上的老人中有 25% 集中在我国。2010 年前的 10 年是我国老龄化的加速期，老龄化人口比重年均增长 0.1 个百分点，2011 年到 2040 年是老龄化的高速期，老龄人口比重年均增长 0.4 个百分点，2060 年后逐渐稳定。到 2020 年，我国 60 岁以上的人口占我国总人口的比重将突破 10%。2040 年，中国将步入严重老龄化时期，平均每 5 个人就会有 1 个 65 岁以上的老年人。由于过去中国人口过快的增长和现行的计划生育政策，致使中国出现老龄化危机不可避免。

中国的老龄化速度如此之快，老年人口的规模如此之大，养老负担必然十分沉重，这与中国的经济基础不相适应。1991～2000 年的 10 年间老年人口的比重年平均增长 0.139 个百分点，而前 26 年(1965～1990)年均才增长 0.077 个百分点，前者几乎是后者的 2 倍。基本养老保险缴费人员与退休人员之比，已由 20 世纪 90 年代初的 10:1 上升到 21 世纪初的 3:1。我国人口平均寿命已从 20 世纪 50 年代的 50 岁左右上升到 2000 年的男性 70 岁左右，女性 75 岁左右；而退休年龄仍延续 20 世纪 50 年代偏低的规定，退休年金和人口寿命的巨大反差，进一步加大了养老保险支付的压力。

随着我国人口老龄化的加剧，我国家庭结构也在发生变化。从而使“老有所养”这一命题已经越来越不容乐观。“养儿防老”曾经是许多人养老计划的一个备选方案，但是这个传统的想法已经不太现实了。当前人口结构中新一代青年劳动力的数量减少，一个孩子成年后需要供养的老人很多，担子很重，我们可以将其归纳为“4-2-1”模式，即“一个青年人，要养两个中年人(父母)加上4个老年人(祖父母及外祖父母)”。

1.2.3.2　建立企业年金应对老龄化危机

基本养老保险制度虽然覆盖面广，但是保障水平较低，且一般采用“现收现付”制，对于应付老龄化等人口结构失衡等状况具有制度上的先天缺陷。“现收现付”制的一个主要特点，就是当前退休人员的养老金来自于在职人员的养老保险缴费，当这些在职人员退休时，他们的养老金来自于下一代的养老保险缴费。当出现人口老龄化等人口问题结构失衡等情况下，“现收现付”制的先天制度缺陷便凸显出来，即当人口老龄化趋势加快时，缴费人员变化不大，退休人员急剧增加的情况下，必然导致支付危机。而企业年金作为一种与职业挂钩的退休保障制度，可以最大限度地保障参加人退休后维持原有的生活水平。且企业年金主要采取完全的基金运作模式，是一种个人收入的纵向调节机制，即人们在工作阶段，将雇主缴费和自己收入的一部分存放在企业年金账户，通过相关机构投资运营获得收益，当他们退休时再把钱从账户中取出来。在投资工具上，企业年金具有更大的灵活性，可以最大幅度地调动社会资本，并实现社会资本的优化。

目前，随着社会老龄化的剧增，也由于社会主义市场经济利益划分的客观要求，以前那种“统账结合，混账管理，空账运行”模式的社会养老保险模式已很难再继续运行下去，从长远的观点来审视和考虑社会保障制度的改革，亟需我们发展企业年金计划。

目前，家庭养老保险的功能正在弱化，大家也开始认识到社会养老的重要性。

“4-2-1”的父辈与子辈的倒三角的家庭人口结构，已经挖掉了养儿防老的基础，同时，也挖掉了“现收现付”、低保障、高覆盖率名义账户制的基础。家庭人口结构的转变，意味着基本养老保险缴费人员越来越少，而退休人员越来越多，这将进一步加剧基本养老保险的压力。

现代社会的发展需要两代人的自立素质。家庭作为社会的细胞，它必将经历由传统的相互依赖的亲子关系转向双向自立的深刻变革，这是社会发展的必然趋势。传统的双向依赖的亲情与孝道是建立在农业社会多子多孙基础之上的。随着现代社会的发展和独生子女的成长，这种相互依赖的关系越来越失去它原有的基础，并成为社会发展的一种消极因素。它既不利于独生子女一代人的自立成才，也将使这一代人的父母到老年之后陷入想依赖儿女而现实又不可能的痛苦境地。因此，青年建家，中年育小，老年养老的双向自立的新型代际关系对独生子女和他们的父母都是最积极的生活方式。企业年金计划正是两代人实现双向自立的有力工具。

建立多层次的老年保障体系，是分散养老社会风险，控制政府责任的重要条件。尽管多层次养老，保障体系不是近期可以实现的，但是政府采取相应措施逐步推进其发展却是完全可能的。为此，国家应当在迅速推行基本养老保险制度建设的条件下，大力发展企业年金制度。

1.3 企业年金的发展历程

1.3.1 国外企业年金的发展历程

作为一种制度安排，企业年金在国外已有 100 余年的历史，特别是在第二次世界大战以后的工业发达国家获得迅速发展。

1.3.1.1 企业年金制度的产生

正规的企业年金计划是从19世纪晚期开始出现的，1875年美国的快递公司建立了第一个企业年金计划，公司向那些致残并在该公司连续工作20年的雇员提供年金收入，计划提供的退休收入按雇员退休前十年的平均收入的50%支付。

20世纪初，美国企业年金计划开始在那些受政府调节与管理，生产集中程度比较高的产业部门迅速展开。到20世纪20年代，在美国的银行，公用事业、采矿、石油等行业大部分公司都建立了正式的企业年金计划。到1929年，美国建成了397个企业年金计划，涵盖了370万职工。

总体来看，在这个阶段，雇主建立企业年金计划主要是作为一种人事管理手段而不是作为雇员应该享有的一种权力来实施的。雇主许诺给予退休收入的雇员主要是那些有技术、有管理经验的高级雇员，提供这一收入的主要目的促使这些雇员能长期留在公司工作。这种企业年金福利与雇员所在岗位密切相关，雇员如果离开公司就失去了这种待遇。

1.3.1.2 企业年金制度的发展

第二次世界大战期间，企业年金制度获得了较大的发展。这个时期主要有两个因素促进了企业年金的发展。一是战时政府对资源，包括劳动力资源的控制；另一个是政府对公司利润税收的减免政策。战争耗费了大量的人力、物力资源，导致了劳动力的资源紧张。在美国，政府为了避免由此而产生的劳动价格上涨，对工资采取管制政策，禁止政府提高工资。在这种情况下，不少雇主为了吸引劳动力采取了企业年金计划。这种工资管制下对劳动力的需求成为企业年金计划的动力。同时，1942年美国政府通过了《国内收入法》，对于举办年金计划的公司给予税收上的优惠，按照这一政策，雇主用于激励雇员企业年金的费用，可以不缴企业所得税，待到这笔资金作为雇员退休金发给雇员时，再作为雇员收入缴纳个人所得税。由于退休后雇员的收入一般较低，缴纳的个人所得税也较少，这样就可以获得延期纳税带来的好处。税收优惠政策无论是对雇主还是对雇员都有很强的吸引力，这也成为企业年金计划发展的外部推动力。从 1940 ~ 1945 年，美国企业年金计划的缴费总额从 3.1 亿美元增长到 9.9 亿美元。

20 世纪 70 年代以后，西方发达国家面临“石油危机”和国民经济“滞胀”，加之人口老龄化的挑战，现收现付制的政府基本养老保险制度难以适应新历史时期的社会需要，财政无法填补养老保险以国家为负责支付的“无底洞”，于是各国政府开始大力发展企业年金计划，以此来缩减基本养老保险的替代率，减轻政府负担。

1972 年，瑞典通过一项宪法修正案，规定所有雇主有义务为其雇员提供规定缴费的企业年金。

1975 年，联邦德国制定了《企业退休金法》，其中，对企业年金进行了详细规定。

20 世纪 90 年代，澳大利亚立法强制雇主为雇员建立积累制企业年金。

荷兰和丹麦两国已颁布法律，依靠集体合同建立行业积累制的企业年金。

多数国家对企业年金的缴费减免税收，对其投资收入延期纳税。因此，企业年金计划得到更为迅速的发展，其资产规模已大大超过了寿险公司等一些金融机构。

20 世纪最后 10 年，欧美工业发达国家企业年金规模快速增长，美国，瑞士和荷兰来自第一支柱的基本养老保险的替代率仅为 40%，来自企业年金和个人养老计划的养老金占退休收入的 60% 以上。美国的企业年金资产规模仅 1990 ~ 1998 年不到 10 年的时间就增加了 1.5 倍，截至 2003 年底，美国企业年金更达到 9.057 万亿元的总规模，高于美国同期美国共同基金 7.414 万亿元的规模，年均增长 7.95%。美国 1.511 亿雇员中有 42% 即 6350 万雇员参加企业年金计划，若只考虑 20 岁至 60 岁的全职雇员，企业年金计划参与率达 57.1%，而上市公司全职雇员企业年金计划参与率则为75.8%。

1.3.2 我国企业年金的发展历程

我国建立和发展企业年金制度的历史不长，起于20世纪90年代初，从我国政府颁布的有关企业年金的政策法规，就可以看出企业年金在我国的建立和发展的历程。

1991年，“国务院关于职工养老保险制度改革的决定”(国发[1991]33号)提出“国家提倡、鼓励企业实行补充养老保险”，首次明确提出建立基本养老保险和职工储蓄性养老保险相结合的社会保障体系。

1994年，全国人大通过《中华人民共和国劳动法》并规定：“国家鼓励用人单位根据本单位的实际情况，为劳动者建立补充养老保险。”

1995年，国务院国发[1995]6号文《国务院关于深化企业职工养老保险制度改革的通知》第5条规定：“国家在建立基本养老保险，企业按规定缴纳基本养老保险费后，可以在国家政策的指导下，根据本企业经济效益的情况，为职工建立补充养老保险：企业补充养老保险和个人储蓄性养老保险。企业补充养老保险和个人储蓄性养老保险，由企业和工人自主选择经办机构。”表明国家明确鼓励企业建立补充养老保险制度，并认识到补充养老保险应实现社会化经营。

1997年，国发[1997]26号文《国务院关于建立统一的企业职工基本养老保险制度的决定》，要求各地和有关部门在国家政策的指导下，大力发展企业补充养老保险，改革城镇职工养老保险制度。文件要求：“把改革企业职工养老保险制度与建立多层次的社会保障体系紧密结合起来，为使退休人员的生活随着经济与社会发展不断得到改善，体现按劳分配原则和地区发展水平及经济效益的差异，各地区和有关部门要在国家政策的指导下大力发展企业补充养老保险，同时发挥商业保险的补充作用。”

2000年国务院《关于印发完善社会保障体系试点方案的通知》([2000]42号)明确了四项新政策：一是将补充养老保险名称规范为企业年金，以示与保险的区别；二是确定采用个人账户管理方式，也即采用缴费确定型计划；三是明确税收优惠政策，规定企业缴费在职工工资总额4%以内部分可以纳入成本，允许税前列支；四是实行市场化运营和管理。国发[2000]42号文件总结了过去10年补充养老保险政策和发展的基本模式和战略方向，为进一步推动企业年金的发展创造了条件。2001年辽宁省正式实施了这一试点方案，标志着中国企业年金进入实质性的发展阶段。

2001年，国函[2001]79号文件规定，有条件的企业可以为职工建立企业年金，并实行市场化运营管理。企业建立企业年金要具备三个条件：一是依法参加基本养老保险并按时足额缴费；二是生产经营比较稳定，经济效益较好；三是企业内部管理制度健全。大型企业、行业可以自办年金，鼓励企业委托有关机构经办企业年金。管理和运营企业年金机构要经国家劳动和社会保障部门与财政部门的认定和批准。

2003年，国务院下发[2003]6号文件，充分肯定辽宁试点经验，要求各地借鉴推广。根据中央统一安排，国务院在黑龙江、吉林两省扩大了试点，同时要求其他有条件的地方自行组织试点。

2003年12月30日经劳动社会保障部第七次部务会议通过，自2004年5月1日起，正式施行《企业年金试行办法》，对企业建立企业年金的基本条件、决策程序、资金来源、管理办法，待遇给付、管理机构、投资运营等提出指导性意见，原劳动部1995年12月29日发布的《关于印发〈关于建立企业补充养老保险制度的意见〉的通知》同时废止。《企业年金试行办法》的出台构建了我国当前企业年金制度的基本框架，标志着我国开始全面推行企业年金制度。

2004年是中国企业年金发展的重要年份，这一年国家主管部门颁布了多项有关企业年金的法规，对企业年金的建立与运行进行了相应的规范。例如，2004 年 1 月 6 日，劳动社会保障部颁布了前述的《企业年金试行办法》，2 月 23 日，劳动社会保障部、中国银行监管委员会、中国保险管理监管委员会、中国证券监管委员会、联合颁布了《企业年金基金管理的试行办法》。这两部法规均于 2004 年 5 月 1 日实施。2004 年 9 月 29 日，劳动社会保障部和中国证券监管委员会联合颁布了《关于企业年金证券投资有关问题的通知》（劳社发[2004]25 号）；2004 年 12 月 24 日，劳动社会保障部第九次部务会议通过了自 2005 年 3 月 1 日起实施的《企业年金基金管理机构资格认定暂行办法》；2004 年 12 月 31 日，劳动社会保障部又发布了《关于印发〈企业年金基金管理运作流程〉，〈企业年金管理账户管理信息系统规范〉和〈企业年金基金管理机构资格认定专家评审规则〉的通知》（劳社发[2004]32 号）。

2005 年 6 月 15 日，劳动和社会保障部发布了第 4 号关于第一批企业年金基金管理机构认定数量的通告。通告写明，经研究，决定第一批企业年金基金管理机构资格认定不超过 40 家。其中，受托人 5 家，账户管理人 12 家，托管人 6 家，投资管理人 17 家。同年 8 月 1 日，劳动和社会保障部发布第 5 号通告，公布了第 1 批认定的 37 家企业年金管理机构。

2005 年 12 月，国务院颁布了《关于完善企业职工基本养老保险制度的决定》（国发[2005]38 号）特别指出：为建立多层次的养老保险体系，增强企业的人才竞争能力，更好地保障职工退休后的生活，具备条件的企业可为职工建立企业年金。企业年金实行完全积累，采取市场化的方式进行管理和运营，要切实做好企业年金的监管工作，实现规范运作，积极发展企业年金。

2006 年初，国务院工作要点明确提出：要积极发展企业年金，在国务院、有关中央部委积极促进企业年金发展的同时，全国各省市自治区也积极促进企业年金的开展。迄今为止，已经有 20 多个省市区出台了企业年金实施细则，通过各种政策促进企业年金的发展。

1.4　我国企业年金发展现状及影响因素

我国企业年金从 1991 年开始建立以来，经过十多年的建设，从无到有，取得了较大的发展。但是从总体上看，尚处于起步和探索阶段。主要表现在如下几个方面：一是规模小。到 2006 年底，我国建立企业年金计划的企业有 2.4 万多家，积累资金规模大约在 910 亿元左右。参加企业年金计划的从业人员仅相当于参加基本养老保险职工的 10% 左右。二是地区、行业、企业间发展不平衡。沿海省份快于内陆省份，行业发展快于地方，国有企业快于其他类型企业。三是治理结构不完善。大多数企业年金没有引入托管机制，年金基金的所有权、使用权和监督权不能相互独立和互相制衡，难以保障年金资产的安全。四是多种组织运行模式并存。目前主要由社保机构经办、企业自行管理和保险公司管理三种模式。

1.4.1　我国企业年金发展中呈现不平衡的特点

1.4.1.1　行业发展快于地方发展

这可以从参加企业年金计划的人数和积累资金的规模看出，据劳动保障部的统计，截至 2004 年，行业参加企业年金人数为 395.7 万人，占全国参加企业年金人数的 70.6%，而地方参加企业年金计划的人数为 164.6 万人，占全国参加企业年金计划总人数的 29.4%。行业积累资金 149.3 亿元，人均 3773 元；地方积累资金 42.6 亿元，人均 2588 元。在行业之中，电力、石油、石化、电子、民航、电信、铁道等行业明显高于其他行业，其中电子行业建立企业年金计划的企业有 1200 多个，参加企业年金的人员 100 多万人，年金积累额近百亿元，是全国企业年金规模最大的行业。

1.4.1.2 沿海经济发达省份快于内陆经济落后省份

截至2006年，上海社保局掌管的企业年金资金已达110亿元的规模，深圳企业年金管理中心建立企业年金账户800多个，员工个人账户60000余个，受托管企业年金基金20亿元，大连市的企业年金规模估计在5亿元左右。相比之下，一些内陆欠发达地区的企业年金甚至还没有启动。

1.4.1.3 国有企业年金建设快于其他类型企业的发展

据统计行业参加企业年金的国有企业占93%；在地方企业中参加企业年金的企业中国有企业占55%，这说明其他经济类型的企业在发展企业年金方面大大落后于国有企业。

对企业年金的发展前景按中国保监会的预测，今后我国企业年金每年新增数额将达到1000亿元以上，到2010年估计能达到10000亿元的规模。而世界银行给出的预测数，至2030年，中国企业年金总规模将达到1.8万亿美元，成为世界第三大企业年金市场。

1.4.2 影响我国企业年金发展的因素

对影响我国企业年金发展的因素大体上有以下一些不同的看法：第一种观点认为，制约和影响我国企业年金发展的关键因素有两个，一是没有解决税收优惠问题，二是基本养老制度还没有基本定型。此外，法制的规范、资本市场的承受程度、公司的社会责任与雇主的社会责任、投资与管理的机制也是制约和影响我国企业年金发展的因素。第二种观点认为，影响我国企业年金发展的因素主要有三个：一是国家政策不明确、不到位；二是有相当一部分企业经济状况欠佳；三是基本养老待遇水平居高不下，企业年金缺乏发展空间。第三种观点，通过对北京、上海、深圳、大连、成都等大城市的实地调查分析认为，企业年金发展的主要问题在于一是定位不清，关于企业年金的性质、作用、运行模式等尚未做出明确而具体的规定；二是运行机制不规范，存在企业自办、社保机构经办、保险公司管理的三种运行模式；三是缺乏税收优惠政策；四是社会保险费的征收比例过高，企业负担较重；五是缺乏方案设计的专业知识；六是基金管理方面存在诸多问题，投资渠道狭窄，没有建立科学的基金管理治理机构等；七是监管方面的问题。例如对监管主体和监管方式认识方式不一致、监管手段落后，缺乏高素质监管人员等。

笔者认为，影响企业年金发展的因素可以归纳为两个方面：即宏观层面上的影响和微观层面上的影响。宏观层面上的影响我国企业年金制度发展不平衡和缓慢的原因主要有：法律制度不规范；资本市场，税收政策不到位，不成熟等。最近几年出版的专著、文章等对此论述的很多，这些从大环境上制约了企业年金的发展。但是微观层面上的影响因素却往往被人们忽视。而这些因素都或多或少，或直接或间接地与企业年金的方案设计相联系。这些微观层面的影响因素具体说来主要表现在以下几个方面：

1.4.2.1 职工对企业年金的需求不足，企业缺乏能力和动力

(1) 历史的经验决定了职工对企业养老保险依赖性不强。与欧美国家不同，我国的养老保险经历了一个从家庭到企业保障(国家保障)，然后再到现在的政府退出责任转给企业和个人的过程。这种计划经济下产生的国家保障给人们的感觉是社会保障是国家的责任，企业只是代表国家保证职工的生活。随着社会的发展，现在大多数人尤其是非国企员工，不再把企业和国家等同看待，但是把养老保险作为企业人力资源战略的一部分来看待者还是为数不多，在很大程度上并没有把养老保险寄托于企业。我国城镇居民对社会保障的需求与对现实生活质量的需求相对较弱。员工往往具有“短视行为”，在未来生活保障与眼前的现金收入之间，他们往往会更加钟爱后者。而员工最迫切的需求往往成为企业决策的依据，使员工福利和满意度最大化，企业又何乐而不为呢？

(2) 企业建立年金的能力和动力不足。我国大部分企业在现

存条件下没有足够的能力去建立企业年金制度，尤其是国有企业在社会保障方面的实际缴费已达到职工平均工资的30%，接近了国际通行的警戒线。我国大多数企业的竞争力本来就不强，再背上如此沉重的负担，又如何有余力去建立企业年金制度呢？

同时，我国大部分企业缺乏建立企业年金的动力。如前分析，我国居民对工资的需求大于对福利的需求，这种需求成为企业制定人力资源激励制度的依据。职工的货币需求还没有满足，企业的理性决策是把有限的资源投入到最需要的地方去。与其建立企业年金不如把钱直接发到职工手中，又何苦去另投成本设立收益较少的企业年金制度呢？因此，我国大部分企业没有建立企业年金的直接动力。

1.4.2.2 单一的财务制度制约了企业年金市场的发展

试行办法规定："企业年金实行完全积累，采用个人账户方式进行管理。"这意味着我国企业年金在财务机制上主要是采用DC计划。但是，目前我国的国情决定了企业年金计划完全采用DC制财务模式是不能适应当前养老需要的。首先必须明确的是，完全采用DC制企业年金计划的国家，都是以规范有序的金融市场为后盾。相比之下，目前国内的金融市场环境较差，股票证券市场的系统风险较大，投机炒作风行，年金资产管理公司难以从中获得稳定的收益。DC计划在理论上可以具备的各种优势难以实现。而DB计划和我国金融市场的状况基本上还是适应的。其次，无视个体差异的"一刀切"不符合年金市场的需求状况。统一实行DC计划对青年员工是有利的，但是很多年龄大的员工却面临着缴费时间短、积累不足的问题。常规的DC计划显然无法满足这部分人群对企业的年金的需求。他们更倾向于建立DB计划。同时，有些实力雄厚的企业或是员工年龄偏大的企业也愿意通过DB计划作为职工稳定的福利。解决职工的后顾之忧，借以鼓励和吸引职工长期留在企业。最后，对投资者进行投资教育是实行DC计划的前提之一。可是，由于中国的金融投资市场发展时间不长，公众投资的知识匮乏。在这种知识和信息都不对称的条件下实行DC计划，年金市场会出现“柠檬问题”在所难免。因此，否认当前条件下实行DB制对促进我国年金发展的积极作用，在制度设计上照搬国外制度，强制实行单一的DC制，势必制约企业年金的发展。

1.4.2.3 我国企业年金税收政策的问题

现在，无论理论界还是实务界均认识到税收优惠政策是企业年金的“引擎”，企业年金的发展需要政府税收政策，但在理论上缺乏对税收优惠政策的研究，在实务中企业年金的税收优惠政策处于混乱状态。具体分析，我国企业年金税收政策的问题有：

(1) 尚未确定采取税收优惠的模式。总体来说，我国企业年金的税收优惠模式尚未成型。迄今，我国对企业年金在税收方面的优惠政策仅明确了企业缴费占工资总额的4%，可以从成本中列支，并且这一政策只是在少数部分省市实行，大部分省市和主要行业还未出台相应的办法和税收优惠政策。

对参加企业年金的个人更没有明确税收优惠政策模式是采取EET还是TEE，抑或EEE模式。从而导致个人缺乏参加企业年金的热情，更多希望及时领取眼前的现金收入，而不是将来的养老保障，以此来规避政策变动的风险。

(2) 对税收优惠水平缺乏论证。企业缴费在工资总额4%以内的份额在成本中列支，是否可以支撑企业年金20%的目标替代率，如果不能，在其他条件相同的情况下，能达到多少的替代率(作为“补充”的替代率)，这些都没有进行充分的论证。有人计算，工资总额4%的缴款，即使投资收益较好，其积累额都根本达不到20%的替代率。当前多数企业都是以职工工资总额作为企业年金缴费基数，缴费比例在4%~8%之间，没有科学的评估企业年金替代率。企业年金替代率过高，企业负担太重，不利于企业长远发展。目前普遍认为，企业年金替代率控制在10%~20%比较合适。因此，设计企业年金计划，要根据企业经济效益和企业年金目标替代率，合理调整企业年金缴费率。

(3) 缺乏对享受企业年金税收政策资格的规定。我国仅在1995年劳动部印发的《关于建立补充养老保险制度的意见》中，对企业建立补充养老保险应具备的条件有明确的规定：企业必须参加了当地养老社会保险统筹；企业的生产经营状况比较稳定；企业具有较好的民主管理基础。因此，我们认为，凡是符合以上条件建立企业年金计划都可以享受税收优惠。

与西方工业发达国家相比，我国没有对企业年金进行税收管制年金制，没有试图通过税收管制来保障企业年金的正常运行。具体的说，没有在税收政策中规定企业年金必须满足一定的条件才能享受税收优惠。例如，企业年金必须具有长期性，公司不能随意抽取资金，个人不能提前领取，防止倾向高薪雇员，职工既得收益权的保障等。

从目前来看，在企业年金制度上，其决策机构没有用税收政策、法规来约束企业的行为，来规范企业年金的发展，是企业年金政策设计上的一大不足，导致在实践中出现了较多的问题，如：(1)企业年金举办的短期化。在企业参加企业年金之后，长险短做，今年投保，明年退保，这在客观上突破了国家关于工资水平的限制，这在某些国有企业负责人和职工看来是皆大欢喜的事情，但却造成了国有资产的流失。此外，这种行为往往夹杂着某些企业管理者获取巨额养老金的目的，是一种腐败行为。(2)企业在举办企业年金时，具有随意性，领导指定某些职工参加，将一部分职工排斥在外。(3)养老金水平具有随意性，没有一个可以依据的规范公式。(4)账户管理不规范，没有设置个人账户。(5)缺乏对管理机构、投资机构选择的限定，也缺乏对投资方的限定。(6)职工的既得利益缺乏保障。职工离开企业之后，能享受个人账户上积累的权益，但一些企业完全凭企业领导的意志来决定，缺乏制度规范。

可以说，我国企业年金的税收政策与国际上行之有效的做法仍有一段差距，实际上弱化了我国企业年金发展的动力。

1.4.2.4 平均主义分配问题

企业年金作为企业职工薪酬的组成部分，大多数企业普遍采取按工龄作为分配的主要依据，只考虑工作年限，不重视职工个人贡献的大小，缺乏激励功能。因此，制定企业年金方案必须根据员工的贡献，设计具有差异性的年金计划，建立差异化和企业年金制，打破传统薪酬福利的平均主义原则，把职工企业年金的保障额度与职工贡献大小、服务年限长短挂钩，在单位形成内部激励机制，充分发挥员工的最大潜力。

1.4.2.5 实现专业化管理问题

当前我国企业年金投资管理市场化程度不高，企业普遍缺乏专业投资人才，投资渠道狭窄。企业年金主要投资于银行存款和国债，收益较低。随着我国资本市场的发育与完善，为企业年金投资提供了广阔的市场。企业可以选择和委托专业投资管理机构，解决本企业投资管理人才缺乏的问题，获取长期稳定的投资收益。企业年金是职工"养命钱"的一部分，要特别重视投资的安全性和投资风险的可控性。要慎重选择遵纪守法，赢利能力强，无不良记录的投资机构，在投资运作中，要制定完善的投资流程和风险控制措施，在日常管理上，要做好监督检查工作。

1.4.2.6 成本管理与效益分析

由于当前企业年金投资主要局限于银行存款和购买国债，企业年金的成本管理与效益分析只是一种形式，没有实质内容。随着我国资本市场的发育成熟，企业年金的市场化运作，投资组合的多样性，我们必须加强企业年金的成本管理与效益分析，提高投资产品的收益率，确保企业年金的安全性和稳定性，保证年金的保值和增值。

1.4.2.7 企业年金治理结构问题

(1) 企业年金计划面临主体缺位问题。目前我国的企业年金计划主要是大企业或行业年金计划，即单个大型企业(集团)或行业内各个企业联合成立职工理事会，由理事会负责年金的投资和委托投资。其次还有北京、上海、深圳等区域性企业年金计划，这类计划是企业将年金委托给地方社保，再由地方社保委托给基金公司运作。如果现在按企业年金制度的规范去要求他们，我们就会立即发现这些现存的计划治理主体的地位非常模糊。我国目前采取的信托型企业年金制度，计划的治理主体可以是企业内部成立的理事会或者是企业外部的金融机构来充当受托人。因此，首先，地保部门作为受托人的做法就是不符合规定的。其次，大型企业自己成立的企业年金理事会，其法律地位始终没有明确。比如，在哪里注册，是在民政部门，还是工商部门，是否具有独立的民事行为能力，以前它们的地位都是由企业的人事部门或社保部门代管，即使现在单独成立一个管理机构即“年金理事会”也还是企业下属的一个行政部门，而不是具有独立的民事行为能力的法人实体，如果合同纠纷也很难独立承担民事责任，后患无穷。这个问题不解决，年金的“治理主体”在法律上就造成了事实上的“缺位”和真空。而治理主体的缺位，企业年金计划也就无法以受托人为中心来规范治理结构。

(2) 缺乏针对受托人的有效制约。在企业年金理事会成员的产生上，由于我国尚缺乏民主选举和集体协商的做法，因此我国的企业年金计划从一开始就面临着如何有效约束受托人行为的问题。这个问题不解决，年金计划的委托代理问题就愈发严重，并导致道德风险的增加。虽然我国《企业年金试行办法》中第十一条规定“企业年金理事会由企业代表和职工等人员组成，依法管理本企业的年金任务”，但是，如何对理事会成员进行选举，企业和职工的人数构成如何等关键性问题并没有做出回答。如果选举制度不透明，职工代表过少，根本没有办法保护职工的受益权。该法规也没有规定对法人受托机构进行制约，受托人在法人机构中没有代表，受托人对基金绩效的承诺也不是必须的，对受托机构业绩评估更无从谈起。这种不规范的治理结构极易导致“内部控制”，企业年金计划可能成为某些企业控制职工的手段和非法挪用计划资产的陷阱。

(3) 公司治理不善造成了社会较为普遍的信仰缺失，增加了企业年金的治理成本。在理事会受托模式下，理事会将企业年金计划的投资管理、基金托管等业务委托给专业的金融机构，因此，金融机构等法人受托人的公司治理也直接关系到企业年金的治理质量。但是从我国治理的成效来看还不尽如人意，“一股独大”、“内部人”控制等现象在上市公司中频繁出现，也造成了社会上较为普遍的信仰氛围的缺失。考虑到企业年金对资产安全的特殊要求，这种依靠受托人公司治理质量的企业年金治理框架是否经得起市场考验，是否能赢得职工的信任是值得怀疑的。

(4)监管体系不健全，企业年金治理结构无法完善。企业年金治理结构的完善离不开外部的监管体系。首先，监管当局的法律法规等监管制度是企业年金治理结构设置的依据；其次，监管当局的监管模式和监管手段会影响企业年金治理结构机制作用的发挥，先进的监管手段不但能弥补年金计划的内控制度的缺陷，还能进一步提升信息披露的质量。但是，我国目前针对企业年金的监管体系和法律体系都没有建立。企业年金计划涉及了多重委托代理关系和包括证券、银行、基金、信托、保险等在内的多个金融领域里的机构，给金融监管当局传统的监管方法和监督手段提出了挑战。监管当局必须加强不同领域监管机构之间的协调，探索有中国特色的监管模式，从而推动企业年金治理结构的完善。

2 企业年金的基本理论

2.1 企业年金的理论基础

一个多世纪以来，特别是第二次世界大战以后，随着企业年金制度的发展，西方学者对企业年金制度的各个方面都进行了深入研究，目的是为企业年金制度的方案设计等实践活动提供理论基础和指导原则。

2.1.1 雇主父爱主义理论

历史经验证明，大部分企业年金计划是雇主先提出来的，而不是社会压力、政府主导的结果。埃费里特.T. 艾伦等人认为，雇主建立企业年金的主要动机在其“有一种与控制雇员联系在一起的父爱主义”。在现实中，由于一些雇员年轻时沉溺于挥霍无度，以致没有为自己年老时的生活准备足够的储蓄。他们中有些人认为自己老年还是遥远的未来，没有必要年轻时就节俭度日，年轻时生活得更潇洒才是真正的幸福；还有一些人虽然充分认识到了退休时的需要，而且预期到了自己的后代以及社会其他成员对这些需要作何反应，但是，他们预期社会将会在他们处境艰难的情况下给他们以帮助，即使这些艰难情况是他们自己造成的。比如，社会可能难以忍受遍地都是贫穷的老人，从而给予他们救济。就是因为有这些不正确的认识，一些年轻人就懒得为自己的老年储蓄财富，转而完全依赖于社会的转移支付。

在激烈的市场竞争中，雇主希望并需要控制雇员，而伴随着人类生产力的进步和企业有机构成的提高，只有靠创造和谐的劳动关系才能实现其控制雇员，提高劳动生产率，从而实现利润最大化的目标。既然雇员，特别是其中的年轻雇员不知道如何安排自己的支出，不知道如何为来年生活做出合理安排，雇主把他们看成是“不够理智的孩子”，就从他们应该分得的工资中的一部分像慈父一样替他们储蓄起来为他们的婚丧嫁娶，为他们的老年生活做好准备。雇主这么做的目的，是让他们的雇员在“懂得了”的时候能感谢企业为他们做出的合理安排，从而更安心地工作，节约生产经营成本，改善劳资关系，为雇主节约成本，提供直接或间接的经济利益。

2.1.2 储蓄替代理论

储蓄替代理论是新古典经济学关于效用最大化理论在老年收入问题研究中的运用。这一理论以西方经济学中的要素收入分配理论为前提，在此基础上，考察已经作为要素收入的价值，如何在要素所有者一生中分配。它的基本内容是，认为企业年金制度是人们储蓄活动的替代物。这一理论把人的整个生命过程分为工作阶段和退休阶段，人们在心理上总是试图将其掌握的资源在一生中进行适当的分配，以便退休消费在一生中保持在一个相对稳定的水平上。人们在工作阶段并不消费他们的全部收入，而是拿出一部分作为储蓄用于退休阶段的消费，从而使全部收入在一生中形成一个稳定的消费流。这一理论认为，企业年金制度的出现是为了方便人们的储蓄行为。所以企业年金的消费与年金的发放反映人们为保持老年收入的储蓄倾向，否则，人们将通过自身的储蓄行为对年金制度实际形成的当前消费与未来消费的比例进行调整，使实际消费与储蓄的关系符合人们的心理倾向所决定的比例。

虽然从纯粹的意义上看，企业年金可以是使雇员为得到自己退休阶段收入而进行储蓄的一种实现形式，但由于有企业年金的税收优惠政策、投资收益率变化等因素，并不能简单地把企业年金作为人们储蓄的替代物。

2.1.3 劳动报酬理论

劳动报酬理论观点认为，养老金是劳动价值的构成部分，是职工在工作期间为企业服务所赚得劳动报酬的一部分，它是“递延工资”的代名词。递延工资理论主张，企业员工具有从增加工资和采用养老金两种方式中选择一种的权利。若选择后者，则视为养老金的给付，是由企业支付给员工的一种递延工资。若选择前者，则有下列三种形式：第一，增加工资；第二，增加红利；第三，员工储蓄计划。大部分发达国家的企业以上三种都选，因为有些员工对于增加的工资或红利，即拿即花，退休时依然一无所有，仍然存在退休后生活费不足的问题，所以企业三者都选，不过无论是用增加现金工资还是给付企业年金，均为企业劳动成本要素之一，只不过有时企业会将拟增加工资的现金工资的一部分挪用为退休基金。递增工资理论比较符合企业经营管理的需要，又能对员工收入作时间上的再分配，它的确能显示出较佳的企业年金理论框架。

一个退休职工领取养老金和一个无劳动能力的人领取救济金，其领取的依据和性质是截然不同的，而且企业只承担为本企业服务的职工的退休金，与本企业无服务关系的职工是不能从企业取得退休金的。这一现实说明，退休金的支付是以职工付出劳动为依据的，“养老金是递延的劳动报酬”这个观念要给会计界带来会计观念的变革，所以，学术界认为企业年金不应该在支付时才确认为一项营业外支出，而应在劳动发生时确认为当期费用。因为劳动成本包括成长教育成本、恢复体力、脑力成本及退休养老成本；其中前两项成本以工资形式计入各期成本；退休养老金既然是劳动价值的组成部分，是劳动报酬的一部分，那么劳动者对于这部分附加价值就有请求权、追溯权。因此，劳动者提供劳动之后，一方面，企业应及时支付工资外，还应及时确认和计量这部分递延支付的附加价值，并计入当期成本；另一方面，企业在当期具有获得职工服务的权利，也就应承担为职工提存养老金的义务，成为应计负债。这种观点已得到学术界的普遍认同。基于递延工资理论，最终形成了现代企业年金经济学理论。

2.1.4 养老金“三支柱”理论

“三支柱”理论是世界银行在马德里召开的1994年年会上首次提出并发表的。当时许多发展中国家及经济转型国家都有巨额的财政赤字，不少国家由于支付公共养老保障进而发生财政赤字。要解决这个问题，首先，迫切需要将公共养老保障制度的财政收支在中长期内能够健全；其次，利用养老保障制度促进金融市场发展，以解决中长期投资所需资金；此外，在这些国家中，一部分特权阶层有着丰厚的养老金，而其他人只能领到少量的或根本领不到任何养老金。而这些其他人却缴纳财政收入的主要来源高比例间接税，这样的养老保障与财政制度的结果，导致了相当严重的逆向收入再分配。基于上述事实，世界银行提出了以下的“三支柱”养老金保障制度。

第一支柱养老保障是指政府强制实施的国家公共养老保险计划系统。它是为了克服贫困，以及收入再分配为目的的养老金保险制度。第一支柱的目标一般限于保障社会成员或一定范围内退休者的基本生活。第一支柱用现收现付制来运营，采用以支定收，统筹调剂的方式。在融资方式上，可以采用税收，也可以是保险费，由政府强制的立法及税收政策扶持，在保障退休者基本生活方面具有特殊作用。

第二支柱养老保障总体上泛指企业对员工实施的养老金计划。它一般是由民间机构运营和管理的缴费确定型养老保险制度。缴费确定型的第二支柱养老保险，是先规定缴费，待遇、缴费和投资回报率相联系。在融资方式上采用有调控的完全积累式。在大量存在第二支柱的国家，美国和英国是基本金化体制，德国是非基本金化体制。第二支柱主要为企业年金计划。

第三支柱养老保障是指个人自愿性的养老保障计划安排，即指商业养老保险。

“三支柱”的理论是一种多层次养老保障体系框架的高度概括，通过“三支柱”的共同作用，可以使各种风险得以分散。第二支柱采用积累制，可以消除人口老龄化对养老保险制度的财政压力，所以可以降低财政调剂成本，因而企业年金形式成为“三支柱”理论中的重要第二支柱。

世界金融专家认为，由于人口老龄化，老年人口的赡养率越来越高，养老费的负担越来越重。为解决这一问题，养老制度必须由单一支柱改为“三支柱”模式。世界银行倡导的多支付模式，就是对养老金制度发展的理论概括。世界银行的这一个大的框架思路，会对一些低收入国家，甚至是欧洲一些国家产生影响。

中国养老保险体制的“三支柱”理论与国外大多数国家相比，有自己的特点。中国养老金保险的第一支柱，包括了非市场化管理的“个人账户”，这一点是中国的显著特点。按世界银行的划分方法，“强制性个人账户”部分应归属于第二支柱的养老保险，不能仅仅因为其强制性而断定它属于公共养老保险，但中国的“强制性个人账户”是公共管理的，又应纳入第一支柱，这种矛盾不仅是管理体制的矛盾，而且容易造成需求层次的混淆和“公平效率”难以兼顾。

2.2 企业年金计划

企业年金计划是指企业依法决定建立企业年金、管理企业年金业务、规范企业年金运营的全部企业年金方案、章程、规范的集成，企业年金计划包括企业年金计划方案，但是要超越企业年金方案。所有建立企业年金制度的企业，企业内部对企业年金管理的全部规范、章程、合同、制度、机构组织、自愿配量、业务管理等，都必须而且可以纳入企业年金计划的计划。其最终形成经有关政府部门正式批准的企业年金实施方案文本。

2.2.1 企业年金计划在企业年金及管理中的地位

企业年金计划是企业年金运营的基础和依据。企业年金计划的设计、决策和管理权在企业和职工。企业年金计划是企业进行年金管理的“宪法”。在企业内部，有关企业年金的全部规章、制度、业务流程、机构设置等，都可以归纳到企业年金计划里。企业年金计划集中了企业和职工在企业年金上的全部意志，是企业内部企业年金管理的“宪法”。企业年金计划一旦建立，企业年金管理的相关内部机构、人员、制度、人财物配备、企业外部机构选择、评估、监督等，都必须遵从企业年金计划的要求。

企业年金计划必须通过企业职工代表大会或企业职工大会讨论通过，企业年金方案必须反映企业和职工在企业年金上的全部意志。企业年金理事会必须由企业法人代表或者其指定代表参加，同时，必须按规章要求职工代表参加。企业年金方案一旦经职工代表通过，即具有法定效力，是企业集体合同的一部分。

企业年金计划是企业管理企业年金组织机构设置、资源配置的依据。企业年金计划一旦建立，企业必须设计相应的组织机构如企业年金理事会、企业年金管理中心等。同时，企业必须安排相应的人力资源、办公设施、资金等来保证企业年金计划的运行和管理的需要。

企业年金计划是企业与运营机构全部合同的基础。企业年金计划的运行，涉及大量内外合同的制定和签署。制定和签署企业年金受托合同，企业年金托管合同、企业年金账户管理合同、企业年金内投资管理合同等，都必须遵从企业年金计划的需要。

企业年金计划决定企业年金基金投资管理策略机构。企业年金计划运行的一个关键是投资管理。新的企业年金制度的重要性就在于赋予企业年金计划合法性的市场化投资的机会。这给企业年金赋予了超越基本养老保险向更大的保值增值制度过渡的条件。企业年金基金投资管理的关键：一是选择、评估、监督企业年金投资管理人；二是确立企业年金基金投资等级及企业年金基金投资战略资产配量；三是确定企业年金基金投资业绩评估的基准。这三个方面，对于企业年金基金投资管理至为重要。无论是选择投资管理机构，还是确定企业年金基金投资战略资产配备，还是确定企业年金基金投资业绩的基准，都必须由企业年金计划做出科学的安排。

2.2.2 企业年金计划的类型及特点

2.2.2.1 企业年金计划的基本类型及特点

企业年金计划通常可以归为两类：一类是待遇确定(Defined Benefit，DB)型，另一类是缴费确定(Defined Contribution，DC)型。

建立待遇确定型企业年金计划的企业，通常根据员工退休时的工资水平和工作年限确定其年金支付额，再根据对所有员工未来年金支付额的预测，来确定各年的筹资额。待遇确定型企业年金计划，为企业内参加计划的所有员工设立一个统一账户，员工企业年金基金的缴费和基金的投资运作风险，都由雇主承担。待遇确定型企业年金计划，通常按联合生命年金的方式支付，即企业年金通常支付到退休员工及其配偶死亡为止。

建立缴费确定型企业年金计划的企业，为参加计划的职工设立个人账户，企业和员工的缴费均存入员工个人账户，年金根据员工退休时个人账户的积累额发放。员工退休时可以一次性支取，也可以分期支取，直至个人账户余额为零。缴费确定型企业年金计划，需要员工自己承担个人账户的投资风险，而企业只负责为员工个人账户缴款。

2.2.2.2 企业年金计划的具体类型及特点

企业年金计划，是根据企业实际情况，参照行业动态，考虑企业内外环境，基于企业的战略目标，根据企业的人力资源管理战略、财务管理战略建立的企业员工福利制度。

不同的宏观经济环境和周期、不同的行业、不同的外部政策法律环境、不同的市场竞争地位等，会有不同的企业年金计划设计要求。

不同所有制性质、产权结构、规模、效益、员工年龄结构、员工消费需求、发展阶段、发展战略、发展目标、财务战略、人力资源战略的企业，也会有不同的企业年金计划设计要求。

根据不同的企业类型和职工类型相结合，设计不同特点的企业年金计划，将产生不同的激励效果和社会经济价值。

根据我国企业年金相关政策法规，借鉴国内外发展企业年金的实践经验，考察、研究、对比目前国内外实际的企业年金计划案例，大体上可以具体设计如下类型的适合我国的企业年金计划。这些具体的企业年金计划类型，并非固定不变的，而且各种计划类型之间并非彼此隔绝的。相反，在实践当中，具体到某个企业涉及企业年金计划，往往是各种类型的企业年金计划互相融合、重叠，以形成符合特定企业需求的企业年金计划。

(1) 普惠型企业年金计划。普惠型计划，是个人账户型的企业年金计划，是典型的DC计划，计划的目标是向企业所有职工提供企业年金待遇。普惠型计划的基本特点是：其一，计划采取个人账户管理方式；其二，由于计划采取个人账户管理方式，加之计划实行DC型，计划具有充分的流动性和兼容性，便于企业员工离职换岗转移相应的企业年金权益；其三，计划具有典型的普惠型特点，由于没有区分职工之间缴费和待遇差别，计划的激励性不是很强。普惠型计划具有普遍适应性，适用于各种类型企业的所有职工。

普惠型计划如果与税收优惠政策相结合，就类似于美国的401(K)计划，但与401(K)计划的差别在于401(K)计划的投资决策权在计划参与的职工，而我国企业年金计划的投资决策权在企业年金理事会或者企业年金法人受托机构。

普惠型企业年金计划操作简单，在现有企业年金政策法规框架下基本没有法规障碍，管理简单，兼容性较强，包含了企业年金制度的基本内容，企业各种类型的企业年金计划，其实都是在普惠型计划的基础上，加入企业变量设计而成的企业年金计划。

（2）激励型企业年金计划。公平与效率，始终是经济工作中的两个关键主体。企业分配基于企业是社会财富的创造者的基础，效率优先兼顾公平，是企业分配的基本原则，也是企业人力资源管理、薪酬福利管理的基本原则。企业年金计划的设计也是如此，必须贯彻效率优先的原则。在企业年金计划中体现效率的原则，最好的办法是设立激励型企业年金计划。

激励型企业年金计划，是根据职工级别、贡献、核心技术能力等，低负荷企业奖励标注的员工给予更优惠的企业年金政策。如企业为这些员工提供更大比例的缴款，给予这些人员购买合同股票的权利，按一定的规则用公司的利润或股权为其企业年金账户缴款等。

激励型企业年金计划，不等于只对目标人员的激励，同时可以相应地设计约束条件、平衡激励与约束机制。比如，通过企业缴款归属期的设计、核心员工离职企业年金待遇享受条件的设计、核心员工企业年金个人账户的转移条件的设计等方式。实现对激励目标人员的合理制约，实现企业吸引和留住优秀员工的战略目标。

国外的关键雇员年金计划就是典型的激励型企业年金计划。关键雇员年金计划，在国外有一定的法规约束。在我国，设计激励型企业年金计划，也需要符合国内企业年金法规政策的要求，在合法的前提下，为关键岗位、核心人员设立激励型企业年金计划，激励型企业年金计划可以是单独的面对激励目标的计划，也可以是在整个企业的企业年金计划里设计面向激励目标的激励条款，达到企业激励目标。

（3）利润分享型企业年金计划。利润分享型企业年金计划，是由企业建立，根据企业的效益和利润情况，让职工或受益者参与利润分配，职工企业年金缴款和待遇与企业效益直接挂钩的计划。利润分享型企业年金计划的目标是将企业普通职工的年金缴费和企业年金计划的计划直接挂钩，从而达到激励职工，提高生产积极性，提高劳动生产率的目的。

利润分享型企业年金计划的基本特点是：其一，由于该类型的企业年金计划将企业的经营效益与企业的年金和企业年金结果直接挂钩，具有非常强的激励作用。其二，职工贡献大小不同，企业效益不同，成为影响职工个人其余年金计划缴款、待遇的主要度量，可以同时形成较强的分配约束机制。

利润分享型企业年金计划具有广泛的适应性，适用于企业的普通员工、管理人员。其激励约束指标明确，设计方法并不十分复杂，对不同层次的员工均具有很强的激励约束作用，在现有的政策法规框架下基本没有规范障碍，这种计划今后将会成为我国企业年金法发展的主导形式。

（4）股权激励型企业年金计划。股权激励型企业年金计划，是职工持股计划与企业年金计划的结合，是由企业建立，以本公司股票折合现金的形式缴费的企业年金计划，其主要缴款来源是职工持股计划和股票期权计划的股权或股票期权资产。

通过改造现行的职工持股计划、转换股票期权计划的方式，或者通过建立新的职工持股计划和股票期权计划，与企业年金计划对接，可以建立员工或经理层持股支持的企业年金计划。职工持有的公司股票可集中托管，但不上市流通；职工只有到退休时或离开公司时才能拿到其个人账户上的资产。转换股票期权计划的方式，是将股票期权计划与企业年金计划合并，即股票期权执行后的收入部分或全部，代替现金缴款作为企业年金计划缴费来源，纳入经理人员企业年金计划。

这类企业年金计划的目标是将企业的经济效益以及企业的股票市场表现，与职工和管理层的退休年金待遇挂钩，以此来激励职工和经理层为企业的价值做出积极贡献。

股权激励型企业年金计划的基本特点是：其一，实施主体必须是股份制企业。实施本计划的企业或企业集团必须是股份制公司。已经挂牌上市的上市公司，最有利于实行这种企业年金计划。而没有挂牌的非流通的股份制公司，虽然也可以实行这类计划，但由于其股权不能上市流通，其激励作用有限。其二，减少当期企业和职工的现金支付负担。企业可以公司股票或其他可增值财产权益的形式向企业年金计划缴费，这样企业和职工的现金缴款负担相对减少。其三，统一企业股东、经理层、职工的利益目标于企业价值的最大化。职工持股计划通过剩余索取权的内在化，提高企业职工追求企业价值最大化的积极性，把企业所有者——股东的利益，和职工与管理层的利益，有机地统一在一起。

股权激励计划适用于已经实行职工持股计划或目前正在实行股票期权计划的，实行股份制改造的大中型企业和上市公司。实行该类计划，必须遵从企业年金的有关政策法规，同时遵从国家有关员工持股、经理层持股的有关规定。

（5）混合型企业年金计划（DC + DB 型企业年金计划）。DB 型还是 DC 型企业年金计划，是目前我国企业领域，乃至整个企业年金领域讨论热烈的一类计划模式。应该说 DB、DC 型计划，各有特点。按照我国现行企业年金政策法规，我国的企业年金计划，本质上不是 DB 型计划而是 DC 型计划。但是，基于企业和职工的不同认识和需求，DC 型企业年金计划，可以模拟 DB 方式设计企业年金计划：在待遇支付阶段，采取 DB 方式，而在计划供款阶段，采取 DC 方式。

DB + DC 型企业年金计划，是由计划发起企业，为职工预先设立未来退休企业年金待遇标准（DB），然后由企业和职工按照精算的缴款额度向计划固定缴费（DC），计划的精算剩余归企业所有，精算赤字由企业承担。

DB + DC 型企业年金计划结合了 DB 型企业年金计划的基本特点：其一，企业年金待遇是预先确定的。其二，由计划发起企业承担企业年金基金投资风险，职工承担因企业破产导致的计划积累不足或计划破产的风险。其三，需要较高的精算成本和管理成本。需要精算师定期评估计划的精算剩余和精算赤字，因此，需要较高的精算成本。同时企业负责企业年金基金投资风险，必然要求企业加大对基金的管理投入。其四，管理相对复杂。其五，员工离职、调动、换岗时，DB 因素不利于账户权益转移。

DB + DC 型企业年金计划，其一由于待遇确定，与我国居民投资偏好普遍存在的风险厌恶型和储蓄偏好一致，从而为某些企业及其职工所欢迎。其二，由于按照 DB 型企业年金设计计划，管理复杂、管理成本高、企业承担投资风险等因素，企业决定采取这类计划时，必须综合考虑。

（6）保底增值型企业年金计划。保底增值型企业年金计划，是随着金融市场的发展，金融产品不断丰富，通过构建保底的企业年金基金投资组合，从而设计保底增值型企业年金计划。保底增值型企业年金计划，顾名思义，首先是保底，保证企业年金计划投资人相对固定的收益率；其次是增值，通过投资组合的设计，在保底的基础上，进一步为投资者开发收益机会。

银行定期储蓄、债券、保底型保险产品，无疑都是保底型金融工具。随着金融市场的发展，银行开发多种保底理财产品，基金开发多种保底投资计划，这些产品是实现基金投资保底目标的现实的重要的产品。而且，根据相对证券投资组合理论，完全可以构建保底型的基金投资组合，保证基金投资的承诺收益水平。

在企业年金基金投资实现了保底目标的基础上，企业年金计划可以设计收益投资、增量投资等方式，实现进一步的基金投资增值。

我国企业职工的投资意识普遍偏于保守，属于风险厌恶型投资者，保底增值型企业年金计划，非常符合目前中国企业年金计划参与人的风险偏好。

（7）多层次企业年金计划。多层次企业年金计划，是在普惠型企业年金计划的基础上，加入职务、职称、岗位、年龄、工资水平等因素，设计多层次的有专门针对性的企业年金计划。这种类型的企业年金计划，企业既可以在单一的企业年金计划里，把各种职工不同层次的变量纳入进来。企业也可以分别针对不同层次的职工，分别设计不同的企业年金计划。

多层次企业年金计划对于规模大、人数多、职工层级特点明显的企业，能够有针对性地设计企业年金计划，对企业内部人群实行相对个性化的服务。

(8)薪酬延付型企业年金计划。薪酬延付型企业年金计划，类似于美国的401(K)计划，参与这种计划的职工与企业约定从职工工资中扣除一定比例，作为职工退休金存入职工个人账户。这部分扣款即个人账户缴款不计入职工当前收入，职工无须缴纳个人所得税。职工只能在退休时，按照计划的约定，一次或分期支取个人账户的资金，用于保持其退休收入。

薪酬延付型企业年金计划的缴款来源，不是来自于企业本身。企业没有缴款的义务，也无须作出缴款承诺。但是，为了促进该计划的发展，企业可以承诺在企业效益好转的时候，承担计划约定的缴款义务。这样，薪酬延付型企业年金计划，就演变成普惠型或者利润分享型等其他类型的企业年金计划了。

薪酬延付型企业年金计划的来源，实质上是职工个人工资的一部分，是企业在时间周期上延期支付企业职工工资的一部分。但是，在计划设立、账户管理、投资运作、资金托管等各方面，相关的管理成本由企业支付，相关的管理方式按照企业年金有关制度办理。所以，其实质也是一种企业年金计划。

这种类型的计划，如果完全按照企业年金有关法规建立，也可以依法享受地方政府、国家的有关税收优惠政策。这种企业年金计划，对于企业职工有企业年金需求，而企业目前效益不是很好的情况下，具有很好的适应性。

(9)多企业联合型企业年金计划。联合企业年金计划，是指多个企业联合建立、参与的企业年金计划，该计划覆盖了所有参与企业及职工。国际上又称多雇主企业年金计划、集合企业年金计划、行业企业年金计划、产业联合企业年金计划、区域联合企业年金计划、联合企业年金计划等。

目前我国行业性、集团性、区域性的企业年金计划，应该按照新的企业年金法规政策进行改造和完善。拟新建立的联合企业年金计划必须在现行企业年金政策法规框架下进行设计和运行。新的联合的企业年金计划只有在这样的设计思想的指导下才能发展，登上资本市场的历史舞台。联合企业年金计划基本上可以有两种模式：一种是理事会模式下的联合企业年金计划，一种是法人受托模式下的联合企业年金计划，即集合企业年金计划。

(10) 中小企业集合型年金计划。中小企业集合型企业年金计划，是专门针对中小型企业，由专业企业年金法人受托机构设计和提供的企业年金计划。

一方面，中小企业规模小、企业年金额度有限，自行组建企业年金理事会有一定困难。另一方面，对于企业年金的专业法人受托机构而言，由于中小企业年金基金的规模较小，而受托机构承担的受托责任却没有因为年金规模小而减少，同时法人受托机构承担年金计划的全部责任，所能收到的受托管理费又较少。这样，法人受托机构责权利不对等，专业法人受托机构失去了受托管理中小企业年金的激励动机。

中小企业集合型年金计划的设计，既满足了中小企业对于企业年金的需要，也解决了企业年金专业法人受托机构提供给中小企业年金计划的激励机制问题。

中小企业集合型企业年金计划的特点是：其一，计划面向中小企业；其二，由专业法人受托机构设计提供；其三，单个职工对于是否参与该年金计划没有选择权，而企业有是否参与该年金计划的权力，一旦企业选择参与该年金计划，企业的全部职工都必须强制参加该年金计划。

2.3 建立企业年金计划的程序

《企业年金试行办法》第四条规定："建立企业年金，应当由企业与工会或职工代表通过集体协商确定，并制定企业年金方案。国有及国有控股企业的企业年金方案草案应当提交职工大会或职工代表大会讨论通过。”下面结合《集体合同规定》中有关订立集体协商程序规定，阐述企业年金计划建立的程序。

2.3.1 按法定程序产生集体协商代表

对职工一方的集体协商代表的产生，《集体合同规定》第十二条：“职工一方的协商代表由本单位工会委派。未建立工会的，由本单位职工民主推荐，经本单位半数以上的职工同意。”同时还规定：“职工一方的首席代表由本单位的工会主席担任，未建立工会的，职工一方的首席代表从协商代表中民主推举产生。”对用人单位一方集体协商代表的产生，《集体合同》第二十条规定：“用人单位一方的协商代表由用人单位的法定代表人指派。”同时规定：“用人单位一方的首席代表由单位法定代表人担任或由其书面委托的其他管理人员担任。”

2.3.2 进行集体协商的准备工作

集体协商是一项复杂而严肃的工作，必须进行认真的准备。根据《集体合同规定》第十三条，协商代表在协商前应进行下列准备工作。

2.3.2.1 了解与集体协商内容及企业年金有关的法律、法规、规章和制度

企业年金相关的法律体系包括企业年金相关法律、法规以及地方政府的企业年金实施细则。

企业年金的法律体系可以分为三个层次：

首先是关于企业年金的法律。这些法律是企业年金立法的依据，也是企业年金计划设计和管理必须遵守的基本原则。

其次是部门规章。这些规章构成了企业年金计划设计与管理的直接法规依据。这些法规的立法主体主要包括劳动和社会保障部、保监会、证监会、银监会、国资委、财政部、国家税务总局等。

第三是地方法规。主要由省市地方政府及相关劳动保障、财政税务、金融监管等部门颁布实施。地方法规必须服从国家法律法规，但是，由于我国统一年金税收优惠政策还没有出台，地方政府积极促进企业年金的发展，全国20多个省份颁布了企业年金实施细则，其中大多对企业年金的税收优惠政策给予了明确规定。所以，地方法规对企业年金的发展，对于调动企业建立企业年金制度的积极性，对于设计合格的企业年金计划以享受相应的企业年金税收优惠政策并节约成本，具有非常重要的价值。

2.3.2.2 了解与集体协商内容有关的情况和资料

这些情况和资料可以委托企业社保部门或相关部门或委托专业中介咨询机构作调查或设计。这些情况和资料应当包括：

(1) 企业的基本情况。企业的基本情况包括：企业的基本经济情况；企业的发展战略、目标、决策机制；企业薪酬福利、企业的人力资源、企业及职工的养老需求及其与年金的意愿；企业和职工的企业年金负担能力；企业和职工的投资风险偏好；企业的外部环境。

(2) 企业年金投资方案的设计原则、目标和内容。企业年金设计的原则一般应为：符合国家基本政策的原则、集体协商原则、非歧视性原则、养老保险优先原则、职工利益保护原则、自愿原则；企业年金方案设计的目标一般为：改善职工退休生活、吸引和留住人才、激励员工和高层管理者等；企业年金方案的必备内容包括：参加企业年金人员的范围、资金筹集方式、职工企业年金个人账户的管理方式、基金管理方式、企业年金的记发办法和支付方式、支付企业年金待遇的条件、组织管理和监督方式、中止缴费的条件、双方约定的其他事项等。

(3) 关于企业年金的治理结构。①新的企业年金管理框架包括六个主体和两层法律关系。六个主体为：委托人、受托人、受益人、账户管理机构、投资运营机构和基金托管机构。②新的企业年金治理结构主要包括三个方面的内容：一是受益人保护和权力限制制度，二是委托人责任主体制度，三是不同管理服务机构相互制衡的制度。③确立集体协商的时间和地点等。

2.3.3 召开集体协商会议，并拟定企业年金方案草案

在准备工作就绪之后，企业代表和职工代表要对企业年金计划展开充分的讨论，讨论的核心应放在企业年金方案设计的内容上，不同的意见充分表达，由记录员做好记录，并进行整理和会后调整，待意见得到充分沟通与协商之后，再开会进行协商，所以，这样的协商会并不限定次数，以各方代表基本满意为止。达成一致意见，形成集体合同草案召开集体协商会议，并拟定企业年金方案草案或各项集体合同草案，由双方代表签字。

企业年金专项集体合同草案就是企业年金方案草案。

2.3.4 方案草案提交职工代表大会或职工大会通过

《集体合同规定》第十三条规定："经双方协商代表协商一致的集体合同草案或专项集体合同草案应当提交职工代表大会或全体职工讨论。职工代表大会或全体职工大会讨论集体合同草案或专项集体合同草案，应当有2/3以上的职工代表或职工出席，并且经全体职工代表半数以上或全体职工半数以上同意，集体合同或专项集体合同草案方案方获通过。"

《企业年金试行办法》第四章规定："国有及国有控股企业的企业年金方案草案应当提交职工代表大会或职工大会讨论通过。"

2.3.5 报劳动保障行政部门进行合法审查

《集体合同规定》第四十二条："集体合同或专项集体合同签订或变更后，应当自双方首席代表签字之后起10日内，由用人单位一方将文本一式三份送劳动保障行政部门审查。劳动保障部门对报送的集体合同或专项集体合同应当办理登记手续。"

《企业年金试行办法》第六条规定："企业年金方案应当报送所在地区县以上地方人民政府劳动保障行政部门。中央所属大型企业年金方案，应当报送劳动保障部，劳动保障行政部门自收到企业年金方案文本之日起15日内未提出异议的，企业年金方案即行生效。"

劳动保障行政部门对企业年金方案合法性审查主要包括以下四个方面：

首先，要求订立企业年金方案的双方主体必须合法。按照《劳动法》、《企业年金试行办法》和《集体合同规定》的有关规定，企业年金方案是用人单位与本单位职工订立的有关企业年金的专项集体合同。企业年金方案的双方主体分别是用人单位和单位职工。法律上对双方主体的要求可以概括为两点：一是主体必须具有民事行为能力和民事权利能力，这是开展民事活动主体必须具备的条件。二是双方代表必须依法产生，能真正代表各自一方的意志。

其次，企业年金方案的订立程序要合法。即当事人双方在企业年金方案的协商、起草、签字、登记等各环节上，都应符合法律有关规定。

再次，企业年金方案的内容要合法。即企业年金方案各个条款必须符合我国各项法律、法规、规章和有关政策的要求。内容合法主要是指企业年金方案所规定的标准应符合法律、法规的原则，不低于法律、法规、规章规定的最低标准。

最后，企业年金的形式必须合法。企业年金的方案必须采取国家法律规定的形式，即书面形式，而且应向劳动保障行政部门履行必要的审查备案手续。

3 企业年金的国际及我国香港地区经验借鉴

当前，我国正在全面建立和完善社会保障体系，在大力扩大基本养老保险覆盖面的同时，国家鼓励有条件的企业为职工建立企业年金计划。但是，由于企业年金只是刚刚提出试点的新制度，如何构建适合我国国情的企业年金制度成为人们关注的社会热点。在这种情况下，借鉴国外的成熟做法是加速我国企业年金发展的必由之路。考虑到各国社会保障制度的差异性，面对国外纷繁芜杂的具体模式设计，笔者选取了最早实行企业年金制度的美国、英国、加拿大、与我国有相似地理环境和社会背景的日本以及具有强制性特点的香港特区作为主要的调查对象，深层次地挖掘它们建立企业年金的规律性经验和教训，探讨我国建立企业年金制度的模式。

3.1 美国401(K)计划

美国的401(K)养老计划，以下简称401(K)计划，是根据1978年美国国内税法(Internal Revenue Code，IRC)401(K)条款的规定所确立的一种雇主发起的养老计划(Employer-sponsored pension plan)，由于其在税收、管理、投资运作等方面的一系列优势而得到了非常迅速的发展，日益成为美国养老计划中重要的组成部分。该计划是经美国联邦政府批准，允许公司雇主单独(或雇主和雇员共同)在税前根据雇员薪金的一定比例向某一金融企业缴款(企业补充养老计划)，由该金融企业经营和管理雇员未来的养老金。它作为美国三支柱养老保障体系中重要的组成部分，对世界各国养老保险制度改革的影响都很大。

3.1.1 美国401(K)计划的政策背景

在美国企业年金的发展过程中，美国政府不断通过立法手段来鼓励、调节、规范企业年金的发展。1935年的《社会保障法》，1942年的《收入法》，1974年的《雇员退休收入保障法》，1978年的《美国国内税收法案》，2001年的《经济增长与减税调和法案》及2002年的《企业改革法案》等，在不同时期不同条件下对企业年金的发展都起到了有效的法律干预作用。

从1990~2000年年底，通过该计划积累起来的资产由3850亿美元迅速增加到17120亿美元，年均增长18%，占整个美国养老计划的比重从1990年的9.2%增长到将近15%。到2000年年底，美国已有超过30万家企业、四千余万名企业员工参与了该计划，对保障企业员工的退休生活发挥了重要作用。

3.1.2 美国401(K)计划简介

3.1.2.1 美国401(K)计划的基本内容

美国401(K)计划主要是从个人缴费的缴纳、投资方式的选择、终止计划的条款、支付条款以及特殊情况对企业年金制度的运行进行了规定，见表3-1。

表3-1 401(K)计划的基本内容及简评

项 目	有关规定简介	对规定的评价
处于工作状态	(1)按工资的百分比扣减，直至达到一个限额(1992年时为8728美元)，雇主可以以相应的比例搭配缴费	可以避免对高收入者的优惠，贯彻无歧视原则
	(2)可以在各种投资方式之间进行选择，每12个月可以转户一次	有利于受托人之间的竞争，有助于提高金融体系的效率
雇员离职	(1)随着年数的增加，相应加大权益比例，权益期限最长为7年，权益部分一次性支付	7年的规定可以满足员工正常流动的需要
	(2)如果终止计划，适用特殊均衡法	确保计划的灵活性

续表 3-1

项　目	有关规定简介	对规定的评价
工作期间提款	(1)困难提款时要纳税，如果尚未年满59.5岁，有可能支付罚金	防止养老金过早提取
	(2)在任何年龄下，都可以从该计划中贷款，必须在5年内分季度偿还款项(如果是购买居所、可以延长期限)	兼顾正常的经济开支，同时确保养老金计划的足额积累
	(3)年满59.5岁后，可以领取养老金，如果不是一次性领取，将按普通收入纳税	鼓励消费，并防止税收减少的压力
特殊情况	(1)残疾：全额领取，不缴未到期罚金；提取的款项必须纳税：转户到IRA(个人退休账户)中或在受托人之间转存；一次性给付可以适用特殊均衡法	保护伤残者的利益
	(2)退休：全额领取，可以保留在雇主处、代领或者转户到IRA，也可以随时在受托人之间进行转存；除一次性领取外，要按普通收入纳税	鼓励消费
	(3)死亡：由受益人全额领取，适用特殊均衡法；养老金开始支付，由受益人继续领取；尚未开始领取，配偶可以在5年内将它转户到自己的IRA计划中，其他受益人必须在5年内全部领取完，或者以终身给付方式领取；除非是一次性领取，否则要按普通收入纳税，受益人最初领取的5000美元是免税的	保护受益人，特别是配偶的正当利益，为了严格管理，美国还出台了《家庭成员资格确认法》(QDRO)；鼓励消费

资料来源：Clark，Haley and Schieber，2001。

3.1.2.2 美国401(K)计划的特征

美国401(K)计划在账户管理、投资管理、取款限额、税惠待遇、缴费以及企业责任方面都有各自的特点，成为国际上比较成功的企业年金计划。

(1) 账户管理。美国的《员工退休收入安全法案》规定，401(K)计划实行个人账户管理，与企业自有账户严格分开。“员工的401(K)账户中的资产(包括员工自身的缴款及已经获得所有权的企业搭配缴款)不属于企业的资产，企业出于任何与其经营有关的目的均不能动用其员工该账户中的财产。”401(K)计划属于供款基准制，采用的是个人账户管理方式，因此，该计划是一种“便携式”的企业年金计划。

(2) 投资管理。提供包括储蓄、债券、股票、基金等多种投资方式。资金投向以股票为主，约占全部401(K)计划资产的一半以上。雇员可以自行选择401(K)账户基金的各种投资项目及其组合，按照自己的意愿做出投资决策。这一方面避免了雇员投资专业知识匮乏而可能造成的投资风险，也最大限度地调动了雇员的积极性以及主人翁意识。

(3)取款限制。由于建立401(K)的初衷是鼓励雇主及雇员为雇员退休进行长期的储蓄和投资，因而有关法律对计划参与者从401(K)账户中取款的条件做出了严格的限制。根据《税收法》的规定，401(K)计划的税前供款不在发生如下时间之前提取：计划参与者退休、死亡、伤残、离开雇主、达到59.5岁或是“经济困难”。因此，一旦款项被投入该计划中的个人账户，除非发生特殊情况，通常在59.5岁以前不能随意提取，否则必须补税和缴纳罚款。

(4) 税惠待遇。401(K)计划实施的是EET税制，该制度允许雇员与雇主从他们的税前收入中扣除养老金缴纳额，并减免养老金投资收益所得税，只在养老金领取的时候像对待其他应税收入一样，征收个人所得税。事实上，也正是EET税惠待遇调动了雇员与雇主的积极性，使得401(K)计划显得非常有吸引力。

(5) 缴费方面。雇员自愿参加并自动存入数额。雇员投入一般为工资的10%～15%，每个参加者税前缴费额不能超过一个固定数字。这个数字按期进行与生活费用挂钩的调整(Cost of Living Adjustment)。年度缴费限制额1992年时为8728美元，2001年为10500美元；雇主进行相应的资助。法律规定雇主出资不超过雇员工资的15%。在企业雇主提供搭配缴款的情况下，这部分款项并不一定马上就属于员工所有，企业可就搭配缴款在何种条件下属于员工所有作出规定，如要求员工为企业服务达到一定的年限方可获得这部分缴款的所有权。为鼓励员工积极参与401(K)计划，企业雇主通常为员工提供相当于员工自身缴款25%～100%的搭配缴款，作为对员工的一项福利措施，增加企业薪酬方案对优秀人才的吸引力。搭配缴款在规定限额内同样可以享受延迟纳税的待遇。

(6) 企业责任。美国的雇主发起养老计划亦分为确定缴款型计划(DC)和确定受益型计划(DB)两种类型，而401(K)计划就是DC计划中最主要的类型，由企业根据自身能力发起设立。这样，企业需要承担繁重的管理工作。由于401(K)计划受美国国内税法及员工退休收入安全法案的限制，企业设立和运作一个合乎法律要求的401(K)计划往往要涉及到大量的管理工作，例如必须满足最低参与比率要求：参与计划员工人数不得低于总员工人数的40%或50人这两项标准中的较低者，不能符合上述要求将导致企业丧失合格的401(K)计划所享有的税收优惠，因此在实务中企业往往通过聘用专业的401(K)计划管理公司来承担上述工作。

3.1.2.3 美国401(K)计划的操作流程

401(K)计划运作中涉及的3个主要当事人分别是发起企业、参与企业的员工以及为企业提供服务的专业服务机构。由于计划必须符合美国国内税法、员工养老收入安全法案等相关法律的严格规定，涉及到诸如记账、法定指标测试、投资管理、员工教育等一系列复杂的工作，不希望或无力自行承担上述工作的企业往往将之委托给银行、保险公司、基金公司等专业服务机构负责。因此，整个计划的实际运作就集中地体现在为401

(K)计划的服务提供商身上。从服务提供商操作流程的角度看，401(K)计划的运作可大致分为方案设计、发起设立及具体管理三个方面：

(1) 方案设计。服务提供商通常会根据企业的实际情况及具体的需求为其制定出量身定做的计划方案。但不管是提供现成模式还是量身定做，在为企业设计一个401(K)计划时均要考虑如下几个主要因素：

第一，企业搭配缴款的规定。这是设计中需要考虑的一个最重要的因素，主要包括基金公司、保险公司、银行、第三方管理公司、工资发放代办机构、专业记账公司、证券经纪公司等机构，目前美国的401(K)计划中雇主提供的搭配缴款通常相当于员工自身缴款的25% ~100%。

第二，参与企业年金资格的规定。

第三，搭配缴款的所有权归属方案，即规定企业的搭配缴款在何种条件下及以多大的比例归属员工所有。

第四，采取集中投资方式或个人自主投资账户。

第五，困难取款及贷款的规定等。

(2) 发起设立。一般而言服务提供商为企业发起设立一个401(K)账户通常要经过以下几个步骤：

第一，计划文件的拟定。希望设立401(K)计划的企业向服务提供商提出咨询、服务提供商为企业提供方案、企业根据自身情况对方案的具体内容进行修改或增减、最后是双方就计划的设立及管理签署一份“计划文件”，它是整个401(K)计划运作的正式法律依据，其内容必须十分具体而明确。

第二，重要内容的再明确。在设立401(K)计划时企业或服务提供商还必须向参与计划的员工提供一份“计划文件摘要”，列明该计划的参与资格、企业搭配缴款、所有归属方案等重要内容。

第三，在参与对象中的宣传教育。在发起设立401(K)计划时企业及服务提供商的一项重要工作就是在企业员工中广泛开展有关401(K)计划的宣传教育，以吸引尽可能多的员工参与到这一计划中来。

(3) 具体管理。具体管理主要包括受托、记账、投资服务、行政管理、困难取款及贷款等条款：

第一，受托(Trustee)。主要由企业指派内部管理人员或委托外部的第三方机构担任，在由综合服务提供商负责运作的情况下，受托人就是该服务的提供商。

第二，记账(Record Keeping)。除了综合服务提供商之外，企业可自行或通过专业的记账公司、企业的工资发放代办机构等服务提供商来履行记账职能。

第三，投资服务(Investment Services)。通过为企业401(K)计划提供服务，服务提供商既能获得相关的管理费用，但更主要是通过这一渠道向众多企业及计划参与者推销其自身经营的金融产品，如基金、保险、保证投资合约等。

第四，行政管理(Administration)。为确保企业的401(K)计划合乎有关法律的要求而持续或定期进行的一系列法定指标测试和文件上报工作。

第五，困难取款及贷款等几个主要方面的内容。为满足计划参与人出现严重经济困难时的用款需要，通常401(K)计划都制定了关于困难取款(Hard - ship with drawl)及贷款的有关规定。当计划参与人面临紧急的用款需求(如购买首套住房、支付医疗费用等)并且没有其他可用的资金来源时，可申请“困难取款”。参与人在取款时必须就提取的款项支付相关的税收及10%的税收罚款。在困难取款之外，目前有越来越多的企业为参与计划的员工提供了贷款功能。

3.1.3 美国401(K)计划对我国企业年金制度的启示

3.1.3.1 政府要扮演重要角色

要使年金市场成熟起来，政府要扮演关键角色。政府在选择年金服务供应商时，要严格把关。从风险控制的角度，使企业年金基金的受托人、投资人、账户管理人、投资管理人成为各自独立的服务供应商，以分散老百姓养命钱的风险。在年金市场发育期，同一个机构承担多个角色不利于市场发展，尤其是受托人和投资管理人的资格不能重叠，年金市场的竞争必须有序、专业，要避免恶性竞争。

3.1.3.2 国家应制定一定的优惠政策鼓励企业建立企业年金

政府应当制定带有优惠措施的政策法规，鼓励企业和职工个人共同缴费建立企业年金。当前基本养老保险替代率较高，应逐步降低替代率，将降低部分归并进企业年金。借鉴美国401(K)计划中的税收优惠，发挥税收政策的杠杆作用，支持企业建立年金制度。

美国对按照401(K)条款设立的退休基金，允许有相当于雇员工资25%的供款的税前列支。从美国401(K)计划发展的历程看，税收优惠政策起到了决定性的作用。我国现行政策规定，年金可以在税前列支，但只限于企业缴费在工资总额4%以内的部分，个人缴费和在工资总额4%之外的企业缴费，无法享受税收优惠。首先，这种税收优惠幅度偏低，难以给企业和个人积极参加年金带来足够的吸引力；其次，在一些地区即使这种优惠幅度偏低的政策还不能真正实施。为了促进企业年金制度的发展，我国可以借鉴美国401(K)延缓纳税的措施，加大税收优惠力度。

3.1.3.3 简化限制，增加覆盖面，适度降低费用

目前，我国的养老金计划刚刚起步，建立企业年金的企业主要是效益好的大型国有企业，覆盖人数有限。为了将尽可能多的人纳入退休计划是制定退休政策的主要目标，可以借鉴美国401(K)计划的相关政策，逐步覆盖各类企业以及个人。同时应简化企业年金计划设立、运作、监管的程序，适度降低有关企业缴纳的企业年金账户等费用。

3.1.3.4 由企业统一运作到个人自主决定的投资管理模式

目前，我国企业年金的投资运作模式基本是由受托人指定投资管理人，进行统一的投资运作，个人不能根据自身的情况选择并及时调整投资对象。在美国401(K)计划进行投资运作中，即使人们可以自主选择，在初期主要还是投资于银行等金融机构的储蓄理财项目。当各方面条件比较完善了，人们才开始证券投资。所以，赋予职工自主投资的权利并不等于直接增加了投资的风险。从长期看，个人自由选择投资方式也是国际发展的趋势。

3.1.3.5 拓展资金投资渠道，防范和控制风险，实现保值增值

借鉴美国401(K)计划的经验，在构建企业年金时必须实现投资渠道多样化，允许职工自主选择定期保证利率购买国债、公司股票、共同基金等投资方式。允许企业年金投资多样化，可以向资本市场提出对投资工具种类的需求，促进资本市场进行金融创新，提供金融创新产品，满足年金保值、增值需求，资本市场的发展又会为包括基本养老保险在内的养老保险资金运用提供广阔空间，实现养老保险投资多样化。

但是，中国企业年金也要吸取欧美国家养老金过度投资于风险高的股票和股票基金中损失惨重的教训，适当控制投资股票的比例，当前应该重点投资于固定收益证券的投资组合。根据企业年金的投资特点和我国资本市场的现状，要加快债券市场的发展。因为目前我国资本市场还不成熟，特别是股票市场波动较大，而且缺乏有效的避险工具来对冲风险，因此目前股票投资并非养老金包括企业年金的投资首选。从国际经验来看，养老金投资于固定收益的债券市场比较安全。

3.2 加拿大的企业年金计划

3.2.1 加拿大企业年金计划概述

雇主主办的退休计划是加拿大养老保险体系中最重要的支

柱。此支柱计划由政府法规约束，实行统一税收征管。雇主为雇员建立此类保险计划，应以合同形式委托私人公司进行管理。计划的基金完全由私人公司运营，但投资渠道、分享形式以及投资方法等由雇员或雇主自己选择或按具体协议操作。这一支柱保险计划的发展，不仅丰富了养老保险的金融市场，而且有利于雇员的储蓄投资，增加雇员退休后收入的稳定性和安全性，减轻政府的负担，同时有利于消费市场的活跃，如住宅、汽车等的抵押消费。当然，占加拿大养老金收入较大比例的此类计划并不是简单的自发产生的，它是受到经济和社会的压力、企业竞争、人力资源的开发和保护以及雇员的生活保障而产生的。图 3-1 是加拿大雇主主办的退休计划种类示意图。

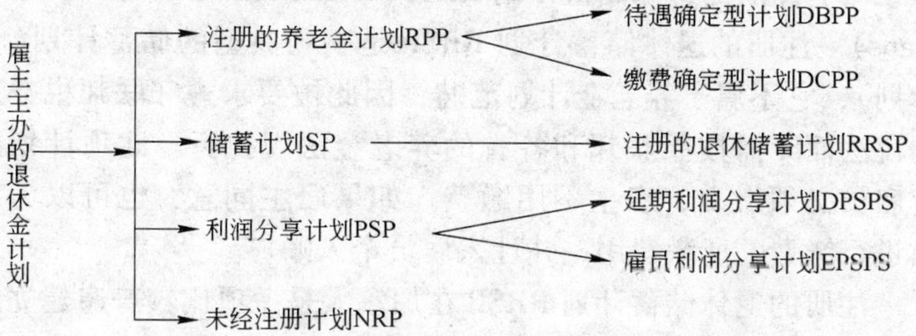

图 3-1　加拿大雇主主办的退休计划种类示意图

3.2.1.1　注册的养老金计划(RPP，Registered Pension Plans)

RPP 计划的建立是自愿性的，也就是说雇主并不被要求一定要建立相应计划，但一旦选择建立，就必须保证执行由税务局和各省养老金法规部门设定的最低标准，到各省养老金法规部门进行注册，而且要提供相应的法律文书，明确设立计划的法律动机以及与各项计划相关的一切事宜(诸如缴费率、投资渠道选择方式、待遇享受条件、待遇计算办法等)，称为“计划文本”(plan text)。所建立的计划要能同时满足加拿大联邦税务局和各省税务部门的要求，还要严格遵守各类养老金法规(在加拿大，联邦政府规定了各类养老金法案，各省还有不同的非常相近的养老金法规)。

注册的养老金计划 RPP 在各省养老金法规部门进行注册,一旦获得批准,就可以享受有关税务减免优惠条件。

此类计划主要分为两种类型,其一是待遇确定型养老金计划 DBPP,其二是缴费确定型养老金计划 DCPP。在实际操作中,除纯粹的待遇确定型养老金计划 DBPP 和缴费确定型养老金计划 DCPP 外,许多企业还将两种计划综合起来,建立新的注册的养老金计划 RPP,通常称为"混合计划"。

3.2.1.2 储蓄和利润分享计划(Savings and Profit Sharing Plans)

储蓄和利润分享计划包括以下三种类型:

(1) 注册的退休储蓄计划 RRSP(Registered Retirement Saving Plans)。注册的退休储蓄计划 RRSP 是一项典型的储蓄计划(SP 计划),它不属于养老金计划范畴,因此被要求遵守联邦税务局的税法而无需按照联邦和各省的养老金法规执行。此项计划规定雇员必须缴费,雇主不用缴费。如果雇主同意,也可以为雇员进行缴费,所缴费用一并计入雇员个人账户。

注册的退休储蓄计划 RRSP 在加拿大是一项比较普遍建立的计划。在加拿大这样一个重税国家,一项计划受欢迎在很大程度上是因为可以最大限度地减税或暂时避税。RRSP 计划就是一项充分利用了联邦税务局税务优惠政策的计划:雇员除为自己缴费可以减税外,还可以参加在 RRSP 计划里的配偶计划(Spousal Plan)。即雇员可以选择为配偶缴费,所缴费用属于其配偶所有,但缴费者可以依次减税。配偶计划既合法地帮助雇员减税,又能帮助没有经济收入或收入较低的配偶在退休时拿到一定待遇。所以,许多人选择了 RRSP 计划。

(2) 延期利润分享计划(DPSPS, Deferred Profit Sharing Plans)。延期的利润分享计划 DPSPS 既不同于养老金计划,也不属于储蓄计划,而是一项由雇主拿出部分经营利润作为缴费而建立的保险计划。该项计划称作"延期",是指雇员分享雇主利润，必须在到达退休年龄时才能领取待遇，进行消费。这项计划同样要遵守加拿大联邦税务局的税法，但无须遵守联邦及各省养老金法规。其缴费上限由加拿大联邦税务局设定，目前为雇主利润的5%，具体到每一位雇员是每年不能超过＄6750（为DCPP、DBPP、RRSP计划标准的一半）。雇主所缴费用可享受减税待遇。

延期的利润分享计划DPSPS缴费完全由雇主提供，计划成立的大前提是雇主有经营利润。这实际上是一项建立在对雇主信任基础上的计划，因为有没有利润、有多少利润只有雇主才清楚，该不该缴费、该缴多少费也只有雇主才明白。

（3）雇员利润分享计划（EPSPS Employees Profit Sharing Plans）。雇员利润分享计划DPSPS同样由雇主设立，雇员无需缴费，要求雇主拿出部分利润为雇员缴费，而且即使没有利润，雇主也要每年为每位雇员向DPSPS计划缴纳＄100。

设立雇员利润分享计划DPSPS，如果雇主向联邦税务局进行了注册，雇主可以享受减税优惠。许多雇主为了吸引人才采用DPSPS计划，变相增加雇员待遇。

总的来说，第二支柱雇主倡议的退休计划除了以上各类经注册的计划外，还有各种未经注册的计划（non－registered plans）。经注册的计划可以合法地减税和避税，但减税和避税额有一定的限制（加拿大联邦税务局规定了缴费上限）。许多雇主为了提供更好的待遇，还设立了未经注册的计划，此类计划虽不享受减税政策，但由于是雇主和雇员共同缴费，雇主的缴费等于增加了雇员的收入。

通过以上对目前国际上比较成熟的企业年金制度的研究可以看出，每个国家都因为其国情不同而选择不同的实施方式。美国是最初设立企业年金制度的国家，目前比较流行的401（K）计划是经过了长时间的演变而来的。日本、加拿大以及其他较早实行这一制度的国家也已自成体系。

3.2.2 加拿大企业年金计划对我国的启示

(1) 投资方式多元化和自主选择模式。加拿大雇主主办的退休计划基金完全由私人公司运营，而且投资渠道、分享形式以及投资方法可以由雇员或者雇主自己选择或按具体协议操作。这种投资管理方式是我国企业年金几乎所不具备的，我国适当引入投资多元化方案，适当体现投资主体的自主选择能提高企业年金基金的投资报酬率，最终提高企业年金的替代率。

(2) 税收优惠管理的规范性。加拿大实行注册的养老金计划，雇主主办的退休计划基金不是强制的，但如果举办后需要一定的税收优惠，则必须经过各省养老金法规部门的注册，达到法规部门设定的最低标准，从而规范了企业年金方案计划的内容，对税收优惠严加管理。这与我国目前企业年金市场管理混乱、税收优惠政策参差不齐的现状形成了鲜明的对比。

(3) 储蓄和利润分享种类繁多。加拿大的退休储蓄计划的种类很多，主要包括了三种计划类型。需要办理企业年金计划的雇主和雇员可以自主选择何种计划更适合自己，使企业年金计划更具多样性特点，可以更好地发挥企业年金的激励作用。而我国目前对企业年金计划的激励作用认识不够，多数计划没有真正发挥出企业年金激励员工的作用，仅仅体现了某些保障方面的作用。今后操作中，如何引入自主选择机制，使企业年金计划具有多样性和可选择性，从而发挥企业年金计划的激励作用，这些方面是值得向加拿大雇主主办的退休计划学习的。

3.3 英国的职业年金计划

英国养老保障制度是典型的三支柱养老保险体系，它们分别是：全民养老金计划(flat - rate pension scheme)，即完全由政府运作，通过税收筹集资金，并纳入财政收入和支出计划，由财政统一基金安排支付；职业年金计划(occupational pension scheme)，通常由雇主具体组织，在雇员离开企业或去世时，为雇员提供相应的权利；个人养老投资(personal pensions)，实际上是个人的一种投资方式，通常由个人与保险公司协商付款，保险公司在他退休以后定期给付预先确定的养老金。英国的职业年金计划在养老保障体系中处于十分重要的地位，已经发展成为发达国家中名列前茅的企业年金计划。

3.3.1 英国职业年金计划概述

英国的职业年金制度是由职业年金计划和强制性的个人年金账户[1]构成，是英国三支柱养老保险体系中最重要的组成部分。在英国，国家基本养老金仅保证职工退休后的最低生活需要，其养老金替代水平较低(约为40%)。退休待遇主要依靠职业年金来满足，因此职业年金的覆盖率是相当高的。英国政府2003年的报告指出：截止到2000年底，被雇雇员的职业年金覆盖率约为64%，其中42%是职业年金计划，22%是个人年金账户。据统计，企业人数超过1000人的企业有95%建立了自己的职业年金计划，对于小企业，只有24%会建立自己的职业年金计划。截止到2001年底，英国共有20万个职业退休金计划，累计资产总额达6000亿英镑。

在英国，大多数企业年金和工资关联，雇员从企业年金得到的退休金是基于他们的长期工龄和平均工资而计算出来的。企业年金可以基于雇员的工资选择与工资关联的待遇确定模式，企业年金的待遇水平取决于雇员的工龄长短和工资水平的高低。例如，参加企业年金的雇员，其退休金计算方法为：每增加一年工龄，即获得最后一个月工资的1/60的退休金。后来，在英国1986年颁布和1988年实施的《社会保障法》允许雇主选择现金购买的方式，即缴费确定的模式，允许雇主在企业年金计划

[1] Individual Personal Pension Scheme，即雇员个人参加的其他私有部门组织的个人养老金计划，参加者多数为个体户或者自由职业者，也有推出职业年金计划的员工根据自己的利益选择参加。

中使用现金购买的方法。其缴费和来自国家收入关联退休基金中的回扣资金均可以进行投资。当受益人达到退休年龄时，他们的全部退休金积累可以购买企业年金，根据退休储蓄账户的投资情况和退休时的年金利率来计算和支付退休金。基于现金购买模式，雇主不需要为受益人提供最低退休金担保，其待遇水平取决于储蓄账户的投资收益，而退休储蓄的投资运营必须严格地依法操作。近年来，综合以往各类模式特征的混合模式不断产生，现金购买的方法也越来越普及。

在税收方面，雇主的缴费是可以减税的。雇员在缴费高于养老金收入15%的情况下可以减税。养老金作为收入是要缴税的，但从养老金机构一次性支走的个人养老金是免税的，养老基金从收入和资本收入税中免除。

3.3.2 英国职业年金计划的特点

总体上，英国职业年金的发展具有如下特征：

3.3.2.1 职业年金的资产管理采用“谨慎人原则”

和多数欧盟国家不同，英国对于基金投资范围基本没有什么限制。1998年，英国养老基金资产中52%为国内股票（美国为53%，法国和德国为10%），18%为国外资产（美国为11%，法国为5%和德国为7%），其他为债券、现金和实业资产。据统计，1953～1995年，英国养老金资产组合的年资本收益率为10.8%，同期的平均工资增长率为3.6%，平均利率为3.6%。职业年金和个人养老金计划的壮大促进了金融市场的发展，以养老基金的资产占GDP的比重来看，英国的比例是最高的，在1997年，达74.7%，同期美国为58.2%，法国5.6%，德国5.8%，意大利3.0%。

3.3.2.2 职业年金可以作为基本养老保险的替代

英国允许雇主为职工提供待遇确定型的职业年金，即“退出合约职业年金”，作为基本养老保险之一的SERPS的替代。年金的收益水平不低于SERPS下该职工的受益水平。但是在1995年的《年金法》中进一步取消了最低受益水平的限制，只规定该计划必须维持一定水平的资产。结果有2/3的人退出了SERPS计划，而选择了职业年金和个人年金计划。

3.3.2.3 税收优惠政策鼓励职业年金发展

为了鼓励企业和员工建立职业年金，英国大力推行税收优惠政策。在达到一定法律标准，或经国内税务局批准后，一项退休金计划就可以享受相应的税收待遇。职工每年的最高缴费为工薪收入的15%，对雇主的缴费不加限制。雇主和职工的缴费和基金投资收益免征收入税、公司税或资产增值税，但领取时要缴税。

3.3.2.4 先规范后发展

英国发展职业年金的另一经验是重视监管。早在1834年，英国的法律就已经提出了职业年金的概念。近几年的重要法规有1995年颁布的《年金法》，1999年颁布的《福利改革和年金法案》等。英国养老保险改革一贯采取"先规范后发展"的原则，往往一项法律或政策，经过充分的民主讨论、专家评审和征求意见后才出台。此外，英国政府还设立了职业退休金监管局(OPRA)对职业年金各相关主体的行为进行监管。该机构通过公开披露、罚款、取消资格和撤销计划等措施规范企业年金计划的受托人及投资管理人、精算师、审计师和律师等相关主体的行为，保护职工的利益，监督《年金法》的执行和负责有关的咨询、教育和培训工作。

3.3.3 英国职业年金运行效果分析及其问题

3.3.3.1 英国职业年金运行的效果

总体上说，英国职业年金的运行效果还是比较理想的，主要包括：

A 覆盖率水平较高，处于世界发达国家的前列

职业年金的覆盖率表示社会上有多少人参与了保障计划。英国政府2003年的报告中指出，截止到2000年，被雇佣雇员的

覆盖率约64%，其中42%是职业年金计划，22%是个人养老金计划。自营雇员参加基金制养老金较低，为41%，综合覆盖率为61.1%。

在工业发达国家中，除了实行强制性企业年金的几个国家的覆盖率几乎达到100%外，其他实行非强制性企业年金中，具有较高覆盖率的有澳大利亚为95%，美国、加拿大为50%左右。因此，英国的该覆盖率水平处于世界前列。

B 替代率定位合理，给予了职业年金发展的空间

替代率水平决定了雇员退休收入的最终保障水平。替代率水平是指英国私有部门运营的养老保障计划能够替代收入的比例。替代率水平越高，则说明越能保障雇员退休后生活的水平，退休收入的整体替代率水平取决于“三支柱”养老保障体制的总体给付。其中对于第二支柱来说，取决于计划供款与投资收益率。

英国职业年金的目标替代率在20%以上，从其体制结构分析，在国家收入关联养老金计划中，1986年《社保法》将替代率从25%降低到了20%。而国家第二养老金计划的给付并没有减少替代率，反而增加了给付比例，给予低收入人群更大的给付比例。如果“协议退出”国家第二养老金计划，则必须保证所参与的职业年金计划与个人养老金计划的保障程度不低于国家第二养老金计划，因此，替代率水平在20%以上。加上英国制定的基本养老保险目标替代率为40%，则英国第一、第二支柱养老保障体制能给予英国雇员60%以上的退休收入替代。

C 投资业绩优良，普遍高于美国、加拿大与日本

投资绩效决定了养老基金的增值速度与规模，保障了养老金基金的安全。比如，在供款基准制中，工龄为40年，每年向自己的个人账户供款1000英镑，那么如果年投资收益率是5%，则账户累积为120800英镑；如果年投资收益率为6%，则账户累积为154800英镑，账户累积增长了28.15%。可见，投资收益率的膨胀效应是多么之大。

另外，几个主要 OECD 国家从 1970～1995 年的养老基金真实收益率的数据显示，美国、加拿大、日本的养老基金投资收益率，均低于英国。英国养老基金投资运营业绩普遍比美国、加拿大、日本要好。

D 增加了劳动力市场的流动弹性，增强了宏观经济的发展活力

英国职业年金体制的发展与改革减少了劳动力灵活选择职业和行业的阻力，推动了劳动力市场的自由流动。受益基准制（DB 计划）的发展，更重要的是稳定雇员队伍，保持稳定的劳动生产率，不鼓励雇员的自由流动。因此提高劳动流动性的激励手段集中体现在个人养老金计划与供款基准制（DC 计划）的推动上。该两项计划都是完全积累的、灵活便携的养老金计划，雇员拥有独立的养老金账户。

3.3.3.2 英国职业年金发展中存在的问题

当然，英国职业年金发展中也出现了一些问题，主要是受益基准制出现危机和体制简化的问题。

A 受益基准制计划出现危机，政府出台政策给予辅助

截止到 2002 年底，受益基准制计划的账户累积大约有 1600 亿～3000 亿英镑的赤字，总共赤字数接近 GDP 的 2%～3%，某些计划的资产负债率还低于了 65%。到 2002 年底，已经有 300 个受益基准制计划拒绝接纳新成员。2003 年 3 月，股票市场的恢复也没有使赤字有多大的改善。

英国政府也意识到这个方面的问题，并逐步制订解决方案：1995 年引入了“最低筹资额”规定，并每年要求精算师报告筹资额度情况；在 2004 年社保法案中，把与指数挂钩的 5% 下调为 2.5%，转移部分账户承受的负担到国家财政上来；出台“年金保护基金”保障计划破产时对参与人员的利益；在投资策略上，逐步减少了对股票市场的依赖，开始扩大对海外证券的投资，以求得更高的投资收益率弥补账户的损失。近几年来，英国对税惠简化改革也体现了对受益基准制计划的保护。

B 私有部门养老金计划过于复杂，体制出现向简化发展的需要

英国职业年金的发展逐渐走向成熟，供款基准制计划的引入，使个人账户计划的转移更为方便，转移成本更为低廉。社会问卷调查显示，无论是否加入养老金计划的雇员、个人，在面对如此多样的年金计划广告时，都会对自己的选择举棋不定。

从英国改革的措施可以看出，英国政府开始觉察到英国养老金计划过于复杂，以致影响到市场管理，这是政府政策复杂与市场竞争激烈的产物。“存托养老金计划”、“税惠简化政策”等都是英国政府为了简化职业年金市场的过度复杂而采取的部分措施。这不但有利于规范管理，更多保护参与人的利益，避免“误售”事件的重演，而且还说明了不是机制越复杂，就越能满足社会的需要，要逐渐摸索，寻找适合自己国情的平衡点。

3.3.4 英国职业年金计划对我国企业年金制度的启示

3.3.4.1 多样化发展我国第二支柱养老保障体制，拉动需求

根据劳动与社会保障部颁布的法规，我国实行的是自愿的个人账户积累型的企业年金计划，并以其作为我国第二支柱养老保障体制，计划的自愿性与单一性并不能刺激广大企业与职工参与，因此大多数职工只向社会统筹与个人账户相结合的社会基本养老保险供款，在一定程度上导致了覆盖率的低下。

我国在降低社会基本养老保险的替代率的基础上可以逐渐建立半自愿半强制的多样化的第二支柱养老保障体制，拉动我国企业与职工对企业年金的需求。将社会基本养老保险划分为两部分，一部分是基本养老保险，主要是保障低收入或者无收入人群，一部分是借鉴英国国家第二养老金计划，对不同收入人群实行不同缴费率与给付率。将强制出来的国家保险作为第二支柱养老保障体制的一部分，国家参与第二支柱养老保障体制的养老金计划管理，但主要是针对低收入人群，降低中、高

收入人群基本养老保险的替代率，因此可以刺激中、高收入人群向其他计划转移。

3.3.4.2 放松对投资比例的限制，加强对信托管理的针对性立法

英国对投资管理人的约束只依据“审慎人”作为普遍的限制原则，英国投资管理人可以根据个人账户或者受托人、委托人的偏好选择投资策略。目前，收益率一般可达7%。英国投资管理人对股票的投资比例一直较高，平均在45%以上，并逐步提高国外股票与债券的份额，以缓解国内资本市场不景气的冲击。

我国采取的是定量控制的投资策略，规定了高风险产品的投资比例，而且目前并没有允许对外国投资产品进行投资，受益率在3%左右。因此，投资的灵活性还可以根据市场发展而逐步放松。从长远来看，我国对投资比例的限制应该逐渐过渡到“审慎人”，放松对投资比例的限制，因为根据英国与国际经验，无论从收益率还是从风险角度，“审慎人”的投资原则都略胜一筹。同时，在我国投资管理人技术水平不断提高与经验不断累积之后，可考虑向国外资本市场发展，以寻求更高的投资业绩，加快企业年金基金增值。

英国受托人以及相关管理人的职责不但受《受托人法》、《判例法》的约束，而且，在1995年与2005年针对养老金受托人的特点，在《养老金法》中规定了养老金受托人的职责，提高受托人立法的针对性与适应性，其中对投资管理人、受托人的职责规定较为明确。目前，我国对受托管理并没有专门的信托立法，只有《信托法》这样一个大的法律环境，缺乏针对性，使得企业年金的信托管理人容易利用法律漏洞，从而容易发生违规行为。因此，立法机构应该根据企业年金的发展情况，制定法律条文实行对信托管理的监管。

3.3.4.3 税惠政策尽快出台，并建议在EET模式上发展

英国税惠政策国际上归类为EET型，即供款阶段、投资阶段免税，只在给付阶段缴纳所得税。但是，严格来说，英国在

投资阶段并不是完全免税，股票分红得到的收益要缴纳30%的所得税。给付阶段，有一定比例的一次性提取免税额，税惠模式具体可称为E－t(附加)－T(部分)。

我国对企业年金发展中的税惠政策却极为简单，除了部分试点地区，大部分省市仅规定企业缴费在职工工资总额4%以内的部分可以免税。因此，为了刺激企业年金计划的发展，税惠政策无疑是一股强大的动力。笔者认为，我国最好选择EET[1]发展模式，因为EET模式的特点是延迟征税，能有效刺激我国中、高收入人群参与企业年金计划。

3.3.4.4 构建符合我国国情的监管体系，规范企业年金的发展

英国监管模式属于由养老金监管局作统一监管，并与其他几个监管部门协调合作，各司其职，除了有专门的养老金监管机构监管私有部门运营的养老金计划以外，还有其他几个专门的监管委员会对不同情况的行为进行监管，同时，税务署、金融服务局等也参与了辅助监管。

由此可见，企业年金监管应该主要包括税务部门、专门年金监管部门、金融监管部门以及有关法律部门。目前我国缺乏对不同监管部门制定的有针对性的职责法案，因此，加大了各部门协调合作的难度。我国应该根据不同的监管功能，立法建立互相补充、互相制衡的监管机构，共同对企业年金进行监管。

3.4 日本的企业年金制度

日本的退休养老制度，基本上是由三大支柱构成，一是公共年金制度，二是企业年金制度，三是个人储蓄养老年金制度。日本的企业年金制度已经运行了近50年，在发达国家中处于中等偏上的水平。日本的经济社会状况以及社会文化背景与我国有一定的相似之处，因此借鉴日本企业年金制度的经验对我国

[1] 关于税惠政策模式的说明，请参阅本书8.2.3。

企业年金的发展是有益的。

3.4.1　日本企业年金制度概况

日本的企业年金是1962年政府修改部分法人税和所得税法以后逐渐发展起来的。开始运行时施行的是待遇确定型企业年金计划，经过2001年的养老金体制改革，逐步过渡到缴费确定型计划。2005年颁布了旨在提高缴费率和降低退休待遇的法案后，日本的企业年金大多进行了转型。

3.4.1.1　养老体制改革以前的企业年金制度

2001年日本养老金体制改革之前，日本的企业年金计划主要有三种类型：非基金制的退休收益计划(即退职一次金)、雇员养老基金计划、税收适格年金计划。

退职一次金制度，即雇员在退休时可以得到一次性支付的一笔退职金。这种退职金有两大特点，一是非基金制，不是基于供款形成的，二是该计划的支付方式是一次性的。但是，从20世纪60年代开始，退职一次金计划慢慢演变成企业年金，即企业将一笔钱交给人寿保险公司，当雇员退休时，由寿险公司按照年金方式支付给雇员。

厚生年金基金计划建立于1966年，目的是让企业提供与退休者收入相关的收益，确保雇员退休收益高于政府提供收入相关年金。厚生年金基金计划主要由那些雇员人数超过500甚至更多的雇主建立，受健康、劳动和福利部监管，相对于其他类型的年金计划来说，该计划要满足更多的报告和筹资标准。

税收适格年金计划在1962年首次建立，被许多中小企业，也有部分大企业所采用。企业必须有15名雇员才能够建立该种计划。尽管从理论上讲，雇员是可以向计划供款的，但是绝大多数的税收适格计划是完全通过雇主供款来进行筹资的。不同于厚生年金基金计划，税收适格年金计划接受的是财政部的监管。

3.4.1.2 日本版401(K)计划

2001年10月，日本国会通过了“确定缴费年金法案”(日本版401(K)计划)，并于2002年4月生效。导入确定缴费(Defined Contribution，简称DC)企业年金的原因主要有两方面：一是日本终身雇用制度的逐渐瓦解和职业流动的增加；二是日本会计制度国际化所带来的以时价会计基准的推广，使企业背负的中长期年金负债问题表面化。

DC型年金制度与既存年金制度存在以下关系，如图3-2所示。

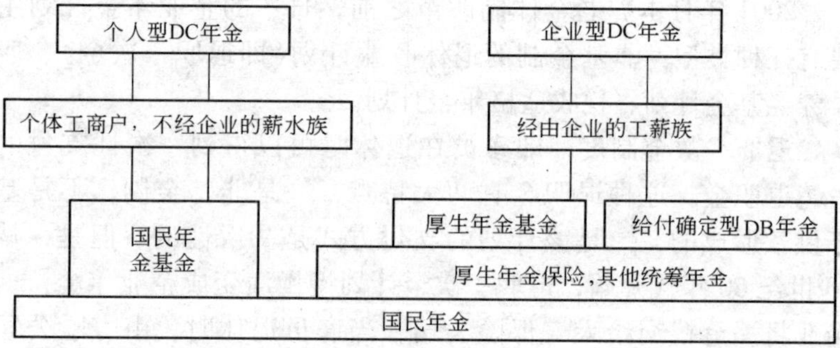

图3-2 DC型年金制度与既存年金制度的关系

资料来源：关于企业年金的基础资料，2001年9月，厚生年金基金联合会。

企业型DC年金主要面向工薪族。企业在没有DB(Defined Benefit)型年金的情况下，每月最多可为员工的账户上积累3.6万日元：企业在设有DB型年金的情况下，可积累1.8万日元。个人型DC年金主要面向20~60岁的农民、个体工商户(第1号被保险者)。个人直接向国民基金联合会提出申请，每月的积累额与国民基金合计不得超过6.8万日元；工薪族在不经由企业而加入个人型DC年金的情况下，每月最多可以积累15万日元。

3.4.1.3 日本企业年金的改革趋势

2004年5月11日，日本下议院通过了一项旨在提高缴费率和降低退休待遇的养老保险改革方案。方案规定企业年金的缴费自2004年10月起，每年增加0.354个百分点，从工资的13.58%提高到2017年的18.3%，由雇主和雇员平均负担。同时，养老金则从平均工资的59.3%降至50.2%。改革方案还授权政府在工作人口减少、寿命延长等不利因素出现时，进一步下调养老待遇。

生育率下降和寿命延长是日本进行养老保险改革的主要动因。据社会保险署预测，若不及时采取措施，养老保险储备(目前为104万亿日元)将于2023年前告罄。这次改革的另一个原因是投资收益率欠佳。近10年日本养老基金表现欠佳，近几年更是连续出现负增长，2002年为负14.5%，是1996年以来的最低值，70%的DB型企业年金资不抵债，平均为未来债务的62%，许多企业的财务状况因资不抵债的DB型企业年金计划而迅速恶化。因此大部分企业不得不停办DB型企业年金计划，或者借着2001年新企业法降低DC型年金的运行成本的契机转向不必承担投资风险和负债烦扰的DC型年金。

除DC计划外，一些DB计划还考虑转为现金平衡计划，这是一种貌似DC实为DB的新型待遇确定型年金计划，该计划保留了待遇确定的本质特征，又可适当规避投资风险，是平稳转换年金计划的一种较好选择。

3.4.2 日本企业年金的特点

经过2001年日本养老制度的改革，日本的企业年金主要有以下几个特点：

（1）目前企业年金主要分为两部分，一部分仍一次性支付，另一部分以年金的方式支付。这样做的好处是，既可以把一笔钱留在企业，企业调度使用方便；又另有一笔钱交给商业保险公司投资运营，免除了职工对企业未来支付能力的担心。

（2）一次性支付的数额原则上与职工在本企业工作年限及退休时的基本工资高低挂钩，但事先并不许诺，要根据支付时的具体情况来决定。如果职工退休时企业经济状况不好，也可以少支付。

(3) 企业年金按照“预先积累方式”筹集，即制度建立初期多收保险费，积累起一笔基金，待达到一定积累额之后，再按照“支付金额 = 保险费 + 利息”的公式(即收支相等原则)进行支付。

(4) 企业年金的大部分费用由企业承担，个人也负担一部分。

(5) 企业年金由信托银行和人寿保险公司管理、经营和支付。企业要分别与职工和信托银行或人寿保险公司签订年金合同；职工先将本人应负担的保险费交给企业，再由企业将职工所交费用和企业应负担的费用交给信托银行或人寿保险公司。信托银行和人寿保险公司可以运用这笔资金进行投资，投资方向包括国债、贷款信托、动产信托、股票、不动产以及外汇证券等。企业职工退休后，由信托银行按规定向职工支付退休金。如果基金实现增值，超过了需要支付的数量，可以将规定保留额以外的部分退还给企业。由于许多企业同信托银行或人寿保险公司签订了合同，故企业年金按不同委托者分别加以管理。

(6) 企业年金的水平有一定限制。企业年金与厚生年金相加不能超过公务员共济年金的水平(共济年金的水平相当于退休时工资的70%)，并且可以列入成本开支。如果超过了，超过部分要征税。

3.4.3 日本企业年金经验对我国企业年金制度的启示

3.4.3.1 制定相应的税收优惠政策

企业年金制度的税收优惠是政府促进企业年金制度发展的最有效措施。我国企业年金发展的滞后很大程度上是因为作为雇主的企业缺乏积极性。日本的经验证明，企业年金是国家政策和法律引导下发生的企业行为。政府通过立法、税收和监管等手段间接介入企业年金领域。因此，免税、减税和延期纳税等税收工具是激励雇主和雇员双方积极建立企业年金，引导企业年金发展方向的重要手段之一。因而，可以借鉴日本的经验，利用税收优惠刺激雇主建立企业年金。在企业年金的企业缴费方面的税收优惠，我国目前规定企业缴费在工资总额4%以内部分可以在成本中列支，远远低于日本等国家的可税前列支比例。从我国企业年金所设计的20%的替代率目标来看，现行4%的税前列支比例在企业单方缴费的情况下略嫌不足。目前，学术界主张我国企业年金实行EET延迟征税优惠政策，也即对企业年金供款和企业年金基金投资收益免税，而对领取企业年金给付金征收所得税的做法。

根据日本的经验，对企业年金的税收优惠是政府促进企业年金计划发展的最有效措施。对企业来说，有了企业年金计划的税收优惠就可以以较低的成本建立和营运企业年金；对职工来说，如果政府允许职工把企业年金计划的个人缴费在税前扣除，可以减少当期应缴的个人所得税。这就等于让职工用税前的收入为自己的养老进行储蓄。如果政府还对企业年金计划的投资受益免税，职工也会从中受益(因储蓄要支付20%的利息税、用税后工资购买股票或企业债券取得的股息或利息也要缴纳20%的所得税)。

3.4.3.2 企业年金的经办形式应采取信托型

根据日本发展企业年金的经验，本文认为并不需要限定一种方式来经营企业年金。对于数额较大的大型企业的企业年金基金，可以采取信托型的年金制度，这样既可以对企业年金进行有效的监管，又能促进资本市场的发展。而广大中小企业的企业年金计划，日本有相当部分企业是委托社会上的商业保险公司经营的，我国的商业保险公司在企业年金领域的运作已经积累了一定的经验，如中国人寿、平安等保险公司曾相继推出投资、分红型年金保险产品，太平洋人寿保险公司最近在北京、上海、广州、深圳为各大企事业单位进行了大规模的“众恒团体年金保险”(万能型)，完全可以委托商业保险公司运营。

把信托型的年金制度引入养老保险计划的发展之中是制度

创新，也是当前的客观需要。从日本的实践来看，小企业举办的企业年金以及个人自愿的储蓄性年金基金规模较小．自己管理成本较高，愿意采取契约模式，全面委托商业保险机构管理；而大型企业举办的企业年金由自己直接管理，但需以《信托法》为基础建立起规范的信托管理模式。借鉴日本年金基金管理与运作的成功经验，结合中国国情，养老保险基金的管理应该尽可能引入商业化的运作，建立以养老基金信托人为核心的年金基金管理制度，从而充分提高年金基金运作管理的效率。

3.4.3.3 企业年金必须实现保值增值

全国第五次人口普查统计显示，2000 年中国老龄人口已经超过总人口的 10%，2012 年和 2026 年将分别达到 12% 和 18%，届时全世界将有四分之一的老人集中在中国。此外，我国许多城市已经出现了生育率负增长的趋势，例如上海就连续 8 年出现了生育率负增长。人口老龄化也将是我国未来人口的发展趋势。这意味着养老金支出会越来越多，养老负担越来越重。劳动与社会保障部在《中国养老保险基金测算与管理》课题报告中，根据人口结构和现行的退休、养老保障体制测算，统筹基金部分在未来的 30 年间会出现年均 1000 亿左右的赤字。

养老保险在很大程度上要依靠积累基金的保值增值为其受益人提供较好的福利，因此日本的养老保险基金（特别是企业年金）都实行多元化投资，而且一般都是委托专业的金融机构进行投资管理和运营，中国也应借鉴这一经验。当前，我国规定，企业年金除预留约 3 个月的支出量外，其余全部投资于银行存款和国债。从实际情况看，这种方式过于狭窄，银行存款和购买国债远远不能实现企业年金的保值、增值。借鉴日本企业年金的运营模式，在构建企业年金时必须实现投资渠道多样化。允许企业将企业年金交给专业的银行或保险机构进行管理，政府只对投资行为进行政策性的指导。这一方面可以向资本市场提出对多种投资工具的需求，促进资本市场进行金融创新，提供金融创新产品，满足年金保值、增值需求，另一方面资本市场的发展又会为包括企业年金在内的养老保险资金运用提供广阔空间，实现企业年金投资多样化。

从长远来看，政府对养老保险基金的多元化投资运营不应有投资比例的限制，只需要从投资方法、投资原则上加以引导，经常开展投资风险教育，促使投资管理人谨慎投资。但是从目前的中国国情来看，资本市场很不发达，特别是股票市场上投机气氛甚浓，上市公司质量较差，不具有可持续发展的能力，在短期内应对投资结构给予必要的限制，以尽可能地保障养老保险基金的安全和完整。

3.4.3.4　待遇水平应与基本养老保持挂钩联动

企业年金的待遇水平设定很关键，偏高会加重企业负担，影响企业的竞争力；偏低又会使企业年金虚设，不起作用，影响职工的积极性。一般讲，基本养老保险加上企业年金，其合计养老替代率是不能超过70%的。如日本的企业年金与厚生年金相加就以不超过公务员共济年金的水平为限。但由于我国的特殊情况，基本养老保险替代率高，企业经营状况还不是很稳定，所以企业年金的初期水平应尽可能低些，通常不超过10%~15%为宜。

3.4.3.5　设立完备的信息披露制度

完善的信息披露制度是日本企业年金基金监管的成功经验，它一方面可以通过市场来监管有关当事人，有效防范违法违规行为的发生；另一方面也可以降低监管部门的监管成本。我国企业年金计划的信息披露应遵循充分性、有效性、纪实性、公开性四原则，披露的内容应包括：会计报表、报表附注、补充报表、精算报告、CPA审计报告等相关会计信息。

3.5　我国香港地区强制性公积金计划

香港地区强制性公积金(以下简称“强积金”)，是香港特别行政区近年来开始执行的社会保障制度。强积金计划是一套个人账户制、强制执行、市场化运营的养老公积金制度。自2000

年12月1日开始实施，标志着退休保障不再是局限于少数人的福利，而是香港地区300多万劳动人口的权利。

3.5.1 香港地区强积金计划的实施背景及现状

强积金计划实施前，香港地区没有统一的退休保障制度，只有一些效益比较好的企业，雇主为雇员建立了私营的职业退休金计划。随着时代的变迁，社会的改进及经济的转型，再加上香港地区人口急剧老化，65岁或以上的人口占总人口的比例已由1981年的6.6%增加至2001年的11.2%。预计到2016年，有关比例将会上升至14%；到2031年，将高达24%，从业人员要求建立一个符合社会需要的退休保障制度，以保证“老有所依”的愿望日益迫切。

在强积金计划全面实施前，香港特别行政区约340万的就业人士中，只有约三分之一获得一定程度的退休保障。计划实施后，到目前为止，86%的香港地区就业人士享有退休保障。香港特别行政区政府考察、对比了新加坡、英国、智利等国家退休金计划的优、缺点后，采纳了强制性公积金计划(与智利的强制性退休金计划相似)。自从2000年12月1日实施强积金计划后，再辅以市民的个人储蓄和政府为有需要人士提供基本保障的“综援计划”，香港地区现在已具备世界银行所倡议的三大养老支柱即“政府管理及由税收资助的社会安全网、由政府推行强制性、私营机构管理及具有足额资金的退休计划、个人的自愿性储蓄及保险安排”。

强积金计划实质上也是一种基本保险DC计划，是以职业为本，强制性缴款(雇主和雇员共同供款)，所缴款即时属于雇员，由私营机构管理，由积金局监管的公积金制度，依据《信托法》实行市场化管理和运作。

3.5.2 香港地区强积金的特点

香港地区强积金计划总体来说有以下特点：

3.5.2.1 强制性供款

强积金是以职业为基础的退休保障计划，除豁免人员之外，凡年龄在18~65岁之间的雇员和自雇人员都必须参加强积金。雇员的定义为雇佣合同下连续受雇不少于60天的全职及兼职雇员，只要合约超过60天，则不论每天工作多少小时，雇主都必须为雇员安排参加强积金计划。自雇人员是指没有受雇于人，靠自己提供服务或货品来赚取收入的独资经营者或商业合伙人。在香港地区的临时雇员也必须参加强积金计划，他们是那些雇佣期少于60天的短期雇员，或从事饮食业、建筑业这样流动性较大行业的员工，无论他们受雇多久，他们的雇主都必须为他们安排参加强积金计划。家务雇员、自雇小贩、获得法定退休金计划或公积金计划保障的公务员、学校老师等人员可以豁免参加强积金。雇主要负责为雇员登记参加强积金计划，雇员可以选择一个或多个强积金计划。

3.5.2.2 强积金的供款

香港地区强积金供款可以扣利得税，但扣减额不得超过雇员总薪酬的15%，而最高的扣减额为每年12000港元。雇员可以自愿增加供款额。通常来说，强积金计划都会有规定条文，处理自愿增加供款的方法、权益分配和提款等事宜。强积金的供款额是按雇员工资总额的5%计算，雇主及雇员各须按雇员工资的5%供款。自雇人士亦须按其有关收入的5%供款，可选择按月或按年供款。

3.5.2.3 专业机构投资运营管理

雇员（或自雇人员）加入强积金计划后，便要选择计划下的投资基金。当每次缴费后，强积金的受托人便会按照计划成员的选择，投资某种基金单位。也就是说，强积金计划成员的缴费会转换为基金单位，基金单位的价格会随基金价格的起落而调整。香港地区现在共有47个强积金计划及323个成分基金。强积金计划是由一个或多个成分基金组成，而每个成分基金都有其独立的投资策略。成分基金可直接投资于准许投资项目如证券、债券等，或投资于核准投资基金。投资基金可以是证监会认可的单位信托基金，或认可的保险公司发行的保险单。每一个强积金计划必须提供保本基金。保本基金是一种相当保守和风险较低的投资产品。它的投资组合局限于短期银行存款及优质债券。另外，保本基金的投资净回报须达到强制性公强积金计划管理局每月公布的投资回报率。其他的主要成分基金有：货币市场基金(投资于短期的有息货币市场工具)、债券基金(投资政府、公共机构或大型企业所发行的债券)、平衡基金(投资于股票及债券的组合)、股票基金(投资于强积金计划管理局认可的股票市场上交易的股票)等。强积金计划的资产是由获证监会注册的投资管理有限公司或投资经理管理。投资管理公司至少拥有1000万元的资本金，并获得强积金计划管理局认可。强积金计划最多可把计划资产的10%投资于参与雇主或其有联系的公司所发行的股票或其他证券，对单一股票或准许投资项目的投资不能超过该项目总额的10%。

3.5.2.4 可以变更计划

雇员离职时，雇主必须通知受托人支付有关款项给离职雇员，并在10天内，向受托人作最后一期供款。雇主可向受托人提出申请，从离职雇员强积金计划账户中雇主供款部分所累积的金额提取适当款项，支付给离职雇员，雇员转换至另一个强积金计划时，原来的累积金额也会一起转到新计划中。

3.5.2.5 提款权

根据《强制性公积金计划条例》，年满65周岁的计划成员便可以提取公积金账户中的资金。但是在下列特殊情况下，强积金计划成员可以在达到退休年龄前领取账户资金：第一，年满60岁并已退休；第二，永久离开香港地区；第三，完全丧失工作能力；第四，死亡(强积金归遗产继承人处理)；第五，以往12个月没有缴费，而账户结存少于5000港元，并表明日后不会再工作。

3.5.2.6 计划成员权益保障

强积金受托人必须符合资本充裕、财务稳健、合适和内部监控的严格准则，才可成为强积金核准受托人。强积金计划管理局获政府授权管理和监察强积金制度的运作，并确保受托人遵守有关法规。受托人须定期呈交各项申报表、财务报表和内部控制报告。为了保障强积金计划成员的权益，强积金受托人必须购买足够的补偿保险。补偿保险是根据《强积金条例》而成立，目的是在强积金计划因受托人或其他服务提供者由于投资失误所造成的强积金计划资产损失而未能提供足额赔偿时，对计划成员做出补偿。

由此可见，强积金制度除博采众长之外，最大的特点是其极为严格的监管制度。强积金的监管遵循四大监管原则：一是计划资产的分隔。养老计划的资产必须与雇主的资产和计划管理人本身的资产分开，计划可以成立信托基金由信托人管理，也可以购买保险公司的退休金保险单。二是为计划提供足够的供款。规定除条例豁免的少数人外，全港18～65岁的雇员必须加入已注册的强积金计划并向该计划供款，强制性供款额基本上按雇员收入的10%计，雇主与雇员各承担5%，自雇者也须按收入的5%供款。三是独立审计及精算检查。计划管理人必须妥善保存计划的账目和记录，计划的财务报表每年须由独立会计师出具合格的审计报告，每隔一定时间做精算检查。四是信息披露。雇主必须向参加计划的成员提供计划资料。另外，强积金的补偿保险也是非常有特点的，它可以最大限度地保证计划成员的积金安全。

3.5.3 香港地区强积金计划对我国内地企业年金制度的启示

3.5.3.1 以强制为主，以自愿为辅的参与方式

我国内地的企业年金因为采取自愿参加的方式，只是要求有条件的企业可以建立年金计划。因此在2003年，仅有近700万人参加了企业年金计划，约相当于2003年末全国基本养老保

险参保职工人数的6.01%。

对于如何提高企业年金覆盖率的问题，目前主要有两种解决方案。一种认为我国企业年金应当实行强制性原则。另一种则认为我国企业年金仍然可以遵循自愿的原则，同时可以由政府辅以更具有吸引力的税收优惠政策加以引导。我们应当连同社会基本养老保险中的个人账户一起考虑企业年金参加方式的选择。个人账户目前是属于社会保险的一部分，它是由职工按工资比例缴费，独立于统筹账户管理的账户，无论在账户筹资方式还是运行方式上与企业年金有很大的相似性，因此在将来我国必然会将社会基本养老保险的个人账户市场化，并入企业年金来进行管理。如果考虑到这点的话，我国内地企业的企业年金制度模式选择应当向香港地区的强积金模式靠拢，即以强制性加入形式为主，这样才能保证个人账户和企业年金组成的第二支柱的替代率。在我们这样一个中低收入、人口比重很大的国家，采取以强制性为主，而以自愿及有限度的税收优惠为辅的企业年金制度可能更会发挥最大覆盖面的社会效益。

3.5.3.2　采用EET模式的税收优惠政策

根据《企业年金试行办法》的规定，我国只有企业的缴费可以以一定比例计入费用，各地根据自己的实际情况制定相应的扣除标准。目前，湖北、江苏规定允许工资总额12.5%以内的部分在税前列入成本，山西为8.33%，云南、上海为5%，其他省市大致为4%。但是我国税法对个人缴费、年金计划的投资收益以及退休职工从企业年金计划领取的养老金却没有明确的规定。所以说我国企业年金的税收优惠是比较小的。

香港地区的强积金规定雇员的供款最高可按其工资的15%免税，最高的扣减额为每年12000港元；而且雇员从强积金计划取回供款和累计投资收益时，除非雇主的自愿性供款部分超过了税务条例所界定的“合乎比例的利益”，一般是不用纳税的。雇主的强制性和自愿性供款可以按雇员工资的15%免税。可见香港地区强积金的税收优惠很大，是一种EEE模式（即对雇主和雇员向强积金计划的缴费、强积金计划的投资收益、退休雇员从强积金计划领取的款项都给予免税待遇）的税收优惠。可见EEE模式对香港地区强积金的推广起了极大的促进作用，但是EEE对政府财政实力的要求极强，目前我国内地企业尚不具备实行的条件。根据我国的财政实力，我国政府应当实行EET模式，即对企业和职工向企业年金计划的缴费以及企业年金计划的投资收益给予免税待遇，但对退休职工从企业年金计划领取的养老金要进行课税。EET模式使得企业和职工在缴费时不用缴税，将眼前应当缴纳的税收推迟到了退休以后，为企业和职工带来了延迟纳税的好处，因此会极大地提高企业参与的积极性。虽然EET模式会减少政府眼前的财政收入，但是考虑到我国养老保险的第二支柱替代率较低，需要激励企业积极发展补充养老保险的现实，我国应采用EET模式。

3.5.3.3 制定更为严密的监管政策

目前，我国内地也建立起了一个与强积金类似的保障体制，如对托管人、投资管理人等都有最低注册资本要求；由劳动与社会保障部对年金的运行进行持续的监管；投资管理人从当期收取的管埋费中，提取20%作为企业年金基金投资管理风险准备金，专项用于弥补企业年金基金投资亏损等。

我们可以借鉴香港地区强积金计划建立一个更为严密的监管政策，例如要求投资管理人进行独立审计和精算检查，必须妥善保存计划的账目和记录，计划的财务报表每年须由独立会计师出具合格审计报告，每隔一定时间做精算检查；加强基金投资的信息披露，投资管理人必须向委托人提供计划资料等。最重要的是，要对每个机构的职能以立法的形式确定，将其加入到《企业年金试行办法》中，这样我国就可以建立起一个相对完善和稳定的监督机制。另外，可以参照香港地区强积金补偿保险的模式，使受托人或其他投资管理人在由于投资失误所造成的企业年金资产损失而未能提供足额赔偿时，对企业年金作出补偿。

3.5.3.4 扩展投资范围，增强投资的自主选择性

我国企业年金基金的投资仅限于银行存款、国债和其他具有良好流动性的金融产品。我国内地企业的企业年金的投资范围远小于香港地区，投资收益高的股票和金融衍生物被严格限制，直接导致了企业年金的投资收益率低。而香港地区强积金基金可投资在证券交易所上市的认可股票、符合投资评级的债券、可转换债券及少量的认股权证等，投资范围大大扩展了。因此，香港地区强积金可以规定保本基金的投资净回报率须达到强积金计划管理局每月公布的投资回报率。随着将来企业年金规模的进一步扩大，低收益率必定不能满足投资者的需求，必然要寻求收益高的投资渠道。现阶段，我们可以借鉴强积金的经验将企业年金中的部分资金通过合格的境内投资者分散地投入到相对比较完善的发达国家市场来提高收益率；从长远来看，我国应当加强国内证券市场的建设，为企业年金和社保基金创建一个良好的投资环境，使企业年金的巨大资金可以为我国的证券市场做贡献，促进证券市场的更好发展。

香港地区的强积金中，雇员对强积金的投资计划有很高的自主性，通常是雇主选定投资计划类型，由雇员自己选择投资方案。但是我国内地企业目前的运作方式是由企业选定受托人，由受托人选定投资方案，职工基本没有自主权。但是不同人的风险偏好是不同的，我们应当赋予职工充分的参与权和选择权，毕竟职工才是企业年金的最终受益者。对此我国应当将职工的参与权和选择权写入《企业年金试行办法》，让职工可以自主选择投资计划。

4 企业年金方案设计的必要准备

4.1 企业年金需求调查

企业年金需求调查，是设计企业年金方案的起点。企业年金需求调查，将为企业年金方案满足企业目标，让职工满意，为企业年金管理打下坚实的基础。

企业年金需求调查的方法很多，可以采取问卷调查、会议调查、电话调查、网上调查等多种方式。在调查中，调查者(可以是企业负责社保工作人员)要弄清以下问题：公司和员工需要企业年金吗？公司和员工有能力建立企业年金计划吗？公司和员工需要什么样的企业年金方案？

4.1.1 调查对象

(1) 企业高管人员。企业高管人员，包括董事会成员、高级经营管理层成员等，都必须列为调查对象。要了解他们对于企业年金计划的需求和要求。他们作为企业战略的决策者、组织管理者，能够从公司总体考虑，提出对企业年金的需求和要求。企业年金，首要的关键是企业。高管人员从企业整体出发提出企业年金计划构建的必要性以及构建什么样的企业年金计划，这对企业年金方案的设计会起着至关重要的作用。

(2) 重要部门。与企业年金计划相关的重要部门主要包括社会保障部门、财务会计部门、人力资源部门、工会等，这些部门是建立企业年金计划，设计企业年金方案调查的重点部门，企业的人力资源战略、薪酬福利制度、财务效益状况、职工权益状况，主要集中在人力、财务、工会、社保等部门。通过对这些部门的调查，既可以了解企业对年金计划的需求和要求，又可以为如何适应企业状况建立企业年金方案提前做好铺垫准备工作。

(3) 不同类别的职工调查。职工是企业年金计划的参与人，而且是最终的受益人。不同类别的职工对企业年金方案的需求和意愿的调查，是企业年金方案设计的基础和关键。调查可以按照级别岗位，也可以按照“新人”、“中人”、“老人”，也可以按照公司集团人员、分属机构人员分别进行调查，大型企业集团可以按照不同区域职工调查。职工调查的原则是越全面越好，分类越细越好，这样可以全面反映职工对企业年金计划的全面要求。

4.1.2 调查的因素

影响企业年金方案设计的因素很多，下面提出影响企业年金方案设计的主要因素。在实际进行企业年金方案的设计中，基本包括这些因素，但具体到某一个企业可能突出考虑其中某几个因素，需要具体情况具体分析、具体设计。

4.1.2.1 企业的基本经济情况

企业基本经济情况包括企业所处的行业、产权、企业制度、人数、职工年龄结构、资产规模、基本养老和商业养老情况。这些情况是企业年金方案设计的客观经济条件。其中如产权，如果是国有企业自有养老金积累，但要受工资总额等政策约束。国有企业设计企业年金方案首先是要考虑解决资金列支渠道、税收优惠激励等因素。而民营企业则没有工资总额等体制方面的限制，对这些企业需要重点考虑权益归属比例等因素。企业的基本情况决定了企业构建年金计划的愿望和能力及需求。

4.1.2.2 企业的发展战略目标及决策机制

企业年金计划是企业的福利计划，首先必须服从于企业的发展战略和发展目标，同时也必须符合企业决策机制的特点。企业追求“长寿企业”、“百年老店”，企业精神遵从“以人为本”，这样的企业才能有潜在的强烈的企业年金需求。投机型企业、短期化行为的企业，无疑是没有强烈的企业年金计划的需求。

企业的决策机制也是影响企业年金计划需求和要求的重要因素。人力资源、职工权益保护在决策机制中影响力越大，企业建立企业年金计划的需求就越强烈。企业是否已经建立集体协商机制、企业总部对分支机构的管辖权如何，是集中管理还是相对分散管理，在企业年金的筹集环节，是自筹资金、省级统筹，还是由总部统一筹集，这些问题，对于企业年金方案的设计都有直接影响。

4.1.2.3 企业财务状况与财务战略

没有企业财务支持，企业年金计划方案是无源之水，无本之木。企业和职工必须有相应的财务负担能力，才能够建立企业年金计划。财务战略上的投资性、持续性、长期性的特点，也是构建企业年金计划的有利条件。企业的经营效益好坏程度、财务状况、福利资金及企业年金积累水平的高低，直接影响企业年金方案设计的缴费模式，包括：缴费水平的高低，是持续性缴费还是一次性缴费，目标替代率达到多少等。

4.1.2.4 企业薪酬福利现状

企业的薪酬福利现状，是企业年金调查的一个重要方面。企业年金方案设计，必须与现有的薪酬福利制度、状况相协调。为此，需要调查企业整体的薪酬福利制度、企业现有工资状况、企业和员工参与工商养老保险的情况、企业的激励制度等。

4.1.2.5 企业的人力资源状况

人力资源状况是企业年金需求调查的重点，包括人力资源基本状况、特点、员工分类、员工分布、核心员工状况、年龄结构、在职职工和退休职工的结构、人类资源开发战略等。这些因素都是设计企业年金方案必须考虑的因素。

4.1.2.6 企业及其职工的养老需求和参加企业年金的愿望

企业和职工对企业年金计划的需求和愿望是企业年金计划构建的主观必要条件。不但需要调查企业和职工对企业年金需求的强度，而且需要调查分析企业职工对企业年金需求的额度。

这分别需要定性和定量的调查分析。

4.1.2.7 企业和职工的企业年金负担能力

企业和职工的年金负担能力，是企业年金计划的客观条件。企业能否负担，决定企业和职工能否建立与参与企业年金计划。企业负担能力的多少，决定企业年金计划的缴款额度和待遇水平。

4.1.2.8 企业和职工的投资风险偏好

企业和职工的投资风险偏好是企业年金调查的一个重要方面。风险偏好型、风险适中型、风险厌恶型的企业和职工，对企业年金方案的选择、判断和评估水平都是不同的。企业和职工的投资风险偏好，会进一步影响如何设计符合企业和职工需要的企业年金方案。

4.2 企业年金方案设计的原则和目标

在企业年金方案设计之前，需要明确三个问题。一是企业年金方案设计的原则；二是企业年金方案的设计目标；三是企业年金方案的必要内容。

4.2.1 企业年金方案设计应遵循的原则

4.2.1.1 符合国家政策规则的原则

企业年金方案的设计，必须符合国家的法律、法规。不合法或不合规的企业年金方案，不受国家法律保护，也不能充分保证企业和职工的合法权益。

2000年国务院《关于印发完善城镇社会保障体系试点方案的通知》([2000]4号)确立了四项新政策：一是将补充养老保险名称规范为企业年金，以示与保险的区别；二是确立个人账户采取的方式；三是明确税收优惠政策，规定东北三省试点地区和进行文化体制改革试点的地区和单位，企业缴费在职工工资总额4%以内的部分可以在税前列支；四是实行市场化管理和运营。[2000]42号文件是一个纲领性文件，具有阶段性和标志性意义，在总结过去十年补充养老保险和发展经验的基础上，确立了企业年金发展的基本模式和战略模式，为进一步推动企业年金创造了条件。

2004年5月1日，是中国企业年金法律制度建设具有里程碑意义的日子。这一天，中国劳动和社会保障部颁布实施了《企业年金试行办法》，中国劳动和社会保障部、中国保监会、中国银监会、中国证监会联合颁布实施了《企业年金基金实行管理办法》，这个历经了五年论证与讨论，经“逐条逐字解决”才得以出台的办法“就年金市场的准入标准、监控标准和治理结构建立了框架与基本原则”。最后，相关部委和地方政府连续颁布了企业年金系列的法规，为企业年金的筹集、给付、运营、监督等具体行为进行了系统、明确的规范。

2005年后又陆续颁布了《企业年金基金管理机构认定暂行条例》、《企业年金基金管理运作流程》、《企业年金账户管理信息系统标准》等一系列法规。这些法规对企业建立企业年金的基本条件、决策程序、资金来源、管理办法、结果给付、企业年金的管理机构、基金运作等方面都做出了具体的规定，是设计年金方案的主要法律依据。在设计企业年金方案时，要认真研究这些法规，其方案的具体内容和条款不能与之相冲突。

4.2.1.2 集体协商原则

建立企业年金，应当由企业与工会或职工代表通过集体协商确定，并制定企业年金方案。国有及国有控股企业的企业年金方案草案应当提交职工大会或职工代表大会讨论通过。“已建立集体协商机制”也是企业设立企业年金的必备条件之一。没有建立集体协商机制的企业没有建立企业年金的资格。没有通过集体协商确立或提交职工大会（职工代表大会）讨论通过的企业年金则不能生效。

在我国，根据劳动和社会保障部2004年1月21日公布的《集体合同协定》，集体协商是指用人单位的工会或经用人单位职工民主选举产生的代表，作为一方，用人单位作为另一方，为确立与劳动关系有关的基本权利、义务而进行的商谈行为。

由少数人操纵的企业年金方案的设立，可能会破坏公平、公正、非歧视性的原则，存在“老人”、“中人”、“新人”三种不同的工作身份的利益主体，企业年金的建立，必须兼顾三者的利益，这样才能既提高方案建立的集体协商原则，在我国又具有现实意义，又是维护职工利益的体现。

4.2.1.3　非歧视性原则

企业年金方案应当覆盖本企业所有正式职工，在同一企业年金方案中，所有正式职工按照企业年金法规的有关规定和企业年金方案享受同等权利并承担同等义务。

非歧视性原则并不是绝对平等，企业可以依法建立激励性的企业年金方案。非歧视性原则的核心是：权利与义务对等。

企业年金方案应当覆盖企业所有的正式职工，不等于企业年金方案不能根据企业情况设置参与企业年金计划的条件、企业年金的归属条件等。

4.2.1.4　基本养老优先原则

基本养老保险是社会养老保险的一个重要子项目，是国家通过立法形式建立的、为职工退休后提供基本生活保障的社会保险项目。

基本养老保险是强制性的，《社会保险费征缴的暂行条例》中明确规定：基本养老的征缴范围是国有企业、城镇私营企业和其他城镇企业及职工、实行企业化管理的事业单位及其职工。由此可见，企业必须参加基本养老保险并履行缴纳基本养老保险的义务。

企业年金作为养老保障的第二支柱，是第一支柱(基本养老保险)的补充。基本养老保险是主体，它提供的是一个基本保障水平，是职工退休后生活的基础。基本养老保险直接影响到企业年金保障水平的高低。如果很多企业拖欠基本养老保险费，那么全社会的基本养老保障水平就会降低，这样就会对企业年金提供的保障水平要求比较高。另一方面，如果某个企业拖欠养老保险费，转而用于建立企业职工分享的企业年金计划，则直接提高了企业内部职工分享到的养老金，结果是降低了其他企业职工的养老保险待遇水平，这是一种损人利己的做法，对别的企业是不公平的。因此，企业和职工必须参加基本养老保险，才能建立和参加企业年金方案。

4.2.1.5 自愿原则

与基本养老保险的强制性不同，我国企业年金的建立遵循自愿原则。《企业年金试行办法》明确指出，企业年金是指企业及其职工在依法参与基本养老保险的基础上，自愿建立的补充养老保险制度。

我国经济发展不平衡，地区差异很大，因此，不同地区的企业发展水平也存在着很大的差距。根据我国的具体国情，国家并不强制每个企业要建立企业年金，而是根据企业的实际情况，自主决定是否建立企业年金计划。

自愿的原则也体现在企业的内部。建立企业年金制度的企业，不能强制要求所有企业的职工无条件参加本企业的企业年金计划。企业只能通过对企业年金方案的科学设计，通过对职工参与企业年金的鼓励、宣传，来动员职工自愿参与。

职工有权拒绝参与本企业不合理、不科学、不合法、不公平的企业年金计划。

4.2.1.6 保护职工利益原则

企业职工是企业年金计划的参与者和受益人，企业年金方案的设计应充分体现设计参与者的利益，保护职工的合法权益。

在企业年金方案设计时，设计保护职工利益机制，可参考如下的建议：

（1）在企业年金计划发起时享有充分的表决权，有权对是否建立企业年金计划发表意见。

（2）在企业年金方案设计阶段，职工可以作为职工代表参与方案的设计。

（3）对企业年金方案有提供意见的权利，有权保护自身利益。

(4) 企业年金生效程序应经职工代表大会或职工大会讨论通过。

在企业年金计划的管理阶段，设计职工利益保护机制，又有如下的建议供参考：

(1) 企业年金管理工会必须有1/3的职工代表参加，其职工代表必须是经职工代表大会或职工大会选举的企业正式职工。

(2) 企业年金方案和企业年金理事会出现重大变更时必须召开职工代表大会讨论，因履行企业年金合同发生争议的，当事人可以依法提请仲裁或诉讼。

(3) 企业年金方案中规定职工有义务缴纳规定的资金，与企业缴纳部分共同组成企业年金基金。

(4) 企业年金方案中企业缴费部分有必要接受企业员工的监督，企业对每个员工能够缴费的水平要体现公平、公正、公开的原则。

(5) 企业年金基金的投资方案制定和资产的选择，员工有权根据自己的偏好提出自己的意见。

(6) 企业年金代表了企业与员工的利润分享。在整个企业年金运作过程中员工对企业年金有充分的知情权和查询权，对企业年金资产的运作和收益，对自己账户年金的变动情况，都有权清楚了解。

在企业年金支付阶段，设计保护职工利益机制，可参考如下的建议：

(1) 职工在退休后有权按账户积累的金额和合同规定的方式提取年金资产。

(2) 员工在更换工作的情况下，有权按照合同的规定执行企业年金账户的有关变更。

4.2.2 企业年金方案的设计目标

企业年金设计目标决定了企业年金方案设计所围绕的核心

问题，影响着方案的特征、结构及特点。一般来说，企业年金方案设计主要突出下面三个目标：

4.2.2.1 改善员工退休后的生活

由于员工退休以后，基本养老保险金比在职时的工资明显减少，因此，如果员工想保持退休之前的生活水平，紧紧依靠基本养老保险是远远不够的。特别是对于那些经济效益好，员工工资水平大大高于当地社会平均工资水平的企业来说，由于基本养老保险是采用社会平均工资水平为基数计算的，与高收入人群的实际收入水平差距很大，造成退休前高收入的人群在退休之后其实际替代率很低，如果不建立企业年金，则会造成退休员工收入的大幅度降低。

2003 年我国企业在职员工平均工资为 11421 元，当年企业退休人员的平均基本养老保险金为 7680 元，平均替代率为 67%。但这只是名义替代率，我国企业职工的实际情况是除工资收入之外，还有工资性补贴、岗位津贴、加班费、月度奖金、年终奖金等其他隐性收入，而且这些收入与工资收入相比相差无几甚至超出，把这些因素考虑进去，职工退休后的基本养老保险金将比在职时收入明显减少。因此，完全依靠基本养老金过活，生活水平会大打折扣。如果想使职工退休后的生活水平不会降得太低，这需要其他资金补充，这是企业年金方案设计的最主要目标。

4.2.2.2 企业年金计划要突出人才发展战略的要求

企业的竞争，其实质就是对高素质、高技术人才的竞争。随着公司结构的调整和体制改革的不断深入，企业凭借其优厚的待遇优势争夺各方面人才的情况已经为期不远。因此，尽快建立企业年金制度，较好地把员工个人利益和对企业的贡献及经济效益等密切联系起来，吸引和稳定骨干人才，增强企业凝聚力和竞争力就显得更加迫切和重要。随着我国建立企业年金法规和政策的不断完善，企业年金将越来越与外部市场竞争、企业的发展战略，员工个人的职业生涯设计和退休后的老年生活保障紧密结合起来。因此，企业年金的建立已成为公司人才发展战略的重要组成部分。

“企业要发展，人才是关键”这已成为所有企业的共识，如何吸引和激励优秀人才正成为所有企业关注的重要问题。特别是随着知识经济时代的到来，企业的生产管理也发生了巨大的变化，一个企业的发展战略侧重点也相应地发生了变化，企业发展战略中重要的一环——人才发展战略也会随之改变，知识经济的关键点在于其知识的载体是人力资源，可以说知识经济就是以人为本的经济，这是人力资源管理的理念，也是企业年金计划设计的灵魂。

在发达国家，承诺在退休以后给予较高的企业年金，是企业之间争夺人才的重要手段之一。所以，它需要建立在企业经济实力的基础上，归根结底，又是企业人才发展战略的重要组成部分，是为企业效益最大化的最高目标服务的。

企业年金计划之所以成为激励人才的新途径，在人才发展战略中的地位越来越高，主要有以下几个因素：报酬和福利计划成本是公司日益增大的一项开支；公司极其需要控制固定成本；公司必须改变员工的“惰性思维”，激励他们进行创造性的工作和高质量的工作；基本工资的增长可能会对组织成本结构产生毁灭性的影响，必须另辟途径制定和实施具有激励作用的人力资源方案。因此建立企业年金制度，不仅是保证国家基本养老保险体系制度平稳过渡，提高退休人员生活水平，减轻政府负担和基本养老保险的承受力的要求，也是适应企业改革和产品结构战略性调整的需要，是企业人才发展战略的必然要求。

4.2.2.3 企业年金与薪酬管理相结合是留住人才的手段

企业的薪酬管理已发展成为“一揽子薪酬”管理，包括工资、激励性分配、各种福利措施等，其管理也与企业的发展、员工个人的职业生涯结合了起来。随着人们寿命的延长，老年经济问题与择业要求的关联性越来越大，为实现企业的人力资源开发和管理的目标，企业年金成为企业薪酬管理的重要内容。

在职期间给予优厚的报酬，自然是吸引人才的重要手段之一，但要留住人才，稳定人才队伍，企业年金可以发挥更大的作用。企业年金计划属于“延期支付”理论，对员工来说，这是一个具有长期激励作用的政策，其因附加有资格转移限制条款使得企业年金以一种半透明的方式增加了员工的流动成本，加大了企业高级人才“跳槽”的机会成本。因此，它同期权一样，被称为企业高级人才的“金手铐”。

4.2.2.4 通过企业年金方案完善绩效考核体系

进行绩效考核的目的是要充分调动员工的积极性，促进企业的经营与发展。考核要同奖励、惩罚紧密联系在一起，一个有效的考核评估体系，既能准确评估出员工的工作业绩和行为，也能有效地激励员工。

将企业年金与绩效考核相结合，特别是对企业骨干来说，如经理人员、高级专业技术人员等人才，企业为他们提供了更多的退休金，企业年金成为他们退休时的一种补偿收入，可以产生激励效应，稳定企业的骨干队伍，保持结构合理、战斗力强的团队。另一方面，也要与他们所承受的风险挂钩，如果经营者有失误、对企业造成了损失，可以在其年金个人账户中扣罚，这使企业年金兼有了“风险抵押金”的性质，使企业“既能重奖也能重罚”具备了物质基础。

4.3 企业年金方案必备的基本内容

根据《企业年金试行办法》第五条的规定，企业年金方案应当包括以下内容：

4.3.1 参与人员范围

我国企业年金方案明确授权企业通过集体协商确定参加人员的范围，但是《企业年金试行办法》第五条规定：“企业年金方案适用于企业使用期满的员工。”也就是说，只要使用期满的所有员工都有权参加企业年金方案。在以往建立企业年金的企业所遇到的实际问题是：内退人员可不可以参加企业年金？买断工龄人员可不可以参加企业年金？合同工、临时工可不可以参加企业年金？如果不可以，必须给予有理有据的说明，让人信服。否则，可能造成矛盾纠纷，以致企业方案无法顺利进行。

4.3.2 资金筹集方式

从原则上说，企业年金费用来自于企业和职工双方的缴费，在我国已经实行企业年金的企业里，有的完全由企业缴费，有的由企业和职工双方缴费，但具体企业和职工缴费的比例很不一致。企业和职工缴费占企业年金比例多少合适，这需要企业根据自身的经济实力、设计的企业年金目标替代率等因素通过集体协商来确定。

4.3.3 企业缴费的列支途径

2000 年国务院颁布的《国务院关于印发完善城镇社会保障体系试点的通知》(国发[2000]42 号)中，企业缴费为职工工资总额的 4% 以内的部分可以从成本列支。在这个规定中，有两个问题需要进一步完善：一是工资总额的范围如何界定？工资是指职工的劳动所获得的报酬，一般由基本工资、奖金和福利三个部分构成。所谓基本工资是指按照岗位(或职务)分类所确定的一组相对固定的结构工资收入，主要是由基础工资、职务(岗位)工资、技能工资、工龄工资和国家津贴以及各种补贴所构成；奖金则为工资的一种补充形式，一般要与工作绩效相联系，比如月奖、季奖、年终奖等形式，都是与月、季、年的工作绩效联系在一起的。

现在搞企业年金的企业多数计算工资总额，是包括了上述货币性收入的三个部分，这主要是出于享受税收优惠政策的考虑。工资总额的基数越大，可税前列支的企业缴费额就越多。但有研究者认为：工资总额应指基本工资部分，不应包括奖金和福利，这样做有以下几个优点：(1)有利于减少对高薪人员过分优惠的忧虑，高管人员薪水高，主要是由于其奖金福利所致。(2)有利于减少财政负担。工资总额并非是职工全部收入，这样使优惠税基缩小，从而减少税式支出数额。(3)符合确实性原则。税收政策明确，使税务机关和人员不能擅自行事，也有利于纳税人遵守、防止偷逃税；二是按照这个规定能达到目标的养老金替代率为多少？有人测算的结果显示，如果预计退休年龄为60岁，当缴费比例为4%时，与其投资报酬率高达12%左右，企业年金替代率也难达到20%，当缴费比例从4%提高到8%时，投资报酬率提高到8%，基本上可以达到20%的替代率。为此，在各省出台的企业年金税收优惠政策之中，上海市、浙江省、安徽省、福建省、云南省、海南省规定可占工资总额的5%在成本中列支；重庆市规定占工资总额的6%部分在成本中列支；山西省、江西省规定8.3%(1/12)缴费在成本中列支；江苏省、湖北省则规定可占总额的12.5%在成本中列支；北京市、辽宁省、四川省、吉林省、广东省、山东省、河北省、湖南省、黑龙江省、山西省按国发[2000]42号文的规定，工资总额的4%在成本中列支。可见，各省企业年金税收优惠很不一致。那么，具体到每个企业，按照中央、省(市)的规定，为达到一定的养老金目标替代率，在一些合理假定的条件下，企业缴费、职工个人缴费应占工资总额多大比例合适，也是需要认真思考的问题。

4.3.4 企业年金个人账户管理方式

企业年金实行个人账户管理，企业年金方案可以就企业年金受托人、账户管理方式等各项通过集体协商做出规定。

职工企业年金个人账户管理方式，表面上是一个完全规范化、技术化的程序。但是，在企业年金方案设计中，在缴费规则、支付规则、权益归属、投资规则、账户分类等各个方面，都应当进行仔细地研究和设计，通过精细的研究和设计，可以在企业年金账户管理方式上实现年金计划的诸多价值目标。

4.3.5 企业年金基金管理方式

主要包括企业年金基金的投资方向和方式等。

我国企业年金从试点到现在，经历了数十年。传统的企业年金基金管理方式主要采取企业自行经办、劳动和社会保障部门经办、保险公司经办等方式。按照新的企业年金基金管理法规，这些基金管理方式都必须按照新的政策、法规、制度进行规范和完善，否则，旧的企业年金方案在新的制度下是不合规定的，不能享受新政策的制度优惠，甚至无法通过先行财经法规的审计和其他监督检查。

企业年金基金管理，首先要研究如何保证基金的安全性，安全的原则是至关重要的。因此，按照新的企业年金法规设计企业年金的管理方式，要用信托的方式和分权制衡的基金治理结构保障基金基本安全，在企业年金方案审计之初，要在制度上消除企业年金安全隐患。

其次，企业年金方案设计，要运用科学的方法实现企业年金基金的增值。通过提高企业年金的投资收益率，无须额外加大企业年金的缴费总额就可以提高企业年金在退休收入中的替代率。我国新的企业年金管理政策等法规，为企业年金基金的增值提供了制度条件。新的企业年金基金管理体系是市场化、资本化、现代化的管理系统，规定企业年金基金可以依法投资各种货币类资产、固定收益类资产、权益类资产，在制度上为企业年金基金的增值开辟了相应的渠道。

所以，设计企业年金方案，必须考虑企业年金基金的管理方式，其核心内容是选择哪个机构为受托人，以及如何保障基金安全、高效运行等一系列内容。

4.3.6 企业年金计发办法和支付方式

领取企业年金待遇支付款是职工参加企业年金计划的直接目的。因此，企业年金计发办法和支付方式必须经集体协商以后，在企业年金方案中表现出来。

企业年金计发办法不只是简单的资金支取。计发办法和支付方式的设计，影响到职工退休收入的税收待遇、企业年金对职工退休收入的保障、企业基金的积累周期等。

在周密的企业年金设计方案中，企业年金计发办法和支付方式，可以帮助职工更好地享受税收优惠待遇，确保企业年金更好地补充职工退休消费支出，约束企业退休员工退休养老金的非理性支出，延长企业年金基金的运营期限，为职工带来更多的退休收入。

周密的企业年金计发办法和支付方式的设计，也可以为企业年金运营机构带来便利，有利于运营机构提高管理效率、降低管理成本。

4.3.7 支付企业年金待遇的条件

支付企业年金待遇的条件，即职工领取企业年金待遇的具体客观条件。《企业年金试行办法》第十二条规定："职工在达到规定的退休年龄时，可以从本人企业年金个人账户中一次或定期领取企业年金。职工未达到退休年龄的，不得从个人账户中提前领取资金。"也就是说，在一般情况下，职工只有达到国家规定的退休年龄，才能够领取企业年金待遇。职工的企业年金待遇可以一次领取也可以定期领取，具体办法可以由企业年金方案规定。在设计企业年金方案时，还需要考虑特殊情况下的企业年金支付问题，如合同期内辞职、转岗、参军、终止劳动、出国定居、内退或病退、返聘、死亡等情况。

4.3.8 组织管理和监控方式

企业年金组织管理和监控方式，包括企业内部的组织管理和监督方式、外部运营机构的组织和监督方式。

企业年金方案应该明确内部的组织方式：即受托人组织方式，基金管理方式及其组织，它包括受托行政管理组织、人员、机构、规范等。设置企业年金理事会的企业，应该明确理事会的章程、组成人员、办公机构、行政管理规范等。

企业年金方案应同时明确内部监督方式。在治理结构上，理事会本身必须对企业年金管理中心的工作实行监督。同时也可以考虑内部如财务部、劳动保障部、工会等部门参与年金计划的日常监督。

企业年金方案外部组织管理与监督包括对企业年金受托人的选择、对企业年金基金管理机构的监督等。

4.3.9 中止缴费的条件

《企业年金试行办法》中明确规定，企业只有依法参加基本养老保险并履行缴费义务，具有相应的经济负担能力，并已建起集体协商机制才能建立企业年金。如果在建立企业年金之后，这三个条件之中的一个条件发生变化，不符合建立企业年金的条件要求，企业就要中止缴费。其中特别是企业经营情况变化，经济负担能力下降了，则可以中止企业年金方案的执行，中止缴费。中止缴费的具体条件应当由企业年金方案来确定。

4.3.10 双方约定的其他各项

企业年金方案是企业与职工集体协商的专项集体合同，只要双方协商一致且不违反有关法律、法规、规章及国家政策规定的内容都可以写入其中。如何考虑中、老年职工的利益在订立或履行企业年金方案而发生争议时的处理方法，企业年金方案的修改、中止及程序等。

5 企业年金方案中几个重点问题的解决方案

5.1 关于参加人员范围的确定

2004 年 5 月 1 日起开始实施的《企业年金试行办法》(劳动和社会保障部令第 20 号)中第五条规定“企业年金方案应当包括内容的第一款就是明确参加人员范围”。同时规定：依法参加基本养老保险并履行缴费义务的企业，可以建立企业年金；建立企业年金，应当由企业与工会或职工代表通过集体协商确定，并制定企业年金方案。兼顾公平和效率，是确定企业年金计划参加人员范围的基本原则。对于每个企业而言，建立企业年金应充分贯彻普惠制的思想。通常情况下，对计划参加企业年金职工的约束性规定非常少，只要职工在该企业工作满一定期限即试用期届满就能加入企业年金计划。

企业的员工人数、分支机构数量的多少，以及各分支机构的地理分布情况，决定了该企业在选择企业年金受托人时，及企业年金受托人在选择企业年金账户管理人时，是否要求该金融机构必须拥有遍布全国的机构网络。金融机构在为企业制订企业年金方案时，一定要预先充分了解该企业的分支机构情况，在必要时提供自身服务网络的详细情况及联系办法等，以赢得企业的信任。

由于员工退休待遇的高低与企业年金计划的建立时间和交费时间的关系非常密切，即使如职务、职称等其他条件相同，仅仅因为年龄不同，老人、中人、新人的待遇也会差别巨大。老员工由于缺乏账户积累，因而无法享受年金领取待遇。这样对老员工是不公平的，因为他们为企业做出了巨大贡献，仅仅因为过去没有实行企业年金制度，现在开始实行，不为他们做出补偿，是不合情理的，也违反了社会保障的公平原则。所以在设计企业年金方案时，对待企业的所有员工，可以考虑企业员工的特殊性采用不同的标准和办法，有所区别。

大型企业特别是转轨后的国有大型企业，其职工和历史问题所产生的人群主要有五类：在职在册职工、已退休人员、临近退休人员、内部退养人员、买断人员。其中在职在册职工、临近退休人员根据国家规定理所当然是企业年金规定范围的人群，已退休人员根据规定不能参加企业年金计划。因此主要问题集中在内部退养人员和买断人员：他们是否可以参加企业年金？他们是否有权利享受企业年金政策？如果把这部分人排除会不会造成大的影响？企业年金方案不包含这部分人的依据在哪里？现行的企业年金方案中对“参加企业年金人员范围”的规定主要有以下几种：

5.1.1 模糊型规定

有的企业对参加人员范围规定得极为简单。例如有的企业年金方案规定：“实施企业年金的范围和对象为公司、分公司参加基本养老保险的单位及其原有职工、新增职工和子女合同工。”这种表述方式可能是为了给以后的方案运行提供更大的空间，在没有相关规定的时候可以出台类似于“政策解释条例”的办法来解决实际中出现的问题。在没有全面考虑“参加人员范围”设置不当所可能带来的负面影响时，这样的权宜之策也许更符合某类企业的实际。但是也不能忽视如此规定所带来的后患——方案的稳定性，这可能会成为企业年金流产的主要原因。

5.1.2 解释国家规定型的设计

许多企业在制定企业年金方案时参考了《企业年金试行办法》，对参加人员的范围制定了细则。例如，有的企业年金方案规定：“本方案适用于在本方案的实施有效期内与本企业有正式的劳动合同关系，并正在认真履行劳动合同中所规定的全部义务、试用期满、已参加基本养老保险并履行缴费义务及上年度考评合格的职工。”又如，“具备下列条件的本企业员工可以加入本计划：与本企业有正式的劳动合同关系，并正在认真履行劳动合同中所规定的全部义务；试用期满；已经参加基本养老保险并按时履行缴费义务；编外、下岗、停薪留职的职工除外”等。

这种类型的规定是最为符合《企业年金试行办法》的，从程序上来说是没有错误的。但是这类规定却没有反映出退休、买断职工是否应纳入计划或予以考虑的问题。对于某些行业、企业，特别是一些国有大中型的老企业来说，有大量已经退休、即将退休或未到退休年龄却被精减的人员。对于已经退休和买断的职工来说，按照规定已经不属于企业年金的参加人员，可以不纳入年金计划中。但在企业实际操作中，一方面企业对这部分已为本企业奉献了几十年的老员工有很深的感情，另一方面这些员工享受不到新的福利，心里也会产生不平衡，而且大多数的退休、买断职工还大量聚居在企业周边地区，有的高达几万人，这部分人一旦情绪失控，会造成比较大的社会影响。因此这类企业年金方案也存在一定程度上的隐患。

5.1.3 考虑例外情况的规定

有一部分企业年金方案在实施范围方面考虑得较为周全，除了规定企业年金参加人员以外，也将不能参加企业年金计划的人员列入到方案中加以说明。例如，“与公司所属单位、各控股公司签订劳动合同，并按规定参加企业职工基本养老保险，且个人按时缴纳了基本养老保险费的企业职工可以自愿参加企业年金；2006年1月前已办理离、退休手续的职工不再实行企业年金制度；被追究刑事责任、劳动教养、开除公职、除名、自动离职、解除劳动合同的人员，停止缴纳企业年金。”

此种规定基本上完整规定了企业年金方案的适用范围，明确提出已经办理离、退休手续的员工和一些特殊情况的人员不再实行企业年金制度。

5.1.4 加入内部退养人员的规定

有的企业年金方案考虑了内退人员的企业年金享有权利，或者是另有文件规定了对这部分人的补偿。例如，“参加企业年金方案坚持自愿的原则，凡与我行签订劳动合同，在我行连续工作满一年的在岗职工和内部退养人员（不包括试用期内员工），已参加基本养老保险并履行缴费义务的，可以参加企业年金。”这个方案增加了对内部退养人员的考虑，或许是更为人性化的方案制定方式。

按照《企业年金试行办法》的规定，离、退休人员是不应当包括在企业年金制度范围中的，而内部退养人员按照性质来说是属于企业的正式员工，只是由于裁员、岗位要求等原因退居二线，不再担任岗位职务。从理论上说，这一部分人是企业的在册员工，是应当享有企业年金中的各项权利的，因此这种规定应该是合理的。

5.1.5 将下岗职工列入企业年金的规定

有的企业在制定企业年金方案时将下岗职工也列入到企业年金的参加范围中来了。例如，“内部退养职工和下岗职工，自愿参加企业年金。个人缴费以本人原所在单位当月实际工资性收入为基数，由所在单位每月从工资中代扣；借聘人员借聘期间，自愿参加企业年金。个人缴费由职工本人向借出单位按月缴纳，单位缴费由借出单位承担，缴费基数按职工借出上年本人月平均工资确定，但最高不得超过企业上一年职工月平均工资的300%。”

从课题组掌握的其他国有大型企业的企业年金方案来看，多数都不包括买断人员和已退休人员，但是，从类似企业的调查中课题组发现，这些企业由于都是老牌的国有大企业，因此都或多或少地存在一些内部退养人员，而这些企业也大都考虑了内退人员的实际需要，认为内退人员与企业没有脱离合同关系，应该还是属于企业的在册员工，为了保障他们退休后的收益不致下跌太大，大都把他们列入了企业年金计划的范围。因此，企业年金的参加人员范围应该是：与企业签订劳动合同并连续工作满一年的员工，即以是否与企业签订劳动合同为判断的主要标准。

总结起来，为什么已退休人员和买断人员不能纳入企业年金计划中?

第一，政策依据。从国家制定的有关政策和规定来看，已退休人员和买断人员是不能参加企业年金计划的。例如，国家劳动与社会保障部 2004 年 1 月 6 日发布的第 20 号文件《企业年金试行办法》中对参加人员范围的规定：依法参加基本养老保险并履行缴费义务的企业，可以建立企业年金；企业年金方案适用于企业试用期满的职工。从上面的规定可以看出，企业职工达到法定退休年限以后，就不再与企业签订劳动合同了，企业也不必再为其缴纳基本养老保险费。因此，不能将已退休人员加入到企业年金计划中。同样地，买断人员也不能加入到企业年金计划中。“买断工龄”是买断职工工作年限所创造的价值及相应的福利和社会保障，作为企业补充养老保险之一的企业年金是企业为鼓励职工工作积极性、保障企业职工退休后收入所创办的带有福利和社会保障性质的年金制度。因此，对已经“买断工龄”的原企业职工是不应纳入企业年金范畴的。另外，买断人员已经与企业脱离了劳动关系，已经不是企业员工，也不适用于《企业年金试行办法》中对参加人员范围的规定。

第二，经验依据。从我们所调查的 20 余个已经实行的企业年金方案来看，没有一个方案将已退休人员和买断人员加入到企业年金计划中。例如，四川油田、新疆油田、冀东油田等国有大型油田企业的企业年金计划，明确规定，只有“与企业签订并正在履行劳动合同”的在职员工才能参加企业年金计划。而其他的国有大中型企业，如中远集团、云南锡业、河南电力等企业的企业年金方案也没有任何加入已退休人员和买断人员的规定。特别是有的企业年金方案还明确规定已退休人员不得参与企业年金计划。

第三，现实依据。从企业已退休人员已经享有的退休人员生活补贴来看，也不能将已退休人员纳入到企业年金计划中，实行企业年金制度和发放企业离退休人员生活补贴的目的和作用相同，都是为了适当提高离退休人员的养老待遇水平。因此，如果把已退休人员纳入到企业年金方案中，就会存在重复享受的情况，因此不应该将已退休人员纳入到企业年金计划中。而“买断工龄”是买断职工工作年限所创造的价值及相应的福利和社会保障，买断工龄人员已经按国家和企业政策给予了一次性补偿，并解除了和企业的劳动合同关系，故而也不应纳入到企业年金计划中。

5.2 资金筹集方式和缴费方法

企业年金计划的资金筹集方式和缴费的方法关系到企业和职工的负担能力，企业和职工参与企业年金计划的积极性，职工退休收入的替代率，企业年金计划目标的实现，企业年金计划管理的便利性等各个方面，是企业年金方案设计中相当重要的一个环节。

企业年金缴费水平的确定将决定个人账户每个月的积累额，最终决定职工退休后的生活水平。缴费来源包括企业和个人两部分。对于企业来说，企业自有资金、工资储备金、职工奖励基金、福利基金结余或地方社会保险机构将基本养老保险缴费超过职工平均工资300%以上的返还资金，都可作为企业年金来源。个人主要是从工资之中定期扣除。确定企业缴费水平是年金计划中最重要的设计要素，企业缴费越高，员工未来能够享有的退休金就越多，但企业要承担的成本就越多，不利于企业发展。

企业年金的资金来源与缴费标准在《企业年金试行办法》中

有明确的规定，“企业年金所需费用由企业和职工个人共同缴纳。企业缴费的列支渠道按国家有关规定执行；职工个人缴费可以由企业从职工个人工资中代扣。企业缴费每年不超过本企业上年度职工工资总额的十二分之一。企业和职工个人缴费合计一般不超过本企业上年度职工工资总额的六分之一。”

但是《企业年金试行办法》只是规定了企业缴费和个人缴费的上限——本企业上年度职工工资总额的8.33%。而由于企业的经济效益不同、各个省(地区)的税收优惠政策也不一样，导致各类方案中的“资金来源与缴费标准”项目也不尽相同。具体的职工个人缴费比例，企业缴费比例等应通过集体协商确定。

5.2.1 企业缴费

5.2.1.1 按照国家税收优惠政策的标准缴费

决定缴费标准的最主要政策就是税收优惠了，在国家税收优惠规定“本企业上年度职工工资总额的4%的部份”(多数地区均为4%)，企业年金的企业缴费部分大多规定为4%。例如，“单位缴费为用人单位每年按上年度职工工资总额的4%缴纳，所需费用从成本中列支。”

如果公司所在省份(地区)属于国家税收优惠政策试点地区(例如，湖北、江苏规定允许工资总额12.5%以内的部分可以在税前列入成本，山西为8.33%，云南、上海为5%)，则该企业缴费比例可能会与税收优惠政策保持一致。例如，“企业年金实行单位和个人共同缴费的机制，企业缴费每年最高不超过本企业上年度职工工资总额的1/12，企业和职工个人缴费最高不超过企业上年度职工工资总额的1/6。2006年企业按工资总额、职工个人按社保缴费工资总额的5%缴费，今后根据公司消化能力逐年再提高缴费比例；企业缴费的5%在经营成本中列支并在税前扣除，超过5%的部分在企业自有资金中列支。列支渠道为：当年或历年结余的应付工资或福利费；董事会决定使用的其他渠道来源的资金；国家、省政府规定的其他渠道列支的资金。”

5.2.1.2 超过国家税收优惠政策的标准缴费

当然，如果公司的效益比较好，可以规定更高的企业缴费比例。如“企业年金由企业缴费和个人缴费筹集资金，通过企业年金管理委员会委托投资管理机构投资运营；由企业代扣代缴企业年金缴费，并按时计入个人账户。用人单位为职工缴纳保险费，可根据具体情况选择季缴、半年缴或一年缴等不同缴费时间段，以银行转账、支票或托收的方式进行缴费。根据本企业情况，合理确定用人单位和个人缴费比例的下限和上限，企业每月缴费比例为参加企业年金的职工工资总额的15%以内的任何一个百分点，最高不得超过15%。缴费工资总额与基本养老保险缴费工资标准一致，缴费比例由企业自定或通过集体协议规定，其4%以内的部分从经营成本中列支，超过部分从福利基金中列支。企业还可以按照个人缴费的同等数额为个人缴费，也可以多缴，所有缴费全部计入个人账户；企业年金可以由用人单位为职工单方缴纳，也可以由用人单位和职工个人共同缴纳。个人缴费比例由职工自愿选择，其中4%的部分免缴个人所得税。”

有的企业没有规定具体的缴费标准，而是按照企业经营情况进行动态控制。如“企业年金供款水平应依据企业经济负担能力确定，并进行动态调整，一般在本企业上年度员工工资总额的10%左右。工资总额的4%以内列入成本；其余部分从工资基金结余和福利基金结余中列支。企业供款由以下两部分组成：首先是按职工上年工资总额，即年度内企业按照员工本人上年工资总额7%的标准供款，按月划入个人账户；其次是按职工工龄，即企业按照员工连续工龄每一年工龄每月4元的标准供款，按月划入个人账户。实行企业年金单位可根据生产经营情况，适时调整企业供款标准，或暂停执行，待好转后再续建。”

还有的企业将企业缴费分为三部分提取，一是从当年利润中提取，二是从应付福利费中提取，三是根据效益、盈利情况从浮动的自有资金中提取。如“企业年金由企业按企业年金理事会的要求连同代扣代缴的职工个人缴纳的部分按季度向托管人缴纳，并按时计入个人账户。企业缴费部分的筹集渠道为：企业当年盈利较多时，从当年收益中按照一年不超过本企业职工平均工资一个半月的标准提取企业年金；从应付福利基金中提取，但不能导致应付福利费发生赤字；从企业自有资金中提取。企业每年提取的年金总额不超过本企业上年度职工工资总额的十二分之一。”但是，实行这种企业缴费办法的企业一般属于企业集团，即其企业缴费办法需要提交社保中心(集团企业年金理事会)审批。即使不是集团性质的企业，在实行这种办法的时候也要向上一级所属部门提交本年度企业年金缴费比例。也就是说，实行此办法的企业，其企业年金的监督管理机构一定要起到适当的作用。

总之，作为企业年金资金来源之一的企业缴费在企业年金方案中的规定因地区、因企业的不同而不同：省(地区)的企业年金暂行条例(试行办法)中有关税收优惠的部分应当是影响企业缴费比例不同的主要原因，这主要是因为企业实行企业年金制度，在很大程度上是为了享受税收减免；各个企业的经济效益、企业本年度利润也是影响企业缴费比例的重要方面。更为复杂的是，如果一个集团公司的下属企业间存在地区差异和经济效益的差异，如何进行利益上的公平性调整，就成了一个极其重要的研究课题。可能有的企业年金方案中的初步设想会带来效果。如“因为各分公司的经济效益不同，工资总额也不尽相同。考虑到各分公司贡献问题，按照公平性原则，总公司意见：由各分公司分别根据统一的公式，自行分配各分公司的单位缴费。不在总公司范围内进行调剂。”另外，在单位缴费分配中的“留存收益”项目或许也能起到一定的调剂作用。

5.2.2 个人缴费

在各类企业年金方案中对个人缴费的规定要比企业缴费简单得多，大多为上年度职工本人工资性收入总额的2%。例如，

"参保人员以本人上年月平均工资收入为个人缴费基数，个人缴费比例为2%。个人缴费由用人单位从本人月工资收入中代扣代缴。"当然，个人缴费的规定也会产生一些差异：

5.2.2.1 地区差异

例如，"职工个人缴费按职工个人缴纳基本养老保险缴费工资额的5%缴纳，个人缴费部分由企业从职工本人每月的工资中代扣缴，职工个人不愿缴费的，账户管理人不为其建立企业年金个人账户，并且不得享受企业年金企业缴费计入个人账户部分；职工中断缴费的，从中断缴费之月起个人账户不作缴费记录(包括企业划入个人部分)，也不计算缴费年限，其个人账户由账户管理人封存，储存额继续计息；企业年金采取按月缴费方式，每月31日前由各分公司将本单位和职工个人缴纳的金额交公司财务部，再由公司财务部交基金托管人。"

5.2.2.2 经济效益差距

例如，"员工个人缴费由企业按月从职工工资中代收，并相应计入企业年金个人账户。员工个人缴费最高不超过企业供款额的二分之一(即5%左右)。另外，员工个人按照本人连续工龄每一年工龄每月1元标准缴纳。"

5.2.2.3 浮动型缴费

实行浮动的企业缴费制度的企业，一般按照企业缴费的一定比例上缴个人缴费。例如"职工个人缴费部分为其企业年金账户当年记账额的二分之一。职工个人缴费部分由企业从职工个人工资中扣除。"

另外，需要说明的是，企业年金方案中对个人缴费一般都是强制性的，其目的一方面是为了增加企业年金的基金额，以进一步提高企业年金的替代率；另一方面可能是出于保留优秀员工的目的，让员工在企业年金计划中有积极的参与性。但也有的年金计划对个人缴费的规定是自愿的，例如有的企业年金方案规定，"可以由用人单位为职工单方缴纳，也可以由用人单位和职工个人共同缴纳。个人缴费比例由职工自愿选择，其中

4%的部分免缴个人所得税。”这可能是由于当地税收优惠的作用。

可以看出，企业年金的资金组成除了来源于投资收益以外，主要是企业缴费和个人缴费，因此这两方面对资金筹集来说是不可或缺的。通过以上分析，各个企业应当充分考虑自身所处的情况，特别是地理位置所导致的税收优惠政策的差异和经营上所导致的经济效益的差异，制定出合理的、适合本企业特色的企业年金缴费方案。一般来说，在企业年金方案的制定中，这一部分应当考虑：企业的所有制性质；企业年金的资金来源，应明确单位和个人共同缴费；企业缴费的方式、时间、提取比例，对不同参加人的分配比例等；个人缴费的方式、时间和缴费比例等；明确企业年金缴费的上限要求。

5.3 缴费确定型企业年金资金分配方案设计

企业年金可分为缴费确定型(简称 DC 型)和待遇确定型(简称 DB 型)。

DC 型企业年金通过建立个人账户的方式，由企业和职工定期按一定比例缴纳保险费(职工个人可少缴或不缴费)，职工退休时的企业年金水平取决于资金积累规模及其投资收益。实行个人账户管理，待遇水平只与个人账户积累额直接联系。优点是易于测算，操作简便；企业缴费时不必承诺职工退休时的待遇水平，因此基金保值增值的压力不大，投资风险相对较小；职工流动时个人账户便于转移。缺点是职工退休后的待遇不够确定，账户和基金的投资风险均由职工承担。

DB 型企业年金模式是事先明确或基本明确职工未来的待遇水平。待遇水平高低一般直接与工资水平、职务高低、贡献大小和工龄长短相关，缴费多少由待遇水平决定，职工个人缴费一般较少。优点是职工退休后的待遇比较明确和稳定。缺点是企业缴费负担过重并且需承担因无法预测的社会经济变化引起的企业年金收入波动风险，精算管理比较复杂，难以操作。

2004年初劳动和社会保障部颁布的《企业年金试行办法》和《企业年金基金管理试行办法》奠定了中国企业年金制度的基本框架——“缴费确定型”完全积累制。建立DC型企业年金制度是符合现阶段我国国情的：一是DC型可以减少企业负担，提高竞争力；二是DC模式在客观上可以促进资本市场的发展；三是国家无须为之建立“再保险”机制，可以避免未来中央财政风险的包袱。

在目前我国缴费确定型企业年金制度的安排下，如何设计企业年金方案中的资金分配方案，使其符合国家法律规定，满足企业建立企业年金的目的，是本章重点。

5.3.1 企业年金资金分配原则与方法

5.3.1.1 资金分配原则

建立企业年金计划是以保障职工的退休生活待遇，激励职工工作热情，吸引优秀人才和稳定职工队伍为主要目的。因此，建立企业年金计划的用人单位应本着非歧视性、效率优先、兼顾公平的原则对企业年金资金进行分配。

(1) 非歧视性原则。企业年金是基本养老保险的重要补充，要保护职工的利益不受损害，企业年金的职工覆盖率必须达到一定水平，即在资金分配过程中不能只为少数管理人员和核心职工谋利，而将多数普通职工排斥在外；不能在分配资金时歧视低薪职工，过分向少数高薪职工倾斜。

(2) 效率原则。企业年金的一个重要功能是激励职工努力工作，吸引、留住优秀人才，因此在资金分配上可以将企业缴费向优秀职工和为企业做出突出贡献的职工倾斜，体现企业对他们所做成绩的认可，通过企业年金分配的差异来达到促进每个职工提高工作效率的目的。

(3) 公平原则。在分配上应坚持“效率优先，兼顾公平”的原则。为体现效率，不同职工之间在企业年金资金分配上拉开距离是必要的，但这种差异必须是公平、公正的，即职工对这种差异是认同的。如果这种差异被认为是不公平、不合理的，企业年金的建立就会适得其反，不但起不到激励作用，反而会损害企业的团结和合作精神，损害企业的整体工作效率。当然这种公平应该是效率基础上的公平，而不是平均分配。

5.3.1.2 分配步骤

(1) 给参保人员分层。确定是否按相同比例为参保职工分配企业缴费资金。如果是就要说明具体的比例；如果不是，就要先按照职务等级、工作岗位、工龄长短等将职工分层，并综合评价不同层级职工的平均贡献大小。

(2) 确定不同层级人群的分配系数。根据不同层级的贡献大小为每个层级确定相应的分配系数，贡献越大，系数越高。对某些特殊群体(国有企业中的接近退休人员、获得高层次奖励人员或对企业有突出贡献的人员)，可给予特别的分配额度或比例。

(3) 确定分配公式。企业缴费计入个人账户的水平将由分配公式确定。分配公式的设计将实现企业建立企业年金“效率优先，兼顾公平”的目标。

(4) 确定每个职工的分配额度。根据企业年金中的企业缴费资金总额、层级系数，按照利益分配公式计算每个职工分配到的额度。

5.3.2 企业缴费分配公式的设计

企业年金基金的筹集由企业缴费和个人缴费共同组成。个人缴费部分将完全计入个人账户中，企业缴费部分根据企业年金管理委员会确定的并由职工代表大会通过的分配公式按比例分配到参保职工个人账户中。

企业年金个人账户计入金额 = 企业缴费向个人账户计入金额 + 个人缴费金额

企业缴费分配公式的设计是企业年金分配方案设计中的关键问题。分配公式是按照企业预先设定的年金实现目的设计的计算公式，综合考虑多种影响企业年金分配水平的要素，用以确定每个职工每一期计入个人账户的额度。设计分配公式时不但要考虑企业年金的保障功能(最终能实现的目标替代率)，还要实现企业年金的另一个重要功能——激励功能。

对于保障功能的实现来说，利益公式要能保障退休后的职工能得到合理的收入水平，保证一定的生活质量，达到目标替代率，这一问题要和企业年金支付水平精算分析预测相结合，第十章将重点讨论。

分配公式也要与企业的人力资源战略相结合，起到一定的激励作用。利益公式的设计可以综合考虑职工对企业的贡献(岗位和特殊贡献)、忠诚度(工龄)、工作表现(绩效考核)等因素，使企业年金计划在一定程度上实现对优秀职工的激励和对所有职工工作的认可。

5.3.3 分配公式的设计方法

在对企业实践的调研中，我们总结了以下几种分配公式的确定方法。这些方法各有特点，可以结合不同企业特点和要实现的目的再加以设计，以满足不同企业的客观需求。

5.3.3.1 工龄系数法

这种方法只考虑职工工龄单一因素，认为职称、职位、特殊贡献等要素已经在平时收入中有所体现，企业年金分配中不再重复考虑。

企业缴费向个人账户计入金额 = 当年企业缴费金额 × 工龄系数

工龄系数 = (截至上年末职工本人连续工龄 + 上年末企业参保人员平均工龄)/(2 × 上年末企业参保人员平均工龄)

【例】 马鞍山钢铁总公司职工的收入分配机制是一个完整的分配体系。分配体系是由企业经营管理者的年金制、促进管理人员的模拟制、技术高级主管的模拟制、技术人员的项目承包奖、岗位操作人员的技能、专家技术原则等组成的。这个分配体系的各个部分功能各异，较完整全面地体现管理技术业绩是如何分配的。公司在设计企业年金方案时认为这些因素不应在年金分配中再重复参与，重复参与可能会给职工造成不好的影响。而且按照工龄参与年金分配也比较公正、透明，操作也是比较简便易行。所以马鞍山钢铁总公司企业年金管理委员会最后决定按照工龄的长短来进行年金分配，从而避免了这些要素重组参与分配。

5.3.3.2 工资比例法

为职工按月计入个人账户的企业年金，是按职工本人一定时期实得工资总额的一定比例计算的，或在工资比例法的基础上再以系数进行调节。运用这种方式，一方面由于工资差距已被职工广泛接受，所以以工资为缴费基数易被职工广泛接受，因此在民主协商流程中，此种方式易于顺利通过；另一方面，简便易于操作，可以减轻企业的负担。缺点是工资收入中包含的内容多，有不需要加入分配公式的因素存在，且如果该企业工资差距大，易导致职工个人分配到的企业缴费的差距较大。可以通过上封顶，下不保底的办法解决差距大的问题。

企业缴费向个人账户计入金额 = 职工本人上年月平均工资 × 企业当年用于企业年金缴费比例

【例】 某企业职工上年月平均工资为1200元，企业当年用于企业年金缴费比例为5%，则企业缴费每月向该职工个人账户计入金额为60元。

5.3.3.3 因素综合法

采用这种方法的分配公式加入了实际工龄、职务、贡献大小和距退休年限等多种影响企业年金分配的因素，优点是本企业可以有选择地、有针对性地加入影响职工个人每期分配到的企业缴费数额的因素，缺点是设计和实施都比较复杂，文化水平不高的职工理解起来较难。在调查中我们发现不少公司采用此种方法。

企业缴费 = 企业缴费基值 × 个人综合系数

企业缴费基值：按照企业当年核定的缴存水平确定

$$\text{个人综合系数} = \text{职务系数} + \text{工龄系数} + \text{奖励系数} + \text{岗位系数} + \text{老龄系数}$$

职务系数：按照职工的职务确定的系数

工龄系数：可将连续工龄和企业工龄通盘考虑，也可适当加大本企业工龄的比重

奖励系数：仅对劳动模范和有突出贡献的职工设定

老龄系数：即将退休的职工很快就会退出企业年金计划，退休后他们的个人账户积累额较少，难以起到保障退休生活的作用，因此需要对他们进行补偿，加速对老职工企业年金的积累。可以以建立企业年金的时间为基准，根据职工距离退休的年限，如5年以下、5~10年、10~15年等逐级提高老龄系数，达到加速积累的目的。

【例】 企业缴费根据实际工龄、职务、贡献大小和距退休年限等因素按月分配到参保职工个人账户。分配公式是：

$$\text{企业缴费划入职工} i \text{的个人账户金额} = A \times 60\% \times \frac{C_i \times R_i \times P_i}{\sum_{i=1}^{n} C_i \times R_i \times P_i} + A \times 40\% \times \frac{D_i \times R_i \times P_i}{\sum_{i=1}^{n} D_i \times R_i \times P_i}$$

式中，A 为企业缴费总额，C 为个人工龄系数，D 为个人职务（职称）系数，R 为个人距退休年限系数，P 为特殊贡献系数，n 为参保人数总数。

（1）职务系数（职称系数），其分类见表5-1。

表5-1 职务系数表

代码	职称/职务	系数	代码	职称/职务	系数
1	局级	3.0	5	科级	1.3
2	正高级	2.5	6	中级、技师	1.2
3	处级	2.0	7	其他人员	1.0
4	副高、高级技师	1.7			

(2) 工龄系数依据实际工龄设置。工龄为1年的，系数为1;工龄为2年的，系数为2；工龄为3年的，系数为3；……以此类推。

(3) 特殊贡献系数(表5-2)根据企业年金管理委员会当年公布的系数为准，特殊贡献系数的初始值均为1，最高不超过5。

表5-2 特殊贡献系数表

代码	特殊贡献种类		系数
1	获得全国“五一”劳动奖的人员		5
2	获得国家科技进步奖的人员	一等奖	4
		二等奖	3
		三等奖	2
3	获得省部级科技进步奖的人员	一等奖	2
		二等奖	1
4	获得局级以上劳动模范的人员(不含全国“五一”劳动奖)		2~4
5	获得集团公司技能专家称号的人员		2~5

(4) 个人距退休年限系数。企业按照目前已认定的出生年月进行足年足月计算，假设应在2008年退休的，个人距退休年限系数为3，以后每年递减0.2，2018年及以后年度退休人员系数均为1。个人距退休年限系数认定后不再更改。依照个人距退休年限系数的出生年月计算，从到达退休年龄的次月起，个人距退休年限系数更改为1。

5.3.4 确定分配公式时应注意问题

利益公式的确定表面上看起来很简单，但它将决定企业和职工的收益分配，其中要综合考虑的因素非常多，可以说它是企业年金方案中最关键的问题，也是最难解决的一个难点问题。以上我们调研到的利益公式的确定方法各有特点，但具体要应用于企业实践中还需要经过全面反复的思考和修正，谨慎实施。

确定企业缴费分配公式和方法时应注意以下问题：

（1）在选择分配方法时一定要与本企业的实际情况相符合，一定要广泛听取企业各方面的意见，与企业内部的分配特点相适应。

（2）分配水平差距过大问题。要合理确定个人年金水平，综合考虑职工工作年金长短、职称（职务）和贡献大小等因素，确定单位缴费的分配。在职务、工龄、奖励等系数设定时要注意不能高低过分悬殊。

（3）在实际设计企业年金方案时企业年金账户可分为个人账户和企业账户两部分。个人账户用于记录个人缴费部分及企业缴费分配到个人账户的部分，采用个人账户方式进行管理，个人账户号码采用职工本人居民身份证号码建立账户；企业账户可用于记录企业留存基金。企业缴费可以按一定比例划入企业账户中，如企业缴费的5%按月计入本企业账户，同时企业缴费未归属权益和收益分配尾差也计入企业账户中。企业账户中的留存基金可用于奖励特殊贡献人员及低效益年份补差等；

（4）临近退休职工缴费不足问题。缴费确定型企业年金计划对青年职工是有利的，但是很多年龄大的职工却面临着积累时间短、缴费不足的问题。因此在设计企业缴费分配公式时应注意满足这部分职工的需求，加入调节系数，加速积累。

5.4 企业年金的待遇支付

企业为吸引优秀人才，增强自身凝聚力和创造力，除对职工在职期间给予优厚报酬外，必然还会着眼于靠长远的吸引力来稳定职工队伍，其方式之一就是设立企业年金计划，通过延期支付留住企业优秀人才。一个不仅具有当期工资而且具有延期支付的企业，一个不仅具有激励工资体系而且具有激励养老金体系的企业，必然更具有吸引力。

企业年金方案中应明确参加企业年金计划职工享受企业年金待遇的资格和领取企业年金的条件，以及企业年金的支付方式，并通过合理设计条款达到企业吸引和留住优秀人才的目的。

5.4.1 企业年金的权益授予

我国目前的法规、政策尚无涉及企业年金权益授予的规定。但从国际实践来看，一般来说，法律法规许可企业对职工获得其个人账户中源于企业缴费部分资产的权益设定一些条件。同时为保护职工的权益，法律法规还对企业缴费的权益授予条件做出限制。以美国为例，企业年金法规规定使用一次性授予办法的，其授予时间最长不得超过职工服务满5年；使用分阶段授予办法的，开始授予的时间不应晚于职工服务满3年，完成授予的时间不应晚于职工服务满7年。

目前，我国多数企业设立企业年金计划作为增强企业凝聚力、激励职工的积极性和创造性的手段，因此可以考虑在保护职工利益的基础上设置较高的权益授予要求。分析企业的职工年龄结构和流动性，对决定该企业年金方案的权益授予条款有着很重要的影响。例如，人员年龄结构较为年轻的企业和老龄化较为严重的企业应采取不同的归属方法。再如，对于人员流动性较大的企业，除了要充分考虑账户资金权益归属的问题，还要制订详细的账户转移条款，规定在什么样的条件下如何转移账户资金。结合企业的具体情况可以考虑按以下方式进行权益授予：

5.4.1.1 一次性授予

企业可规定职工为企业服务达到规定的年限，且历年考核合格，即获得个人账户源于企业缴费的资产的完全权益。企业应根据其人力资源策略设定年限要求，一般以5~10年为宜。对于职工队伍比较稳定，老职工较多的企业可以采用一次性授予方式。

5.4.1.2 分阶段授予

企业可以根据职工服务年限的递增逐步放宽企业年金授予限制。企业可根据实际情况确定权益授予的起始时间。一般情况下，开始授予的时间不应晚于职工开始为企业工作之后3年，授予完成的时间不应超过职工开始为企业工作之后 15 年。对于职工队伍比较年轻的企业可以采用分阶段授予方式，以达到稳定计划参加人队伍。

【例】 参保职工因个人原因离职的，其个人账户企业缴费部分按照实际工龄对应的企业缴费享受比例，结算至离职日。企业缴费未归属权益并入本企业账户。

参保职工在本企业实际工龄对应的企业缴费享受比例为：

不满 4 年的，享受比例为 0%；

满 4 年不满 6 年的享受比例为 20%；

满 6 年不满 8 年的享受比例为 40%；

满 8 年不满 10 年的享受比例为 60%；

满 10 年不满 13 年的享受比例为 80%；

满 13 年不满 15 年的享受比例为 90%；

满 15 年的，享受比例为 100%。

参保职工在退休前因正当理由离开企业或者在合同期满后离开企业时，企业缴费终止，个人账户转移到其他经办机构，新单位没有实行企业年金制度的，其企业年金个人账户实行封存管理，账户中的所有个人缴费和企业缴费及其本息完全归个人所有。

权益授予计划应简洁、明确、便于操作。无论设置何种方式的权益授予计划，职工的利益必须得到充分的保障。

5.4.2 企业年金的给付条件

一般情况下，除非年金计划终止，职工在未具备给付条件时不得支取养老金。企业年金的给付分为正常给付与非正常给付两种。

5.4.2.1 正常给付

正常给付指职工达到年金计划规定的条件而正常退休情况下开始支付养老金。

企业年金计划一般以职工经劳动和社会保障部门批准办理

了退休、病退或提前退休手续、出国定居、在退休前死亡，作为正常支付养老金的条件。企业亦可结合其退休政策制定正常支付养老金的条件。

5.4.2.2 非正常给付

在下列情况下应允许职工支取个人账户的累积资产：

——合同满期：职工在劳动合同满期而离职时，可申请将其个人账户资产转入新工作单位的年金计划中或提现；

——离职或被解聘：职工可申请将其个人账户资产转入新工作单位的年金计划中或提现，但尚未授予完毕的权益应予扣除。

——伤残或死亡：职工因伤残而丧失工作能力时可申请分期或一次性支取个人账户资产，职工死亡其指定受益人可申请支取个人账户资产，工伤认定应以国家劳动保障经办机构认定的结果为准。

——财务困难：如职工罹患重大疾病或购置房产时可申请部分支取个人账户中的储蓄资产，支取金额不得超过实际的需要及年金计划对该类事件的规定。年金计划亦可以贷款的方式进行支付，并要求职工承担还款义务。

——非正常解除劳动关系：职工因严重违法、违纪、自动离职等原因被解除劳动合同或受到处分的，企业可部分或全部收回职工年金个人账户储存额中的企业缴费部分及其相应收益，对企业造成的损失，按照损失金额扣减其个人账户中企业缴费及投资收益，并入企业年金留存基金。

申请领取企业年金待遇，需填写职工领取企业年金待遇申报审批表，并提供符合领取条件的证明材料，由本人、受益人、继承人持本人有效证件，送交企业年金管理委员会经办人员。由代理人代为办理的，需持本人和代理人的有效证件，以及本人签字的书面授权委托书。企业年金管理委员会经办人员审核无误后，予以办理企业年金待遇支付。

申请转出个人账户余额，需填写《个人账户转移申请书》，并提供接受转入的企业年金计划同意转入证明，由本人送交本单位社保部门，社保部门交由企业年金管理委员会经办人员审核无误后，予以办理个人账户转移手续。

5.4.3 企业年金的支付方式

对于非正常情况下的个人账户资金支付，原则上采取一次性支付的方法。职工具备年金计划规定的条件而正常退休，在其开始领取养老金时可选择以下领取方式：

5.4.3.1 一次性支付

一次性支付个人账户全部积累额。我国目前有关企业年金制度文件规定，职工在达到国家规定的退休年龄时，可以从本人所在企业年金个人账户中一次或定期领取企业年金，但我国目前的企业年金的支付基本上全部采取一次性支付的形式。国外许多国家最开始实行的也是一次性支取，这样可以有效地节省管理成本，企业相对轻松，一旦职工达到法定退休年龄即可一次性领取退休金，企业不再负责管理及投资。这对短期的年金积累来说，由于其金额不大，一次性支取就显得简单。但是，对于企业年金数额巨大，长期积累的企业年金来说，一次性支取就不能很好地体现年金的保障功能，职工容易提前消费其所支取的年金，年金因此会失去其应有的意义。鉴于上述考虑，建议我国企业年金的支付应采用分期支付或一次性支付与年金支付相结合的方式。可以规定，职工在达到法定退休年龄正常退休后，可适量一次性提取一部分年金，提取金额不超过一定额度。职工可以根据自身情况，灵活提取。既可满足职工在退休后可能发生的大额支出需要，也可充分发挥企业年金作为职工退休后长期保障的重要功能。留存企业的年金可以由企业继续保管，并投入资本市场进行保值增值。同时，国家可以运用税收工具，对于提前支取的巨额年金收取高额税收，而对于小额年金支取给予一定的税收优惠。

一次性支付包括以下几种情况：职工在退休时可向年金计

划管理机构申请一次性支取其个人账户中的储蓄余额；参保的在岗职工、内退人员或退休人员死亡的，其企业缴费部分按100%的比例享受，个人账户余额一次性支付给其受益人或法定继承人，参保职工可以通过书面方式指定受益人；参保职工出境定居的，企业年金个人账户余额可以根据职工服务年限放宽企业年金授予限制，尚未授予完毕的权益应予扣除，并一次性支付给本人。

5.4.3.2 分期支付

职工可选择在约定的年限内，如10年、15年或20年，按月、季度、半年或年度领取企业年金。企业年金金额根据职工选择的支付年限、支付方式确定。

【例】 假设退休人员分10年按月领取本人企业年金待遇。按月领取期间，企业年金月领取标准为退休时个人账户储存额除以180(目前我国城镇职工平均寿命均为70岁，按目前平均退休年龄55岁，则社会平均余命为15年)，个人账户资金余额继续参与企业年金基金收益分配。按月领取满10年后，退休人员可以选择继续按月领取至账户支付完毕，或一次性领取账户余额。一次性领取个人账户余额时，需由本人向企业年金管理委员会提出书面申请并签署承诺书，领取完毕后企业年金基金不再对其承担退休待遇支付义务。

5.4.3.3 混合支付

职工可选择在退休时一次性支取某一比例(如25%)的个人账户储蓄资产，其余部分分期支取。

5.4.3.4 转购年金保险

职工可选择以其个人账户储蓄资产向年金计划管理人指定的保险机构购买年金保险。年金保险的金额取决于个人账户储蓄资产的余额及退休职工的预期寿命。年金保险支付养老金至职工身故。为了保障职工利益，年金保险一般保证最低的支付年限。如果退休职工在此期间死亡，保险机构将尚未支付的金额一次性支付给职工指定的受益人或继承人。

5.5 个人账户的转移、结算与封存

在企业年金基金管理中，关于个人账户的转移、结算与封存问题，《企业年金试行办法》规定得比较笼统："职工变动工作单位时，企业年金个人账户资金可以随同转移。职工升学、参军、失业期间或新就业单位没有实行企业年金制度的，其企业年金个人账户可由原管理机构继续管理。"仅就变动工作单位、升学、参军、失业等情况做出了规定。这一方面可能会损害企业的利益，削弱企业年金激励人才、留住人才的作用；但另一方面这也使企业具有充分的自主权力，可以按照自己的实际情况设计个人账户的转移、结算与封存管理问题。针对中国目前实施企业年金的情况，关于企业年金中个人账户的转移、结算与封存主要是从以下几个方面进行设计与管理的。

5.5.1 最大限度保障员工利益的规定

有的企业出于对员工利益的考虑，制定了最大限度保障员工利益的规定。例如，一部分企业对企业年金个人账户资金的规定为："职工与单位解除劳动关系、辞职离开工作所在单位时，有新就业单位而其新单位已建立企业年金制度的，个人账户和个人账户累计储存额可以随同转移。企业年金个人账户转移时，将转移职工个人账户，个人账户累计金额将随同转移。没有就业单位的个人账户由原单位管理，待重新就业后办理转移手续。职工被企业按《劳动法》第二十五条(二)至(四)项解除劳动合同或被劳动教养、开除公职、除名、自动离职的人员，扣减50%划入个人账户的企业缴费部分。企业年金个人账户仍然保留，待重新就业后办理转移手续，未就业或就业单位未建立企业年金的，待达到退休年龄时给予一次领取。"

通过上述的规定可以看出，对于员工与单位解除劳动关系、

辞职离开单位的，仍将享受全部的企业年金缴费。甚至于被劳动教养、开除公职、除名、自动离职的人员，也仅仅扣减企业缴费的50%。这样的规定虽然可以最大限度地保障员工的利益，但同样也会导致员工擅自与企业脱离劳动关系，不利于留住人才。实际上，大部分企业对这种情况，年金给付要求得都较苛刻，“职工被宣告缓刑、监外执行、劳动教养或企业给予留用查看处分期间，不享受企业年金。”

5.5.2　人员流动性较弱的规定

当企业中的工作转移情况较简单，人员流动较少时，企业可以简单规定转移、结算和封存办法。例如“本计划参加人变动工作单位且参加新就业单位企业年金计划时，本年金计划个人账户资金可以随同转移。参与人升学、参军、失业期间或新就业单位没有实行企业年金制度的，其个人账户仍保留在本公司企业年金计划中。”这与《企业年金试行办法》的有关规定相同。但是，为了保护企业利益，确保员工达到在企业规定的服务年限，有的企业年金方案也适当做出了补充规定，当“出现以下情况之一时，公司有权没收该合同期内计入该计划参加人个人账户企业缴费及其投资收益部分：当期劳动合同未满就与公司解除劳动雇佣关系的；当期劳动合同未满且未解除劳动雇佣关系就自动离职的；因违法违纪被公司解除劳动合同的。没收转出的这部分未归属权益将归集至本年金计划的企业账户中，作为本企业年金用于奖励特定人员的津贴。”

由此可见，企业年金是与企业同员工签署的劳动合同相关的，当员工无正当理由退出企业，企业年金个人账户中的企业缴费以及投资收益部分企业有权没收。但应当注意，个人账户的个人缴费部分是属于个人资产，企业是无权没收的。这也确保了员工投入企业年金的安全感，有利于增强员工参与的积极性。

5.5.3 按照合同的时间段规定企业年金归属

因为企业年金制度与劳动合同制度的关联性，有的企业是按合同的时间段来规定企业年金的归属问题的。如“企业年金制度与劳动合同制度相结合，职工每届劳动合同期满，该届合同期间计入职工个人账户的年金，归职工个人所有；职工劳动合同期未满擅自离开用人单位的，或因违法违纪被解除劳动合同的，企业可适当扣回该届合同期间计入职工个人账户的企业年金企业缴费部分。职工调动工作时，其企业年金个人账户随之转入至新单位企业年金经办机构，如果新单位未实行企业年金制度，则将其企业年金个人账户余额一次性发给本人。”

从理论上说，以合同期限为时间标度来确定员工权益归属是符合逻辑的，但是这种方式在每次合同到期时都要进行一次结算，操作起来可能比较麻烦。

也有的企业把员工获得计入个人账户的企业缴费比例与员工实际服务年限占劳动合同期限的比例挂钩，这种设计可以说更为合理一些。如“参保职工在退休前因正当理由离开企业或者在合同期满后离开企业时，企业缴费终止，个人账户可以继续保留在原单位或转移到其他经办机构，个人也可以继续缴费，账户中的所有个人缴费和企业缴费及其本息完全归个人所有，但享受条件按第十二条的受益资格确定。如果职工劳动合同期未满擅自离开用人单位、自动离职或因违法违纪被解除劳动合同的，可根据职工在企业的实际服务年限与其签订的劳动合同期限的比例确定其享受计入个人账户的企业缴费的比例。职工的实际服务年限占劳动合同期限的比例是多少，职工享受计入个人账户的企业缴费的比例就是多少。”这样规定从理论上来说是最合理的设计，但同样的问题是，操作过程十分复杂，在人员调动较为频繁的企业，这样的办法可能会使企业年金监管成本大幅度增加。

缴费中断期间，个人账户予以封存；当支付条件出现时，按规定支付企业年金。”

总之，这一部分是企业年金方案中不可缺少的部分，应考虑到各种可能出现的因素，即使在制定时没有考虑到的因素，在实际运行中出现以后，应当按照实际处理的结果和处理以后的效果修订方案的这一部分。总的来说一般包括：企业中止缴费的条件，主要包括企业经营亏损、兼并、解散、破产等或本企业半数以上的职工反对继续实施企业年金方案；职工个人中止缴费的条件，主要是职工与企业终止、解除劳动合同；中止缴费后企业年金的处理，应明确各种中止企业年金缴费后的处理办法；职工调离、借聘情况发生时应当如何处理；职工因工伤残的处理办法等。

【附一】

吸引和留住优秀职工

——企业通过参加缴费确定型计划留住优秀职工

缴费确定型计划可以成为中国政府解决退休问题的一个非常好的方法，通过该计划，企业的雇员可以获得一个财务有保障的未来。不仅如此，有价值的雇员福利可以帮助企业拥有可行高效的方式吸引和留住最优秀的职工。

在美国，超过729000家企业已经发现缴费确定型计划的许多好处。这些企业中，有一些曾经或当期是信安金融保险集团评选的“雇员财务安全最佳10家企业”之一。

由于为职工设立缴费确定型计划，这些成功的企业中有95%的企业每年都被一个独立的公证机构选为能够提供高质量雇员福利的企业。由于拥有许多好处，缴费确定型计划被企业普遍接受和采纳。

（1）帮助企业吸引和留住优秀职工。缴费确定型计划使得职工拥有一个方便并有税收优惠的方法为退休做财务积累。由于雇员普遍参与该计划，使得美国的企业设立该计划成为一种必要的福利。例如，MSU联邦信用机构，一家位于美国密执根州拥有287个雇员的金融服务机构，于2003年就被信安评为“雇员财务安全最佳10家企业”之一。

“缴费确定型计划无疑是我们招聘职工和留住职工的工具，”MSU联邦信用机构人力资源的副总经理表示，“我认为这是我们为职工提供的最好福利。”

（2）可预测每年成本和有限责任。参加收益确定型计划时，当一个职工退休时，法律规定企业有责任给该退休职工一笔资金以供退休。与此相比，缴费确定型计划的优点是可预测每年的成本和更少的责任。

收益确定型计划的资产收益每年都在波动。在收益较低的年度，该计划账户资金不足，需要企业做额外的补充。而缴费确定型计划，企业参加计划的责任和成本限定在企业承诺的缴费比率上。

（3）灵活性。企业在缴费确定型计划上的缴费是可以变动的。例如，可以根据企业的盈利能力确定缴费水平。这个特点对小型企业非常有吸引力，因为在盈利水平低的年度，他们可以降低缴费水平。

（4）可支付性。在税收/账户/退休福利结构和法律规定方面，缴费确定型计划的管理成本远低于收益确定型计划，这对企业节省成本方面颇有好处。另外，美国的企业为其雇员缴纳缴费确定型计划时，其缴费部分可以从营业费用里列支，享受免税。

（5）容易管理。缴费确定型计划容易管理，尤其是委托专业的管理机构管理，美国信安金融保险集团就是这样的一家管理机构。信安的一家客户表示，“找一家真正了解缴费确定型业务的企业帮助我们完成管理是一件非常重要的事情。”

案例(一)

MSU联邦信用机构的缴费确定型计划

MSU联邦信用机构的管理层和雇员都是缴费确定型计划的有力支持者。该机构是非常慷慨的，其缴费率是雇员缴费率的200%，雇主缴费率最高不超过5%，该企业位居信安“雇员财务安全最佳10家企业”榜首。

MSU联邦信用机构的人力资源经理称：“职工很难找到像MSU联邦信用机构这样高的企业缴费比率。”结果是，雇员非常愿意留在该机构工作，这家机构职位的辞职率是其他信用机构的一半。

MSU联邦信用机构制定的3年账户资产归属期对留住职工也非常有利。如果职工在被雇佣的3年内离开雇主，他们必须将个人账户上的雇主缴费部分退还给公司，如果工作满3年，该部分就可以归职工所有。该信用机构的职工有权利在参加工作一年后参与缴费确定型计划。

MSU联邦信用机构的人力资源经理非常感谢缴费确定型计划所带来的长期价值。“MSU联邦信用机构原来投入巨额资金参加医疗保险，但过期后，这笔资金就不存在了。而且，职工使用医疗保险的比例很小。但是，缴费确定型计划，是一个长期的礼物，一旦过了3年归属期，该计划拥有的资金就属于职工所有了，是职工可以依赖的资产，是我们企业最好的福利。”

案例(二)

Lancet软件公司的缴费确定型计划

Lancet软件公司是信安评选的“雇员财务安全最佳10家企业”之一，一家明尼苏达州的软件公司。该公司认为，缴费确定型计划的优点不局限在吸引和留住优秀职工方面。

Lancet的人力资源部经理认为，缴费确定型计划帮助职工专心工作。因为，职工感到退休后有财务保障，这种安全感帮助他们更专心工作。

与其他公司不同，Lancet的雇主缴费计划不是建立在职工参加的基础上。“无论职工是否缴费，我们都为其提供3%的企业缴费，我们认为参加该计划对职工将来退休生活非常重要”，Lancet人力资源部经理表示。

Lancet鼓励职工从加入公司的第一天起就参加该计划，而且没有归属期的规定，即从职工参加计划的第一天起，雇主给雇员缴的费就属于雇员所有。“像我们这样的顾问公司，我们的理念是职工就是公司的第一资产，公司有承诺为每一位职工投资。”

摘自《中国企业网》http：//www. chinapension. com. cn/

【附二】

企业年金待遇给付和转移流程图

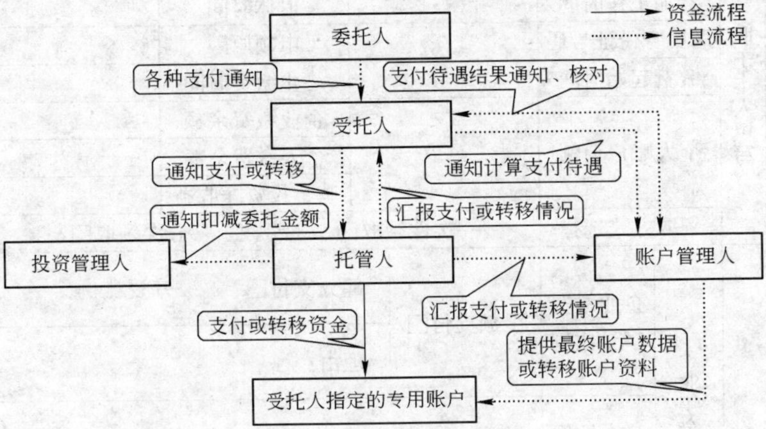

摘自贝恩克公司暨中国养老金网(www. cnpension. net)

【附表一】

××企业职工领取企业年金待遇申报审批表

<table>
<tr><td rowspan="8">职工本人填写</td><td>职工姓名</td><td></td><td>出生年月</td><td></td><td>工作单位</td><td></td></tr>
<tr><td>参加工作时间</td><td colspan="2"></td><td colspan="2">退休时间</td><td></td></tr>
<tr><td>居民身份证号码</td><td colspan="2"></td><td colspan="2">申领原因</td><td></td></tr>
<tr><td>缴费起始时间</td><td colspan="2"></td><td colspan="2">终止缴费时间</td><td></td></tr>
<tr><td rowspan="3">个人账户余额</td><td rowspan="3" colspan="2"></td><td colspan="2">企业缴费余额</td><td></td></tr>
<tr><td colspan="2">个人缴费余额</td><td></td></tr>
<tr><td colspan="2">基金投资净收益</td><td></td></tr>
<tr><td>领取方式选择</td><td colspan="3">一次性领取□</td><td colspan="2">分次领取□</td></tr>
<tr><td rowspan="7">单位填写</td><td rowspan="4">企业年金的计算说明</td><td rowspan="2">企业缴费享受比例</td><td rowspan="2">全额支付□</td><td colspan="3">部分支付□　　享受比例：</td></tr>
<tr><td colspan="3">理由：</td></tr>
<tr><td>一次性领取金额计算说明</td><td colspan="4">单位一次性支付　　元</td></tr>
<tr><td>分次领取计算说明</td><td colspan="4">单位分　年逐月按　比例支付，每月　元，剩余额一次性支付</td></tr>
<tr><td>所在单位意见</td><td colspan="5">盖章
年　月　日</td></tr>
<tr><td>企业年金管理委员会意见</td><td colspan="5">盖章
年　月　日</td></tr>
<tr><td colspan="2">本人签字确认</td><td colspan="5">年　月　日</td></tr>
</table>

【附表二】

企业年金关系转移单

___________：

现将__________同志企业年金关系转入你单位，请接洽。

附：　年至　年《企业年金个人账户记账单》，共　　页，请查收。

转出单位：

经办人：　　　　　　转出人员签字：

年　月　日　　　　　年　月　日

6 企业年金基金投资管理

6.1 企业年金基金投资的意义

6.1.1 企业年金投资的概念及特点

企业年金是指企业年金计划在基金制下筹集的资金及其投资运营的收益形成的企业补充养老保险基金。从这个定义可以看出：(1)企业年金基金是保障社会企业年金制度实现退休收入保障功能的经济基础，体现其老年的经济保障性；(2)企业年金以货币的形式存在，而资金的本质属性是保值和增值，从而决定了基金对投资的内在需求；(3)企业年金基金是在基金制下形成的，强调基金的积累技术机制，而基金制和投资是金融市场的两个核心概念，充分体现其金融属性。

正是由于企业年金的双重属性——老年经济保障属性和金融属性决定着企业年金的特点：

6.1.1.1 企业年金基金具有长期性、稳定性、巨额性

一方面，基金制的企业年金计划向基金供款往往是长期的、连续的、累积的，有时长达30年至40年，这就必然导致庞大的资产积累；另一方面，企业年金在时间上具有刚性，所以供款和付款必然存在时间差和规模差，使企业年金在存续期内具有相对稳定的资金可用于投资；企业年金基金的长期性、稳定性必然伴随着巨额性特征，企业年金基金是不断上升的趋势。我国2003年当年企业年金累积额为666亿元，2005年为2481亿元，预计2010年为10583亿元，2015年为25774亿元，2020年为50762亿元，年均增长速度为29%。在未来几年，中国企业年金规模每年增长将达到1000亿元人民币，到2010年企业年金规模将超过10000亿元人民币，到2030年将达到150000亿元人民币。

6.1.1.2 企业年金基金的负债性

企业年金基金的负债性，因为企业年金基金的规定用途是向达到退休年龄的劳动者提供养老金。企业年金基金的负债性是区别于一般投资基金最重要的特点之一。基金的负债性一方面要求企业年金基金的投资管理必须广泛运用资产负债管理技术，另一方面要求对企业年金基金的资产监管应充分考虑与其负债性的协调性。比如，企业年金基金的长期性决定大部分基金适合中长期投资；负债与工资增长率及通货膨胀率的关联性要求企业年金基金必须投资于具备抗通货膨胀功能的资产，如股票和不动产等。

基金的负债性质根据DB和DC计划而存在明显差异。在DB计划中，成本收益额度具有强制性和确定性，养老金给付构成计划发起人的担保承诺，所以负债额度具有刚性，并独立于基金资产规模，从而可能出现基金积累不足的风险。而在DC计划中，养老金给付额度取决于企业退休账户上的资产规模，所以理论上其资产与负债成绩总是处于精算平衡，尽管DC计划没有明确承诺一定水平的养老金付给，但计划在设计时必须考虑一定水平的收入替代率，投资收益率付给因素。

6.1.1.3 企业年金基金的保险及增值性

一方面，企业年金基金在长期积累过程中必然面临替代率和通货膨胀率风险，使基金面临保值和增值的外在压力。另一方面，资金的资本属性使它具有增值的内在要求。为了维持自身实际价值或者实际购买力，企业年金必须实现保值增值。按照资本习性，具有长期性特点的企业年金基金理应取得相对较高的回报率，这就要求企业年金的增值率应当高于平均水平。

6.1.2 企业年金基金投资的重要性

企业年金基金投资，就是企业年金基金管理者运用年金基金购买金融资产或实物资产，以便在将来获得与承担风险成比例的收益。企业年金计划本身的设计、运作以及在一国的地位决定了企业年金基金投资的重要性。

6.1.2.1 企业年金计划设计本身隐含了投资收益率因素

如DC计划在保险期内的缴费率，理论上是先设定目标替代率，形成有关最终工资水平、从业时间和投资收益率的合理估计，并据以推算出的。在既定缴费率下，为了达到目标替代率，并考虑投资运营和预期寿命的精算估计等因素以职工的特定收入水平和工作年限为基础，根据既定养老金给付公式计算而来。在受益水平确定的DB计划下，发起人更加重视基金的投资营运，希望以更多的投资收入对计划进行融资，从而降低计划的发起成本。

6.1.2.2 企业年金在长期积累过程中必然面临替代率风险和通货膨胀风险

替代率风险是指基金的最终积累额在假定的寿命条件下达不到预定替代率，从而影响退休后生活水平的风险；通货膨胀风险是指由于通货膨胀，企业年金基金经过长期积累后其实际购买力下降。如DB计划当名义工资率随通货膨胀而上升时，在其他条件不变的情况下，建立在期末工资基础之上的企业年金基金债务就会增加，从而增大基金的负债风险。同样，对DC计划而言，通货膨胀的变化会影响其价值的变化，从而影响实际投资收益率。所以基金投资组合要求包括一定比例抗通货膨胀风险的金融资产。因此，要求长期积累、规模相对稳定的企业年金基金投资于资本市场，以投资收益的增长来减弱基金所面临的替代率风险和通货膨胀风险。

6.1.2.3 企业年金基金对金融体系、金融市场、金融功能产生重大影响

相对于现收现付制，基金制企业年金制度极大地增加了储蓄，并且，通过这种具有长期效应的储蓄率的提高，可以促进资本形成，优化资本配置，推动金融创新和降低金融机构成本，进而成为促进资本市场效率提高的一种体制，为本国的经济长期、稳定增长提供基础性条件。

首先，企业年金无疑将影响资本市场的规模，如荷兰、瑞士企业年金基金资产规模超过资本市场资产的50%，而美国、英国达33%，日本则在20%左右；其次，企业年金资产分布的调整影响资本市场结构。在20世纪90年代企业年金基金投资股票的平均增长率在北美地区达15.2%，欧洲为12.4%，亚太地区为8%，其中日本、荷兰、英国和美国在2001年的股票分布高达5%~9%，呈现出企业年金基金的风险性投资策略；再次，企业年金基金的增长将影响资本与市场的深度和广度。债券的发展，结构性金融工具和金融衍生产品的广泛运用、指数基金零息债券的出现，市场波动时旨在保护投资者的综合性金融工具的供给等，极大地促进了金融创新的进程。

然而，企业年金在投资运营的同时也面临投资风险。投资风险是指基金投资过程中由于主观原因(投资决策失误、利率波动、政府政策变化等)造成的投资收益率不确定的风险。资本市场的发育程度越低，投资风险越大。资本市场的不完善、政府适当的监管及基金的管理的逐渐成熟会降低风险，但不会使之消除。

6.2 我国企业年金基金管理的现状

企业年金的基本功能就是为参与企业年金计划的职工在退休后提供一部分收入来源，使员工退休后获得维持基本生活的收入。从本质上来说，企业年金的性质和基本养老保险类似，都是员工在退休之后的“养命钱”，这一性质决定了企业年金基金具有强烈的低风险偏好，它的安全性非常重要。对它的管理应是低风险导向的，使年金资产在相对安全的前提下实现保值增值。反过来，风险控制措施得力与否也决定了企业年金计划是否会具有足够的吸引力，能使员工积极参与，所以，它也是影响到企业年金长远发展前景的重要因素。

自2004年5月1日起实施《企业年金试行办法》，劳动与社会保障部就配套发布了《企业年金基金管理试行办法》，也是从

2004 年 5 月 1 日起实施。基金管理与企业年金是不可分割的两部分，我们在制定企业年金方案时要充分考虑企业年金基金的投资与运营，而不应孤立地看待。

6.2.1 我国关于企业年金基金管理的规定

为保障企业年金基金的安全性，《企业年金基金管理试行办法》规定：企业年金基金必须存入企业年金专户。企业年金基金财产独立于委托人、受托人、账户管理人、托管人、投资管理人和其他为企业年金基金管理提供服务的自然人、法人或其他组织的固有财产及其管理的其他财产。另外详细规定了受托人（托管企业年金基金的企业年金理事会或符合国家规定的养老金管理公司等法人受托机构）、账户管理人（受托人委托管理企业年金基金账户的专业机构）、托管人（受托人委托保管企业年金基金财产的商业银行或专业机构）、投资管理人（受托人委托投资管理企业年金基金财产的专业机构）、中介服务机构（为企业年金管理提供服务的投资顾问公司、信用评估公司、精算咨询公司、律师事务所、会计师事务所等专业机构）等，所应具备的条件、履行的职责、享受的权力以及禁止的行为。

《企业年金基金管理办法》对企业年金基金管理方面也做出了详细的规定。在原则上规定"企业年金基金投资管理应当遵循谨慎、分散风险的原则，充分考虑企业年金基金财产的安全性和流动性，实行专业化管理。投资管理人不得从事使企业年金基金财产承担无限责任的投资。"在投资范围上规定"企业年金基金财产的投资范围，限于银行存款、国债和其他具有良好流动性的金融产品，包括短期债券回购、信用等级在投资级以上的金融债和企业债、可转换债、投资性保险产品、证券投资基金、股票等。"企业年金基金财产的投资，按市场价计算应当符合下列规定：投资银行活期存款、中央银行票据、短期债券回购等流动性产品及货币市场基金的比例，不低于基金净资产的 20%；投资银行定期存款、协议存款、国债、金融债、企业债等固定收益类产品及可转换债、债券基金的比例，不高于基金净资产的50%。其中，投资国债的比例不低于基金净资产的20%；投资股票等权益类产品及投资性保险产品、股票基金的比例，不高于基金净资产的30%。其中，投资股票的比例不高于基金净资产的20%。

也就是说，对企业年金基金的风险管理，在保证其安全性的同时又要确保其有较高的投资利润率，是一个复杂而又较新的问题，需要深入地了解，才能提出适当的方案。

6.2.2 我国企业年金基金管理的一些做法

6.2.2.1 笼统的规定

从笔者所掌握的材料看，多数企业在企业年金基金投资方面没有在方案中做出明确的规定。这可能是因为在其他的附录文件中有详细规定，也有可能是基金投资方面的空白。例如，“企业年金基金按国家有关规定投资运营，投资运营收益并入企业年金基金，以职工企业年金个人账户本金为基数，按净收益率计入企业年金个人账户。”这种笼统的按国家规定处理的办法，或许能给基金管理机构带来最大的投资空间，但作为企业年金方案的重要组成部分，这样的基金管理办法可能导致投资运营的混乱。而且这种不公布投资运营方案和办法的做法，会给参与企业年金的员工带来不安全感，会使他们觉得他们投入到企业年金个人账户的资金没有被合适地投资，收不到投资效果。

6.2.2.2 最大安全性偏好

也有的企业为了最大限度地保证基金的安全性，将投资方案制定为仅限于购买国债。例如，“企业年金基金实行专项储存、专款专用，除可用于购买国债外，任何单位和个人不得挪用。”这种办法可以保证安全性，但是却忽略了基金运营的另一个重要要求：投资利润率。因此，它的投资收益也较少。例如，“企业年金个人账户储存额每年年初计算一次利息，计算方法如下：上一年一至十二月计入个人账户的缴费额，按人民银行同期活期存款利率计息；上一年以前个人账户储存额，按人民银行一年期存款利率计息；每年计算的利息归入个人账户，连同原有的储存额一起作为第二年计息的基数。调转人员上年末个人账户储存额和当年缴费按人民银行同期活期存款利率计算。”

因为企业年金的主要作用之一就是保证员工退休后的生活水平不至于下滑太多，因此这样设计基金投资方式可能会导致企业年金的替代率太低，难以保证退休后的生活。换句话说，这会大大削弱企业年金的保障作用，使其失去吸引力。

6.2.2.3 委托投资管理人管理

有的方案规定了企业年金由投资管理人管理，并同时规定投资收益率理论上要高于同期银行存款利率，这样会在一定程度上增加员工的信心。例如，“计入个人账户的企业缴费和个人缴费完全归入个人账户，由企业年金受托人选定的投资管理人制定投资策略，进行投资运营；个人账户收益率应高于同期银行存款利率。”由于基金收益是按年收益计入企业年金个人账户，这种办法还规定了关于知情权的相关条款，“个人账户受益人有权了解自己账户资金的运营情况，每年至少查询一次个人账户。另外，对个人账户原有的资金计息，与投资运营收益分开核算：职工企业年金个人账户的本息及投资收益归职工个人所有，职工退休后可以按有关规定支取。”

6.2.2.4 信托形式的委托管理

有的企业将企业年金基金管理以信托的形式委托基金管理公司代为管理，由于是专业的企业年金基金托管机构，企业年金的安全性和收益性或许会得到保障。例如“本年金计划归集的资金将以信托(受托)管理的方式进行管理。本年金基金将全权委托给具有企业年金受托管理资格的法人受托人进行受托管理。受托人委托具备企业年金基金托管资格的托管人托管年金基金财产；委托具备企业年金基金投资管理资格的投资管理人管理年金基金的投资；委托具备企业年金基金账户管理资格的账户管理人提供年金基金个人账户和企业账户的管理和服务。”

实行这种办法的企业，一定要特别注意托管机构的资格问题。《企业年金基金管理试行办法》对投资管理人的资格规定了严格的限制：经国家金融监管部门批准，在中国境内注册，具有受托投资管理、基金管理或资产管理资格的独立法人；综合类证券公司注册资本不少于10亿元人民币，且在任何时候都维持不少于10亿元人民币的净资产；基金管理公司、信托投资公司、保险资产管理公司或其他专业投资机构注册资本不少于1亿元人民币，且在任何时候都维持不少于1亿元人民币的净资产；具有完善的法人治理结构；取得企业年金基金从业资格的专职人员达到规定人数；具有符合要求的营业场所、安全防范设施和与企业年金基金投资管理业务有关的其他设施；具有完善的内部稽核监控制度和风险控制制度；近3年没有重大违法违规行为；国家规定的其他条件。

这种办法或许可以获得较为理想的投资收益率，另外因为专业的企业年金基金投资管理机构都建立了企业年金基金投资管理风险准备金，因此安全性也能得到一定程度的保障，不失为一种较为合适的办法。

6.2.2.5 企业内部设立投资管理公司进行管理

还有的企业由于规模比较庞大，拥有自己的投资管理公司，也可以委托其进行基金的投资管理。例如“投资管理工作由总公司的企业年金管理委员会统一完成：总公司社保局根据企业年金管理监督委员会发布的投资收益率和投资收益分配办法，每年3月底前将当期的收益结果予以公布，并分别计入个人账户。同时将个人账户以对账单的方式公布。”

6.2.3 专业基金管理机构的优劣势分析

根据《企业年金基金管理机构资格认定暂行办法》的规定，符合条件的证券公司、基金管理公司、信托投资公司、保险资产管理公司或者其他专业投资机构都可以成为我国企业年金基金的投资管理人。各专业投资机构在参与企业年金投资运作方面具有自身的优势和劣势。

(1)证券公司。证券公司在我国的发展时间相对较长，对证券市场的熟悉程度相对较高，在技术和资源上有一定的优势，而且其开展受托投资管理业务具有一定的部门制度规范。但是目前也有很多证券公司缺乏相对独立的资产管理业务组织构架和科学的管理机制，不利于企业年金运作内部风险的控制，加之过去一些不规范的资产委托管理业务所带来的包袱无形中也会加大企业年金进入的历史风险，而且其投资决策和研究能力整体上有待进一步加强。

(2)基金管理公司。基金管理公司接受了政府监管部门较严格的监管，监管效率和效果也被证明是比较有效的，政府对之有严格的信息披露要求，基金运作透明度较高。此外，基金公司是我国政府最早批准可以参与社保基金投资运作的机构，部分基金管理公司拥有较为成功的社保基金投资管理经验，培养了一批经过规范管理磨炼的、高学历、高素质、高水平、经验丰富的投资管理团队和人才，投资决策程序相对比较严格、完善，投资研究水平相对较高。但是目前我国不同的基金管理公司的经营管理水平差异化日益明显，受托人仍需要进行审慎的选择。

(3)信托投资公司。信托投资公司开展年金基金的委托资产管理业务具有法律基础，具有比较严密的法律制度安排和独特的组织结构设计。但是，目前我国分业经营的法律规定使信托公司的业务范围受到一定程度的限制：信托公司与原控股公司的关系较为密切，导致其独立性相对较弱；公司治理结构有待进一步完善；而且，信托公司在年金投资管理和自有资金投资业务等发生冲突时有可能产生道德风险。

总之，如果要选择专业的基金管理机构进行企业年金的基金管理，受托人应综合分析各种专业投资机构的优、劣势，在全方位权衡的基础上确定最佳的投资管理人。目前我国各证券投资基金、各基金管理公司的投资风格差异还很小，部分基金管理公司自称的投资风格与实际操作往往不符，从而给受托人选择合适的投资管理人带来了一定的难度。为此，受托人在对候选人的投资风格进行认定时要综合考虑各方面因素，不应仅局限于几个固定的划分标准，而是应根据自身的投资需求和投资目标确定合理的划分依据。另外，尽管对投资管理人的挑选既有准入条件限制，又有外部建议的影响，但受托人仍然在最后确定中发挥了较大的作用，要从内部管理制度上防范风险，建立科学的内部风险控制机制。

6.3 企业年金基金投资运作模式的选择

目前，企业年金基金投资运作有四种典型模式：信托基金型、契约型、公司型和基金会型。

(1)信托基金型。这种模式是指企业年金基金独立于举办企业的自有资产，由受托人全权管理。受托人本着诚信勤勉的原则为参保职工和其他受益人管理企业年金，他们既可以自行管理收缴支付记录、投资等日常业务，也可以将它们委托给外部信托机构，如信托公司、信托银行等。受托人虽然有企业年金资产的合法拥有权，但是没有受益权，企业年金计划的参加者拥有受益权。

信托基金型管理方式源于英国，目前除在英国很普遍外，在受英国法律体系影响的澳大利亚、加拿大、爱尔兰、美国、南非等国也很流行，我国香港地区采取的也是信托基金型。日本受美国影响较深，企业年金业务也主要以信托基金形式运行。

(2)契约型企业年金。这种模式的企业年金运作是指企业年金计划的参保人与某企业年金管理公司签订书面合同，并缴纳保费。企业年金公司以集合资产的形式运营企业年金基金，并收取一定管理费。在这种形式下，集合的企业年金基金虽然与企业年金管理公司的自有资金分账管理，但是本身并不是一个独立法人。这种运行模式在智利等南美国家流行、东欧一些国家也采用，另外意大利等西欧国家也引用这种模式。

(3)公司型企业年金。公司型企业年金是指参保人或参保企业与某一公司制实体签订合同，缴纳保费并换回有待遇许诺的凭证。在这种形式下，缴费形成的企业年金基金及其投资归该公司所有，一般不与公司自有资产分开管理，这种运行模式以股份制保险公司年金保险合同最为典型。

近二三十年来发展起来的投资连接型保险要求企业年金资产与公司资产分账管理，这时公司型与前述契约型管理对投资者来说没有多大的差别，但在公司破产的情况下，公司型合同的持有者会遭受损失。

公司型企业年金投资模式在丹麦应用得最为普遍，其企业年金几乎全部与保险公司或专门的养老金保险公司签订分红型保险合同，在欧盟其他国家，公司型也作为企业年金组织形式的一种而存在。

(4)基金会型企业年金。基金会型企业年金与信托型企业年金相类似，也是要求企业年金资产独立于举办企业，有独立的基金会全权管理。

基金会可以是以公司制或合伙人的形式组建，也可以是宗教或政治团体，或是自然人联合体。它在法律上拥有企业年金资产的所有权，但是受益人必须是企业年金计划的参加者。这种形式以荷兰和瑞士的企业年金运作模式为代表。

在上述四种运作模式中，信托型企业年金计划是世界上许多国家所采取的主要形式，这是因为信托型企业年金计划运作有两个特点：

第一，强化企业年金基金的资产独立性，充分保护受益人的利益。企业年金计划资产作为“信托资产”由受托人进行管理。“信托”法律上要求企业年金计划资产与受托人自有资产和其他受托资产相分离，并受到信托制度的“隔离与保护”，从而能充分地保障企业年金计划受益人的利益。

以信托方式运营的企业年金计划，企业出资部分的财产其权力归属关系就会立即发生改变，因为企业年金资产独立于企业自有资产。虽然职工往往要在一定期间后才能获得企业缴费的赋益权，但是员工因为提前离职而不能全部得到企业缴费的未赋益权部分，也不能作为企业财产交给企业来处置，而是由企业年金计划理事会来行使决策权。很显然，信托方式将企业年金资产与企业自有资产“隔离”开来的制度设计，可以确保员工也就是受益人的利益不受损害。

第二，明确受托人责任。实行信托型企业年金制度的国家和地区，都将企业年金计划的受托人置于计划管理的中心地位，并在法律上明确受托人的责任。

以信托方式来运营企业年金计划，建立合格年金计划的企业可以通过建立年金计划理事会来受托，也可以采用法人受托。以法人受托分拆模式为例，在契约方式下由保险公司承担的账户管理、投资管理、资产管理三种职能，可以由三个独立的受托人来承担，保险公司可以作为账户管理人来受托，基金公司可以作为投资管理人来受托，商业银行可以资产管理人来受托（托管人、保管人）。账户管理人和资产管理人的角色有些类似于财务管理方面的出纳、会计、保管员的分工，投资管理人主要负责投资决策。很显然，在这种分工合作、相互监督的体制下，委托人的养老金资产相对安全，面临的风险也相对较低。

2004年5月1日，我国颁布实施《企业年金试行办法》和《企业年金基金管理试行办法》中所提出的企业年金管理模式是建立在信托关系上的，确定了委托人和受托人之间是一种信托关系，从而在为我国信托业经营企业年金业务开辟道路的同时也为我国信托业创造了历史性的发展机遇。吸取西方发达国家的经验和教训，倡导信托型企业年金计划是现阶段我国企业年金计划投资运作模式的合适选择。

6.4 企业年金治理结构的设计

前述我国企业对企业年金基金管理的办法，大多都是在实践中摸索自然形成的，和我国《企业年金基金管理试行办法》的规范模式有一定的距离。如何设计一套企业年金基金管理的规范模式，是本节所要探讨的问题。

6.4.1 企业年金保险制度中当事人之间的关系及职能

企业年金是一项企业内部的福利保障计划，既不是商业保险，也不同于基本养老保险，通常实行市场化的运营和管理。依据信托法建立其治理结构，保证企业年金基金与管理运营机构的资产相互分离，建立相应的风险控制机构，确保企业年金基金用于职工的补充养老。

企业年金的治理框架法律关系应为两个层次，第一个层次的法律关系是：设立企业年金计划的企业作为委托人，享受企业年金计划待遇的职工作为受益人，与受托人依据《信托法》建立信托关系；第二个层次的法律关系是：受托人依据《合同法》分别与基金托管机构、个人账户管理机构、投资管理机构建立委托代理关系，如图 6-1 所示，主要涉及四个方面的责任主体。

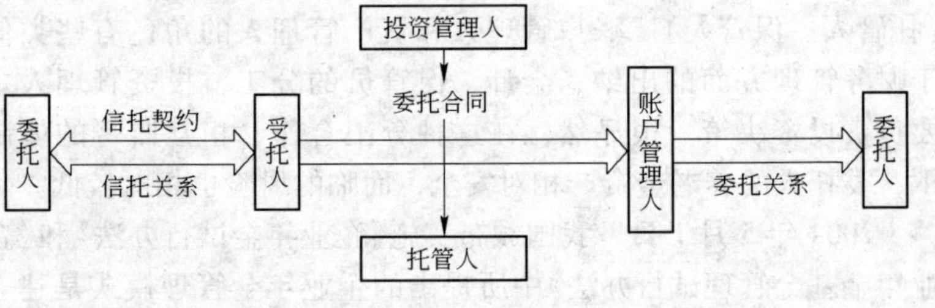

图 6-1 企业年金的委托代理关系

6.4.1.1 委托人

(1)企业主。委托人通常要提供企业年金计划的缴款、设立或参与企业年金基金，指派受托人。由于企业主是企业年金计划的缴款人(唯一缴款人或与该企业员工共同缴款)，在不同的企业年金保险管理制度中有不同的称谓，如缴款人、参保人。在美国，如果采取团体年金合同形式设立养老金计划，则不需要受托人，企业主有权直接选择资产管理人、账户管理人、托管人等专业机构。

(2)企业员工。企业员工是企业年金计划的受益人。在澳大利亚，如果成员数目在5名以上，50%的受托人应由雇员选出。在美国，企业员工在企业主限定的资产管理人范围中有自由选择资产管理人和投资产品的权力，但在澳大利亚，员工往往没有这项权力。

6.4.1.2 受托人

(1)企业年金基金会。它可以是独立法人，也可以是非法人组织，负责管理企业主和员工的一块独立的用做退休金的资产。企业破产或者员工清偿个人债务，都不能动用该基金的资产，从而保证养老金的安全。基金会是一种类似于股份制企业的组织形式，基金会的管理人是受基金所有人的委托而负责基金运营事务的，基金会又称为代理人或受托人。

(2)受托金融机构。它受托管理企业年金，可以是基金会也可以是其他专门管理机构(政府有关部门规定的合格的管理机构)，如信托机构、保险公司或银行。受托金融机构也简称为受托人。在澳大利亚，受托人是一个独立法人(single responsiblc entity)，可以是自然人委员会，也可以是拥有自己董事会的公司型组织，受托机构本着竞争、勤勉、谨慎、诚实和始终服务于成员的最大利益原则管理成员的资金。受托人可以自己进行养老基金的投资管理和账户管理，也可以选择专业投资管理机构、账户管理机构和托管人，并委托它们承担相应职能(注意这里是委托(outsource)而不是信托(trust)，这是两个不同的概念。“委托”只发生职能上的转移，不发生财产权的转移，而“信托”则要发生财产权的法律转移)，但受托人(作为第一受托人)要承担对基金管理的最终责任，为此受托人有对专业协作机构的监督义务。正因为受托金融机构或专门养老金管理机构的责任重大，一般情况下，各国政府对受托人都有严格的要求，不仅对他们的资产规模、资信有严格要求，而且对他们的管理水平和诚信也有很高的要求。

受托人的主要职责有：了解委托人的投资目标和限制，制定投资策略，对企业年金资产提出战略性配置意见；对账户管理人、资产管理人、投资管理人进行选择、监督和更换；对企业年金、计划运营情况、财务情况进行报告；定期向委托人、受益人及政府监管机构报告计划的运营情况。

(3)投资管理人。投资管理人是接受受托人的委托，负责企业年金的投资运营、保值增值的专业机构。

投资管理人的主要职责是：根据国家金融投资政策，按照受托指令，运作管理年金计划基金资产；坚持审慎投资人原则；运用资产负债匹配管理技术控制投资风险；建立企业年金基金风险准备金，及时、足额支付投资收益；计算基金资产净值并公告；保存基金的会计账簿和记录；及时向受托人及监管机构提交投资运作报告。

目前，投资管理人的潮流是向“一站购齐”方向发展，希望委托人(投资者)在转换投资产品时能够在自己所管理的投资基金品种中转换，而不会转到别的投资管理人旗下。投资管理人还有扩展其他职能的趋势，比如发起设立单位信托基金并承担建立受托人组织的职责、开展个人账户管理业务等。

(4)账户管理人。账户管理人指接受受托人委托，负责管理个人账户的专业机构。受托人不仅可以委托具有资格的企业年金账户管理机构负责年金账户。具备条件的受托机构，可以同时兼有受托人、个人账户管理人、投资运营机构的职能，但须在内部成立专门机构。

账户管理的主要职责是：负责处理企业年金计划的日常管理事务；建立企业年金计划的企业账户和个人账户；负责企业年金计划的供款收取和供款分配工作；负责企业年金个人账户的转移和信息变更；负责企业年金计划待遇的支付和发放工作；负责向委托人提供信息服务，年度收益报告及其他行政管理事务。

(5)托管人。托管人指接受受托人的委托，负责保管企业年金财产的商业银行或专业机构。企业年金受托人应当选择具有资格的托管机构托管企业年金基金，为了保证企业年金基金的安全，这个机构只能是独立的商业银行。

托管人的主要职责是：年金计划资产的保管；根据受托人的指令向投资管理人发出投资指令，负责办理托管账户下的资产清算；复核、审查投资管理人对年金计划资产的估值；监管投资管理人的投资运作；长期保存年金、全年会计账册和记录，向受托人、政府监管机构提供托管资产的情况。

6.4.1.3 监督人

监督人为政府监督部门或政府授权的监督机构，负责对企业年金制度的运营过程实施监督管理。

监督人主要有：(1)企业年金的主管部门；(2)资本市场的监管部门；(3)受托机构的监管部门；(4)税收监管部门。

从以上的阐述可以看出，我国企业年金基金投资管理采用委托投资的模式，由受托人依据《合同法》分别与账户管理人、基金托管人、投资管理人建立委托关系，委托三方管理运营企业年金基金，账户管理人、基金托管人、投资管理人分别履行各自的职责，相互制约，相互监督，可以有效地化解风险，使企业年金基金在新的机制和专业管理中安全增值。账户管理人、基金托管人、投资管理人在行政、财务上相互独立，账户管理人和投资管理人只下指令，不直接运用资金，基金托管人依据指令办理交割手续，但无权调动使用基金。

6.4.2 企业年金受托人的职责

由于受托人是企业年金运营环节中的关键主体，承担着“制定企业年金基金投资策略”，“选择、监督、更换其他管理人”等重要职责，是企业年金运作流程中的“牵头人”，需要指挥、调动、协调其他三方管理人，共同高效地完成企业年金的管理服务。因此，我们依据《企业年金管理试行办法》的相关规定，对受托人的职责进行详细论述。

根据《企业年金基金管理试行办法》第十三条规定，企业年金基金受托人应当履行下列职责。

6.4.2.1 选择、监督、更换账户管理人、托管人、投资管理人以及其他中介服务机构

企业年金理事会不是法人，这样对于理事会作为受托人，则不能亲自处理部分信托业务，而必须将账户管理、托管和投资管理都委托给第三方法人机构代理。法人受托机构也存在不能完全亲自处理信托事务的情况，法人受托机构在符合条件时可以兼任账户管理人和投资管理人。

企业年金基金受托人有责任为信托财产选择符合要求的账户管理人、托管人、投资管理人以及其他中介服务机构，由他们作为代理人处理相关的业务，双方的具体权利和义务应在书面委托合同中做出明确约定。为促使其他当事人恪守职责，安全稳健地管理、运用基金财产，防止其利用基金资产谋取私利，保证基金财产的完整、独立和安全，保护参加企业年金计划职工的利益，受托人应对其他当事人进行监督。监督范围包括其他当事人的企业年金基金管理行为和与基金管理没有直接关系但可能影响基金安全的其他行为。受托人对于其他当事人未按照书面委托合同中的约定履行代理责任或认为更换代理人更符合受益人利益的，应该终止其职责并予以更换。

6.4.2.2 制定企业年金基金投资策略

企业年金基金财产受托管理的目的，就是通过受托人对资产的管理活动，实现资产的保值增值。为实现这一目的，受托人必须为企业年金基金财产制定投资策略。制定的投资策略应包括确定投资目标、投资规模和投资对象三方面的内容。

制定企业年金基金投资策略，是实现企业年金基金保值增值的一个核心专业环节。企业年金基金的投资业绩80%以上来自于投资策略、资产配置决策。采取理事会受托模式的，鉴于企业本身投资管理专业人才和技术的相对有限，往往聘请公正、专业的投资顾问公司参与投资策略、资产配置的决策。采取法人受托模式的，鉴于委托-代理制下潜在的道德风险，无论是委

托人还是法人受托人，也聘请专业的投资顾问机构参与投资策略、资产配置决策，保证投资政策的科学、合理。

6.4.2.3 编制企业年金基金管理和财务会计报告

受托人受托管理企业年金基金，有义务编制基金管理报告和财务会计报告，编制有关报告是受托人的法定职责。编制企业年金基金管理和财务会计报告有利于委托人、受益人以及监管机构了解企业年金基金经营业绩、财务信息和行政管理状况，为委托人、受益人以及监管机构进行监督和更换受托人提供依据。企业年金基金管理报告是全面反映企业年金基金在一定时期运营情况的书面文件，内容主要涉及企业年金基金的投资管理、交费、支付待遇状况以及其他与基金管理有关的重大事项。虽然企业年金基金投资管理状况是基金管理报告最主要的内容，但不等同于投资管理人编制的基金管理报告，因为年金基金管理可能涉及多个投资管理人。基金财务会计报告是全面反映一定时期基金财务状况的书面文件，内容主要包含基金的资产负债情况、收入与支出状况、投资运营收益状况以及其他引起基金财产变化的情况。

基金管理报告、财务会计报告，是企业年金基金信息披露的重要内容，是对企业年金计划委托人(受益人)的应尽之责。

6.4.2.4 根据合同对企业年金基金管理进行监督

委托合同是约定受托人与账户管理人、托管人和投资管理人之间权利义务的书面文件，是当事人据以实施行为的基础，是确定当事人是否失职的依据。本项规定强调受托人应依据合同，主要是受托人与账户管理人、托管人、投资管理人之间签订的书面委托合同，对账户管理、托管人、投资管理人的企业年金基金管理活动进行监督。

根据企业年金的法规要求，企业年金基金受托人既是企业年金基金运营的中心环节，处于核心地位，也对企业年金基金负全责。受托人必须担当“审慎管理人”的角色，全程监督企业年金基金的运作。虽然账户管理人、投资管理人、托管人在企业年金基金管理中的非法行为各自承担，但是受托人如果履行监督职责不力而造成损失，受托人必须承担全部责任。

6.4.2.5 根据合同收取企业和职工缴费，并向受益人支付企业年金待遇

缴费是企业和职工依照年金计划和信托合同定期向企业年金基金缴费的行为，收取缴费是受托人履行受托职责的主要内容之一。由于我国企业年金基金实行独立托管制度，企业和职工的缴费并不直接划拨到受托人的账户上，而是划拨到基金在托管人处开设的专户上，但并不影响受托人收取缴费的职责。受托人收取缴费实际上是根据年金计划向账户管理人和托管人下达接受缴费指令和增加账户金额、基金财产的行为。受托人向受益人支付企业年金待遇也是其基本职责。受益人得到的企业年金待遇，包括企业年金基金本金和企业年金基金投资运营收益。具体的支付方式依照信托合同的规定，可以采取到期一次性支付，也可以采取到期分期支付。受托人支付年金待遇的行为和收取缴费的行为类似，受托人支付年金待遇实际上也是根据年金计划向托管人和账户管理人下达支付待遇指令、减少基金财产和减少账户金额的行为。

6.4.2.6 及时向有关部门提供基金管理报告

接受托管人、受益人的查询，定期向委托人、受益人和有关监管部门提供基金管理报告；在发生重大事件时，及时向委托人、受益人和有关监管部门报告。基金管理报告是全面反映基金在一定时期运营情况的书面文件。根据《信托法》第二十条和第四十九条的规定，委托人、受益人对信托财产的管理运用、处理及收支情况享有知情权。同时，企业年金基金受托管理应接受有关监管部门的监管，因此，受托人有义务接受委托人、受益人的查询，定期向委托人、受益人和有关监管部门提供基金管理报告。定期报告每年在规定的时间进行，规定的时间应根据有关规定，安排在发生可能对受益人的利益产生重大影响事件时，如涉及受托人、投资管理人、受益人和有关监管部门

的报告。

6.4.2.7 按照国家规定保存与基金管理有关的记录至少15年

受托人为受益人的利益在管理、运营和处理企业年金基金财产事务的过程中，对相关的基金管理记录要完整保存，其目的在于履行报告义务，为委托人、受益人和有关监管部门全面了解受托人处理基金财产的情况提供便利，使委托人、受益人和有关监管部门更好地对受托人的行为进行监督。由于企业年金基金的管理关系到所有相关企业职工的利益，事关重大，所以本项规定与基金管理有关的记录至少应保存15年。

6.4.2.8 国家规定和合同约定的其他职责

除《企业年金基金管理试行办法》规定的职责外，其他法律、行政法规以及劳动保障部、金融监管机构和信托合同也可能对受托人的职责做出补充和细化规定，这些也应成为受托人应履行的职责。

6.4.3 中国企业年金计划基本管理模式——信托型管理模式

根据中国目前的国情状况，企业年金计划的管理模式应以信托型为基本管埋模式。

我国信托型企业年金计划管理模式可以采取两种方式：由受托人担任账户管理人和(或)投资管理人的部分委托型管理模式(见图6-1)；由受托人选择账户管理人和投资管理人的全部委托型管理模式(见图6-2)；在两种企业年金计划管理模式中，都必须将基金托管人职能向外委托，对外委托基金托管人是保证企业年金计划资产独立性的最重要的制度安排。

6.4.3.1 部分委托型企业年金计划管理模式

部分委托型企业年金计划管理模式是由计划受托人独立承担账户管理人和(或)投资管理人职能。实施这种管理模式的前提条件是计划受托人具备账户管理和(或)投资管理的资格和能力。

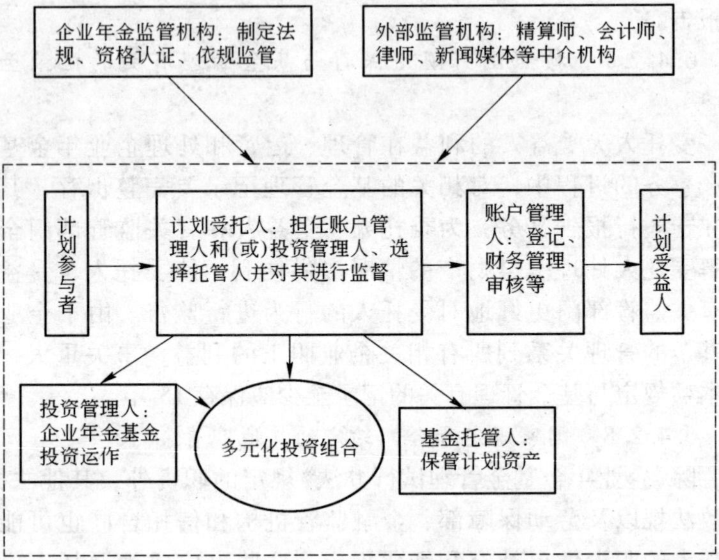

图6-2　全部委托型企业年金计划管理模式

部分委托型企业年金计划管理模式的优点是：计划受托人与账户管理人和(或)投资管理人合三(或二)为一，委托代理链较短，委托代理关系比较简单。但其缺点是：首先，计划受托人职责过大、过宽，不符合专业化分工协作的发展趋势，不利于投资效率的提高；其次，计划受托人承担的风险太大，不能分散管理者破产的风险；其三，对计划受托人的要求较高，受托人必须具备相当的投资决策能力和账户管理系统。

6.4.3.2　全部委托型企业年金计划管理模式

全部委托型企业年金计划管理模式是由计划受托人在企业年金监管机构已确认资格的范围内，通过招标方式选择账户管理人和投资管理人，账户管理人根据企业年金计划监管规则和委托合约进行账户管理和基金核算；投资管理人根据企业年金基金投资规则进行组合投资。在全部委托型企业年金计划管理模式中，计划受托人与账户管理人和投资管理人之间并非是全权委托代理关系，而只是在账户管理和投资管理职能方面的委托代理关系，计划受托人是最终的法律责任主体，承担最终的投资风险和破产风险。

全部委托型企业年金计划管理模式的优点是：第一，计划受托人、投资管理人、账户管理人之间职责分工明确，有利于实现专业化分工协作，提高基金运营效率，分散投资风险；第二，委托专业性投资管理人和账户管理人可以增加服务的竞争性，降低管理费用，增加管理的透明度，也便于从外部进行监督；第三，计划受托人作为信托资产所有权的代表，能够对投资管理人的投资行为形成有效约束。

但是，全部委托型企业年金计划管理模式也存在许多缺陷：首先，这种模式的委托代理链比较长，委托代理关系比较复杂，可能存在严重的信息不对称问题；其次，因为所有管理职能都聘请外部管理机构，企业年金计划受益人承担的管理成本较高；再次，这种管理模式的前提条件是各相关主体必须具有完备的内部控制制度和相当程度的行业自律，并且监管机构也必须有较强的监管能力。

6.4.4 企业年金投资管理模式

根据上述的中国企业年金基金的管理模式，我们可以根据企业年金的第一受托人对基金管理的方式分为间接投资管理型和直接投资管理型。

6.4.4.1 间接投资管理型

由于受托人的权责明晰和专业分工，确保了企业年金的增值效率与资产安全。这里间接的投资管理，主要是将第一受托人(基金会或年金管理公司)与投资管理人的职责分开。第一受托人的具体职责是协调各主体之间的关系，并承担微观运营的监督职责(相当于企业某项工程的总承包人)，承担最终的年金资产的运营责任(见图6-3)。

6.4.4.2 直接投资管理型

直接投资管理的模式是由企业年金保险基金会或第一受托

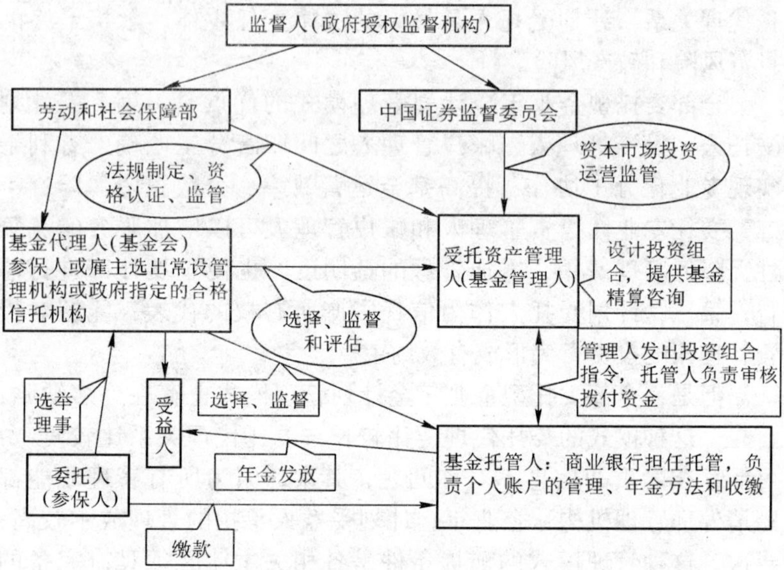

图 6-3　中国企业年金间接投资模式

人直接进行投资管理，基金会的内部机构设置中，设有投资管理部(见图 6-4)。

两种投资管理模式设计的主要差异是投资管理方式不同，如果由第一受托人(基金会或信托机构)内设专门投资管理部，则为直接投资型管理；第一受托人委托本机构之外的专业投资管理机构负责投资，则为间接投资型管理。在这两种管理模式中，从专业分工可提高效率的原则上看，专业化投资机构对提高企业年金资产增值的能力应该更好一些，而且增加了一道制约和监督环节，更有利于企业年金资产的安全，因此从这一角度来说，选择间接投资管理模式更为合理一些。

针对企业规模等因素的不同，企业年金基金的管理也可以有不同的做法。

方案一：由企业或行业协会设立养老金基金并建立受托人组织。受托人可自己管理账户，充分利用其与雇员先天的职业联系。而投资管理工作则应完全委托给专业资产管理人，因为

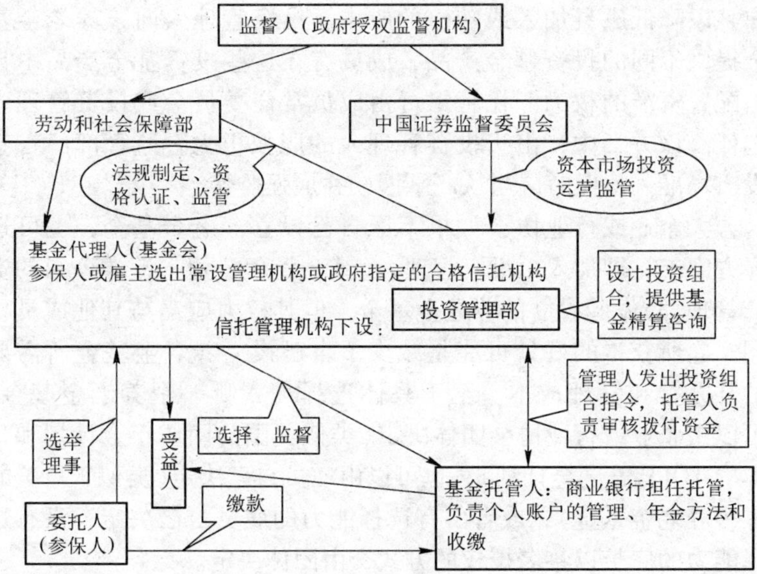

图6-4　中国企业年金直接投资模式

受托人自己缺乏专业人才和投资经验。为此，受托人有选择、监督、更换资产管理人和托管人的权力。投资管理人提供不同的投资基金产品，受托人有在这些投资基金产品中自由配置资产的权力。

方案二：对小企业、个体经营者等没有条件自己设立养老金基金和建立受托人组织的个体，可由政府授权的监管部门指定的合格的信托机构管理(如基金管理公司、信托投资公司、保险公司或证券公司)充当第一受托人，发起设立面向这部分市场的专门的企业年金基金。第一受托人可以自己独家承担或委托其他专业投资机构负责年金资产的投资管理工作。小企业、个体经营者自愿向该基金缴款，并选举成立成员常任委员会，承担委托人职能。成员常任委员会只有监督投资管理人的权力，没有更换投资管理人的权力。成员若对该投资管理人不满意，可以退出该基金和转入其他基金。投资管理人同时管理成员账户，以降低成员加入或转出的成本。投资管理人向该养老金基金提供不同的投资基金产品，成员有在这些投资基金产品中自由配置资产的权力。托管银行由成员常任委员会或投资管理人选任。该方案中，由于投资管理人的职权很大，监管部门在签发市场准入执照时应当从严掌握，并加强监管。

大企业或行业协会如果不愿自己设立养老金基金，也可选择方案二，即加入由投资管理人(基金管理公司、证券公司的资产管理部)发起设立的养老金基金，但其权力应当与其他成员相同。它所获得的好处可能是减少了自己设立养老金基金所需要的开办费和管理成本。至于具体选择加入哪一个养老金基金，可以由企业或行业协会团体决定(类似美国的团体年金计划和日本的TQPP养老金计划)，也可以由雇员自己决定(类似于拉美的零售养老金基金)，或者由有选择能力的雇员自己决定，没有选择能力的雇员以签名授权的方式交由团体决定。

对小企业、个体经营者等没有条件自己设立养老金基金和建立受托人组织的个体，还有一种可能，就是由银行充当受托人，发起设立面向这部分市场的专门的养老金基金并承担其托管工作。小企业、个体经营者自愿向该基金缴款，并选举成立成员常任委员会，承担委托人职能。成员常任委员会只有监督托管人的权力，但不能更换托管人。成员若对该托管人不满意，可以退出该基金和转入其他基金。托管人同时管理成员账户，以降低成员加入或转出的成本。投资管理人由成员常任委员会或托管人选任，向该养老金基金提供不同的投资基金产品，成员有在这些投资基金产品中自由配置资产的权力。由于中国目前实行分业经营，这种方式目前还难以推行。

此外，还有学者建议由中国现有的地方社会保险局充当第一受托人，这是不合理的。首先，地方社会保险局作为劳动和社会保障部在地方的分支机构，将来可能会承担一部分监管任务，监管各地区的养老金基金。那么，监管者就不能与被监管者(在养老金基金中举足轻重的受托人)合为一体。其次，依据

《信托法》，受托人对受托财产要承担民事责任和经济责任，而地方社会保险局没有这方面的能力。所以，地方社会保险局还是不要充当受托人好。但地方社会保险局有一定的个人账户管理能力，充当专业个人账户管理机构，主要服务于中小企业和个体经营者，也是能够发挥其作用的。

中国企业年金的管理架构是参照世界上通行的年金管理架构设计的。无论受托人之间如何进行权责分配，企业年金托管人始终是独立受托人之一。企业年金基金托管人的主要职责是：(1)保管委托人的资产，保障资产安全；(2)监督受托人(基金管理人)的资产运营是否规范；(3)负责基金的资金收付、投资交易的清算和基金资产的核算。

企业年金托管人是市场经济制度发展的产物，最初不规范的投资基金是基金管理人和托管人合二为一的，即基金管理人既发起设立与管理基金，又负责基金资产的保管与基金财务核算、监督。但在实践中，由于缺乏有效的制约与监督，造成了基金管理人的营私舞弊行为，直接损害了委托人的权益，为此逐渐演化出的资产托管人是市场经济发展的产物。托管人最重要的职责就是保障企业年金资产的安全。

企业年金管理人损害委托人利益的情况主要有以下几种：(1)基金管理人将自有资产与基金资产混合经营，时常发生侵占基金资产和利润的行为；(2)基金管理人不能自觉地按照既定的基金组合规则和投资限制进行资产运作；(3)动用基金资产进行商业银行信贷业务，并利用基金资产进行担保业务；(4)动用基金资产在证券市场进行违规操作和进行内幕交易；(5)财务核算不实，虚报和瞒报利润或亏损；(6)转移和诈骗基金资产。人们在长期的实践中逐步建立并发展了基金监督法律，并设计完善了符合基金内在发展规律的经营管理体制和运营监督机制。

从法律环境来看，设立企业年金计划和建立受托人组织需要中国有关部门制定专门的法律法规，规范企业年金计划参与各方的权利和义务。

6.4.5 企业年金账户管理模式

在图 6-3 和图 6-4 中，基金会作为第一受托人，在一些国家也是企业年金的账户管理人，或者是专业的法人机构——年金管理公司。中国也可以采用专业的年金公司来管理年金，但对年金公司的资质要求非常高，政府应对其进行严格监管或由政府来设立年金公司。年金投资人(参保人)参与变动年金的投资并不是直接进行一种或多种证券的投资，也不是直接投资基金。他们将企业年金资产缴纳给年金公司或年金公司下属的(账户管理人)资产托管人，有的国家养老保险机构设有专门的账户管理公司，或将账户的资产委托商业银行实行全国联网管理，收付企业年金。

成立专门的账户管理机构的最大缺陷是成本过高，账户管理不仅需要庞大的计算机网络管理系统，而且需要相当大规模的全国缴费和给付的网点，故中国不宜采用专门的账户管理机构。根据中国的现状，企业年金账户管理的选择应有两种方式：一种是利用现有遍布全国的社会保险管理分支机构来管理账户；另一种是利用全国网点众多的商业银行来管理账户。两者相比较，后者的设备更先进、效率较高，而且是利益中立的机构(既不涉及商业保险又不涉及社会保险)，故选择商业银行作为企业年金账户管理人更好一些。

根据委托人的投资选择权的状况可将账户管理分为两类：

第一种类型是由投资管理人提供各种投资组合工具供委托人直接选择，账户管理人将根据委托人选择的结果来划拨各账户资金。

第二种类型又可分为两种方式：(1)由第一受托人来全权代理投资选择，他们根据投资管理人的咨询意见选择投资组合。(2)全权委托投资管理人作出投资选择，而第一受托人根据投资管理人的业绩来选择投资管理人。

前一种类型是分账户选择不同的资产组合品种，这种方式的投资结果由委托人自己承担风险，而且各账户的投资结果(收益率)也是不一样的(参见图6-5)，这种方式需要委托人有较高的投资选择能力。后一种类型由第一受托人集中投资管理，尽管各账户的资产额存在差异，但各账户在相同的投资周期内收益率却相同。

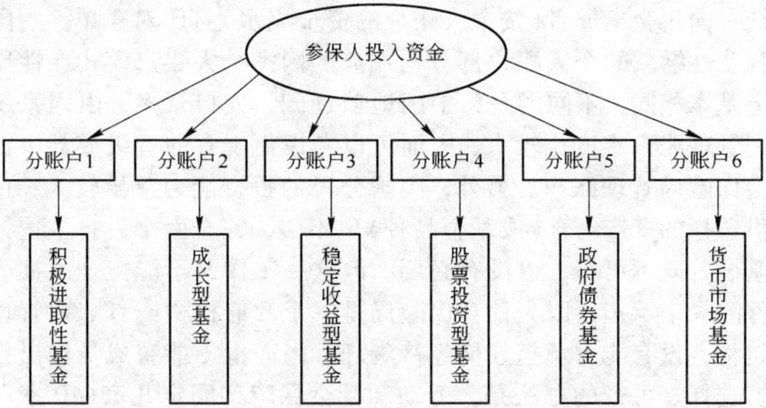

图6-5　委托人具有投资选择权的账户管理模式

从中国企业年金委托人的现实状况看，最好采用第二种类型的第(2)种方式进行账户管理。根据专家理财效率更高的原则，全权委托投资管理人进行投资，并对投资的条件作出一些限制，对投资管理人的资格进行严格控制，并依据对投资管理人的投资业绩评价的结果来挑选投资管理人。

6.4.6　企业年金管理模式的改革与发展

通过以上的分析，我们可以得出：对于企业年金管理的模式，有三种管理模式可供选择：

第一，政府招标选定年金资产投资管理人范围，个人再在这些资产管理人及他们提供的投资产品中选择。由于招标方式只适合指数化投资而不适合其他投资产品，而中国资本市场还不成熟，指数基金还处于试验阶段，仍很不成熟，因而这种模式具有一定的市场风险，选择这种模式的条件仍不具备，暂时还不可行。

第二，国家个人账户管理模式。由现有的省级或县级社会保险局收集缴款，个人选择基金，一年选择一次。省级或县级社会保险局汇总后统一向基金调派资金，统一管理个人账户，统一向年金参加者(按个人账户的资金流水)打印对账单。中国强制性缴款的个人账户部分与瑞典的国家个人账户模式在性质上基本相同，不同的是，中国地域辽阔，人口众多，由国家统一管理账户难度比较大，因而可以考虑由现有的省级或县级社会保险局管理账户。另外，中国公民的投资能力差异较大，可供选择的资产组合(或基金品种)也不多，完全由个人自主选择基金，既不可行，也没有必要。但这一工作又不能完全由社会保险局来承担，因为社会保险局是一个政府机构或者账户管理机构，没有能力承担任何经济责任，因而也不能替成员作出投资选择。可行的办法是，劳动和社会保障部圈定几家(10 家以内)资产管理人，各资产管理人再提供不同的投资产品，个人可以在这些资产管理人和投资产品中自由选择。有能力的自己选择，没有能力的在每年社保局发给的表格上填上自己的基本情况并签字授权社会保险局选择。

第三，强制性缴款的企业年金个人账户部分由社会保险部门监督企业缴纳，由企业或行业协会设立基金并管理个人账户，资金存放于托管银行，委托资产管理机构投资。这样社会保险管理部门可从繁杂的收费和账户管理工作中脱身出来，专心从事养老金基金的登记和监管。由企业或行业协会设立基金的优点是：成员相对固定，无需做广告和市场开发；成员与企业或行业有职业上的关系，便于信息沟通；基金由企业和员工代表共同管理，成员的利益可以得到保证。但缺点也是显著的：

(1)需要成立基金，并重新建立一套账户管理系统和成员服务系统，启动成本较高。(2)个体经营者和小企业难以加入到这一体系中来。(3)一个企业或行业中既有年轻员工又有即将退休的老员工，他们对投资风险和收益的偏好是不同的。但基金在投资时为了照顾老员工养老金资产的流动性可能作出保守的投资决策，这样就将损害年轻员工养老金资产的收益。解决的办法是，基金应当允许成员自由选择资产管理人和投资产品，或者在政府或雇主限定的一些资产管理人和投资产品中进行有限制的自由选择。不愿自己选择或没有能力自己选择的人则通过签字授权的形式交由受托人选择。

中国强制性缴款的个人账户部分可借鉴瑞典的国家个人账户模式，而企业年金也可实行强制性缴款的个人账户，由社会保险部门监督企业缴纳，由企业或行业协会设立基金并管理个人账户，资金存放于托管银行，委托资产管理机构投资。两种模式可以平行操作，互相竞争，以后哪种模式好就向哪种模式并轨。

6.5 企业年金基金投资运营中管理风险的控制

6.5.1 企业年金基金投资运营管理风险的控制

管理风险是由于投资者所雇用的投资代理人的决策失误给投资带来的投资回报的变化量。这种风险包括两个方面：一是由于委托代理关系引起的道德风险和逆向选择风险；二是由于企业年金各管理内部组织结构和管理制度缺陷引起的管理风险。本节主要针对这两个问题进行风险控制研究。

6.5.1.1 企业年金委托代理关系中投资风险的控制

(1)构建不同的利益主体间合理的关系框架。从目前我国已经形成的企业年金运作情况来看，由于没有严格而详细的制度规定，企业年金不同责任主体之间关系不清是当前企业年金发展中面临的突出问题。目前，中国正在热烈地讨论企业年金的信托问题。笔者认为，信托问题的关键在于从法律上明确各个利益主体的权利责任，从而在相关的利益主体之间形成合理的关系框架和充分制衡关系。建立企业年金之后，关键要成立一个真正能够对基金负责的机构。比较合理的做法是，首先建立由个人账户所有人所组成的代表大会制度，由代表大会选举产生日常的管理机构，如董事会，董事会的成员组成应当具有广泛的代表性，包括企业代表和员工代表，此外，还需有若干独立人士以及熟悉资本运作的专业人员。此外，必须建立明确的、可操作的、对违约责任进行处罚的法律条款。

(2)企业年金代理人竞争市场的形成。建立完善的代理人市场，引入竞争机制，从而可以形成对代理人的有效压力，形成代理人的自我监督和自我约束的市场机制。

为代理人市场引入竞争机制，可以从两个方面进行，一是建立企业年金基金投资绩效的评价体系；二是允许投资者自由转换年金基金，类似于开放式基金。在开放式基金中，投资者由于可以随时赎回资金，资金就会从业绩差的基金流向业绩好的基金。这样，业绩好的基金规模就会越来越大，经理人获利也越多；而业绩差的基金不仅没有新的投资者，而且原有的投资者赎回原有投资，甚至导致基金的清盘。

(3)完善资本市场。1996 年诺贝尔经济学奖得主莫里斯(Mirrless)认为，如果外界不确定因素(W)对代理人经营好坏的影响是在一个可观测的区间里，即便信息不对称，委托人也可以通过事前的警告和鼓励，使代理人不会选择较低的努力水平，从而使委托人、代理人都会获得满意的投资收益水平。通过许多国家的实践我们可以看到，如果资本市场是发达的，也就是说，因政策等引起的随机因素 W 是一个有边界的，有效的管理会使得企业年金基金投资管理人自觉地寻求多种投资方式组合，从而控制风险，实现委托、代理双方都比较认可的收益水平。因此，要给企业年金基金投资创造一个良好的外部条件，以避免不能满足莫里斯的 W 边界基本前提情况的出现，从而建立起有效的约束机制。

(4)建立企业年金行业协会，加强行业自律。行业自律是任何形式的监管所不可替代的，在行业内部应制定一些同行共同遵守的职业道德、行为规范以及信誉评级制度，由行业协会定期或不定期地对企业年金各个代理人进行检查或审查，一旦发现问题，立即进行全行业通报，并降低其信誉等级，情节严重者，撤销其营业资格，并向投资公众声明。这样的好处有：一是年金代理人的道德风险行为容易被发现；二是年金代理人从事道德风险活动的成本提高，因而从事道德风险活动的可能性减小。

6.5.1.2 构建企业年金各管理机构风险内控的组织结构

企业年金各管理机构都应该对企业年金基金的保值增值承担一定的责任，从而使他们加强风险内控，加入到企业年金基金风险管理的队伍中来。为了达到风险控制的目标，保障内控体系的有效运作，对企业年金各个管理机构风险内控机制在组织上的设计是至关重要的。构建一个有效的风险内控体系的组织框架可以参照以下基本原则：

(1)董事会对全体股东承担风险管理的最终责任，因而负责风险管理的基本政策和战略的制定；而风险管理必须经全部的负责人员自上而下地推动，尤其是高层管理者负责将董事会制定的政策与战略具体化为可操作的管理方案和组织形式。

(2)要建立起独立于前台的各业务部门的风险管理职能部门。在业务操作与风险管理上应该建立起有效地管理沟通机制。这种机制一方面要保证风险管理职能部门对前台业务部门在业务运作时的风险承担能够有效地监督和预警；另一方面又能保证各业务部门与风险管理部门能够就有关风险信息进行充分交流，确保风险管理部门基本职能的发挥。

(3)各部门应具有相互支持、共同控制风险的有效合作机制，尤其是内部稽核、法律、信息技术、人力资源等部门都应配合风险投资管理职能部门成为一个整体风险管理机制的有机组成部分。

6.5.2 企业年金投资的风险控制策略

目前，国外流行的对投资风险进行控制的策略主要有投资组合策略、利用金融衍生工具的风险管理策略、资产负债管理策略、风险回避策略等。这些风险控制策略虽然都是在国外取得成功的运用方法，但是由于我国企业年金基金投资的制度环境、资本市场还不够完善，其运用受到一定限制，但是不管怎么说，以上风险控制策略所反映的先进思想和理念对企业年金基金投资风险管理还是很有借鉴意义的。

6.5.2.1 投资组合策略

现代投资组合理论的中心思想在于：各项资产投资收益率之间存在着相关性，投资者可以利用这种相关性及投资品种所面临风险的差异性，通过投资多样化，减少投资总风险。

运用投资组合理论的关键就是如何选择相关性较弱、不相关，甚至负相关的资产建立投资组合，通过资产结构的多样化，实现最大限度地分散风险。这种多样化包括资产类型的分散化、投资时机的分散化等多种形式。

由于现代投资组合理论是建立在有效市场这一假设前提之上的，而我国的投资市场特别是证券市场的现状，使得全方位运用投资组合方法的时机尚不成熟。尽管如此，投资组合原理所反映的定量化思路和分散化投资的基本方法对企业年金基金投资风险的管理还是十分有用的。

6.5.2.2 利用金融衍生工具的风险管理策略

企业年金基金投资风险包括系统性和非系统性风险，运用投资组合理论进行分散化投资只能消除非系统性风险，而对系统性风险却无能为力。然而，由于制度缺陷，我国资本市场中系统性风险所占的比例远远大于非系统性风险。对于系统性风险，国际上一般是运用金融衍生工具进行风险管理。

衍生交易控制金融风险的方法并不改变原有基础业务的风险暴露趋势，而是在表外建立一个风险暴露趋势与原有业务刚好相反的头寸❶，从而达到表外业务与表内业务风险的完美中和。比如，一个经过精心计算的期货交易头寸能以较少的资金支出来抵消掉基础交易的风险，从而达到风险的中和。而期权交易还能在实现对冲风险的基础上抓住价格变动有利于自己的机会去赚取价格变动收益，并在价格变动不利于自己的时候继续避险。

利用金融衍生工具进行企业年金基金投资风险管理是以金融衍生工具市场的有效和年金投资管理者对金融衍生工具投资策略的掌握、熟练运用为前提的。

在中国现阶段还不充分具备这样的前提条件，因此，对它的运用必然受到限制，但是我们应认识到，金融衍生工具是金融发展的高级形式，是规避投资风险的有效方法，问题的关键是我们要建立一个成熟的、健康的金融衍生工具市场。

6.5.2.3　资产负债管理技术

关于资产负债管理技术的定义很多，比较普遍的说法大致可以这样表述：为了在可以接受的风险限额内实现其既定目标，而对其资产负债组合所进行的计划、协调和控制的过程。

简单地说，所谓企业年金投资中的资产负债管理技术就是选择一组资产组合，使其尽可能满足与负债现金流在总量、类型、数量、期限、风险上的匹配，并在总量和结构两个方面进行动态优化管理，从而减少企业年金基金投资的利率风险和流动性风险等。

在我国目前的资本市场，企业年金基金要充分运用资产负债管理技术来控制投资风险的条件还不成熟。我国资本市场还不发达，企业年金还不能根据负债的特点安排资产的结构比例。因为企业年金负债的期限都非常长，而我国的金融工具期限结

❶ 头寸是一种市场约定，承诺买卖外汇合约的最初部位，买进外汇合约者是多头，处于盼涨部位；卖出外汇合约者为空头，处于盼跌部位。头寸可指投资者拥有或借用的资金数量。

构偏短，以国债为例，(1991～2001年)大多为3至5年期，平均占56.4%，长期债权不多，这样就使得企业年金的资产负债匹配存在很大的困境。这样就限制了企业年金基金投资对资金负债管理技术的运用。

6.5.2.4 企业年金基金投资风险规避策略

对于企业年金投资活动的整体而言，除非不进行投资，否则便无法完全规避风险，但对于具体的时间、具体的投资对象和投资项目来说，却可以通过有效的分析来实现对较大风险的规避。

然而，企业年金基金要有效地运用投资风险规避策略需要有一定深度和广度的资本市场。资本市场的广度和深度主要表现在两个方面：一是市场的规模，如果没有一定的市场规模，巨额的企业年金基金就难以在有限的资本市场上做出合适的选择，规避不能承受或不愿承受的风险。二是市场结构，市场结构是指各种金融产品包括各种金融衍生品在内的比例关系，合理的市场结构是指各种金融产品平衡发展，可以满足投资基金的投资需求。但是从我国来看，无论是市场规模还是市场结构都不能满足投资基金规避风险的要求，因此，企业年金基金投资风险规避策略的运用也必然受到限制。

6.5.3 企业年金基金投资风险补偿机制

企业年金基金投资风险补偿机制就是当企业年金的积累不足或破产，导致企业年金持有人不能取得应得的年金待遇的情况下，运用预先建立的风险准备金或者事后筹集的资金，对年金持有人的损失进行弥补的机制。在年金待遇由工资收入水平和参保年数预先确定的DB型年金计划中，积累中不足的问题可以较好地理解，而且年金待遇由年金资产及其收益决定的DC型企业年金计划中，原则上不存在基金积累不足的问题，但由于一些企业年金有最低收益率或最低待遇保证的规定，还是可能出现年金资产无法清偿的情况，这时补偿机制就发挥作用了。

企业年金基金投资补偿机制在各个国家都有不同的制度安排，但是比较通常的做法是：当企业年金积累不足或是破产，用来弥补企业年金基金积累不足的第一笔准备金一般是由基金受托人、投资管理人提取的盈余准备金和管理费用的一部分，进一步的损失一般通过相互保险的制度安排来弥补。在这样的制度安排下，所有符合规定的企业年金都应该缴纳一定的保险费，以防止可能的基金积累不足。

在英国，1995年的养老保险法提供了企业年金基金投资风险补偿计划，该计划向所有已注册的企业年金计划收取保险费，并为年金计划提供不超过年金待遇90%的保障。德国自1975年以来就建立了企业年金保证基金。还有很多国家的企业年金基金投资风险补偿系统是在各个州的基础上建立的，如加拿大的安大略湖省建立了自有的退休金待遇保证基金。我国香港地区由企业年金监管局设立补偿基金，为计划中注册的任何成员的累算权益，就受托人和其他服务机构的失当或违法行为所导致的损失做出补偿。受托人须在每一财政年度按其计划资产净值的0.03%缴付补偿基金费。

当前中国企业年金投资刚刚起步，且金融市场运作尚不规范，这种巨大的反差使得有必要建立企业年金投资风险补偿机制。在设计企业年金投资风险补偿计划时，需要考虑很多方面问题，例如该计划覆盖的范围、补偿程度、责任范围、补偿形式等。一般说来，各国的补偿系统都把补偿程度限制在企业年金累积的责任之内，但其范围究竟是包括所有的基金积累的不足，还是只包括特定原因(如年金资产被欺骗、盗用或投资管理人失职)引起的基金积累不足，仍然是值得讨论的问题。如果把补偿的责任范围定得过宽，企业年金违规操作或冒险操作的概率将会很高，导致补偿计划成本增高，最后往往造成补偿计划破产。

因此，笔者建议我国企业年金投资风险补偿机制可以分为三个层次：第一个层次是由企业年金各管理人、责任相关人的自有资金和提取的盈余储备金和管理费的一部分建立风险准备金；第二个层次是利用保险机制，由政府设立专门的企业年金基金投资担保机构，为年金持有人的基本待遇提供保障；第三个层次是当企业年金行业发生整体性巨额亏损时，由政府财政出面兜底。其中第二个层次的投资风险补偿机制的责任范围不宜过大，如果第二个层次责任范围定得过宽，难免有一些投资管理者为自身利益，钻法律的漏洞，进行高风险投资，这样风险补偿计划的成本就会升高，最后导致投资风险补偿计划失败。

6.6 对我国企业年金投资的监管

6.6.1 对企业年金基金投资监管的重要性

由于企业年金基金的特殊性，各国都对企业年金投资管理实施相对于其他投资基金严格得多的监管。从企业年金的两大基本属性——老年经济保障属性和金融属性上看，一方面，企业年金作为养老保险基金的重要组成部分，为退休者提供“养命钱”，因此，基金的重要性和特殊性就突显出来了。另一方面，企业年金基金通过受托方式或合约方式与金融市场联系在一起，其受托性和投资风险就凸现出来。相对于缴费环节和领取环节而言，企业年金投资环节面临风险较大，因此，世界各国对企业年金基金投资监管往往被置于重点监管和优先监管的地位。

企业年金投资监管的含义为：国家授权专门机构，依靠法律准则和程序，对企业年金运营体系中的金融主体和金融活动进行监督和管理，以确保企业年金基金安全投资运营和资金的保值增值。

企业年金基金投资监管的内容主要包括三个方面，一是对企业年金基金投资主体的监管；二是对企业年金资产组合的监管；三是对投资业绩的监管。下面主要探讨前两项监管办法。

6.6.2 对企业年金基金投资主体的监管

6.6.2.1 企业年金基金投资主体的组织结构选择

从政府监管角度看，根据企业年金基金监管所涉及的监管主体的数量，大致有两种监管结构：分散型监管组织结构和集中型监管组织结构。

分散型监管组织，指由多个政府部门或金融市场的业务监管部门根据其职责分别执行对企业年金基金的投资监管职能；集中型监管组织，指由专门机构负责执行对企业年金基金的投资监管职能。这两种组织结构在发达国家和发展中国家均有应用，而发展中国家采用后一种组织结构模式的居多。其原因在于发展中国家国内市场体系不完善，金融制度结构比较简单，并且企业年金市场处于发展初期，客观上需要政府设立与国情相适应的专门机构统一监管，如很多拉丁美洲国家选择了智利的养老保险改革道路，建立了一个独立的机构全权负责对养老金的监管。

目前我国金融业的法律法规，在主流思想及机构设置上还是分业经营，分散监管的现状下，企业年金基金市场作为一个新兴市场，选择适宜的投资监管主体组织结构应考虑以下因素：一是企业年金的双重属性——老年经济保障属性和金融属性，决定了企业年金的法定监管机构和金融监管机构之间的合作；二是各种类型的监管机构可能参与企业年金的投资管理，在我国既定的机构监管模式下必然涉及各类金融监管业务部门；三是企业年金基金投资可能涉及跨金融部门的业务，在功能监管的要求下，也要各监管部门的合作。基于以上考虑，笔者建议利用既有的监管机构在我国建立牵头监管企业年金基金投资监管组织，其具体设想是：首先，劳动社会保障部负责制定企业年金基金管理有关政策，因为企业年金与国家基本养老保险体系，需要在政策、待遇水平增长等方面相互协调，在劳动社会保障部下设企业年金监管局，负责对企业年金基金管理进行具体监管。

其次，在金融部门的定期联席会议制度的基础之上，加强劳动社会保障部门与各金融部门的合作机制。一是组织一个专门的领导小组，由劳动社会保障部、财政部、银监会、证监会的保监会相关专业人员组成，负责研究和制定统一监管政策、法规，对各监管部门中交叉性问题进行协调，这样有利于企业年金基金投资监管的顺利进行。二是由企业年金监管局负责全程性和整体性监管，企业年金监管局既是监管的核心，也是全程监管和整体监管的协调者，全过程的信息都要在该部门进行汇总、登记和处理；而作为监督具体运营行为的证监会、银监会和保监会，则主要参与阶段性的监督活动和对参与主体的行为进行规范。

再次，为各个监管部门建立起有效的管理信息沟通机制。但由于监管信息在收集和运用中出现成本和收益不对称并导致搭便车的问题，因此监管机构之间信息共享机制在短期内还难以建立。

这种监管组织机构的优势在于：一是目标明确。因不同金融监管部门之间的监管理念与监管目标的差异可能会导致彼此之间的冲突。劳动社会保障部下设的监管局通过对全程性和整体性的监管，可以更好地实现企业年金投资监管的特定目标。二是通过合作提高监管效率。多个监管机构的存在，可能导致对有利监管对象的争夺，对交叉责任的推诿行为，但也会促进监管机构之间的竞争，提高监管效率。通过监管机构的定期磋商，相互交换信息，密切配合，有可能降低不利影响，又能发挥各自的优势。值得注意的是，这种组织也蕴含着巨大的风险，一旦有的环节没处理好，就会产生政出多门，相互扯皮、机构重叠、业务交叉、矛盾不断的局面。这样既影响了监管效率，增大了监管成本，又不利于实现宏观协调管理。对于我国企业年金监管制度框架应尽快从法律上明确年金监管机构间的责、权、利，建立有效的沟通和协调机制。

从《企业年金试行办法》的相关内容看，我国正是以牵头监管类型来构建企业年金基金投资管理组织的。由劳动保障部负责制定企业年金基金管理的有关政策，劳动保障行政部门对企业年金基金管理进行监管。受托人、账户管理人、托管人、投资管理人开展年金管理相关业务，应当接受劳动保障行政部门的监管。受托人、托管人和投资管理人的业务监管部门按照各自的职责对其经营活动进行监督。

6.6.2.2 企业年金基金投资管理人市场准入机制的选择

投资管理人是指接受受托人的委托，根据受托人制定的投资政策，为企业年金计划受益人的利益，采取资产组合的方式对企业年金基金财产进行投资管理的专业机构。在我国现行的受托模式下，投资管理人根据与受托人签订的投资管理合同，遵循受托人制定的投资政策，负责对基金进行投资管理业务是企业年金基金管理运作中非常重要的一环，关系到企业年金的保值增值，投资管理人无疑是投资监管的主要对象。

笔者认为我国企业年金投资管理人的市场准入方式的选择主要是对投资管理人资格的认定方式。资格认定是指符合既定的资格条件的金融机构，通过注册方式或监管机构审批的方式获得企业年金投资管理人的资格。

按照对养老金专业投资机构准入条件限制的差异，各国对投资管理机构的资格认定大致有两种模式：严格准入限制模式和审慎性管理模式。

严格准入限制模式是指国家通过相关法律、法规、政策，以及授权监管机构，对拟从事企业年金基金投资管理的投资管理机构实行严格的资格标准和条件限制，对年金专业投资机构的公司组建、法人治理结构、内部控制系统、投资专业人员等方面采取全面管理。这种模式源于市场准入许可制度，许可制度贯彻的基本原则是以政府部门的监管为主，其典型的特征是：专业投资机构，在各项条件都符合法律、法规要求时，若政府的主管部门不允许其从事企业年金投资管理业务，则该主管部门的决定具有法律效力和决定权。在市场经济国家中，实行这一制度的典型国家有东亚、东南亚和欧洲大陆一些国家。

审慎性管理模式是指由政府立法、制定政策，对年金专业投资机构的准入仅作一个基本条件要求，专业投资机构只要满足了基本条件，便可进入年金市场，与其他投资机构一起，在公开、公正、透明的市场环境下，通过竞争取得年金资产投资管理业务。

审慎性管理模式适合于经济发展比较成熟，金融体制比较完善，资本市场和各类中介组织比较发达，基金管理机构有一定程度发展、相关法律比较健全的国家。根据相关分析，我国尚不具备与审慎管理模式相适应的相关环境和条件。反之，我国在现阶段有必要对投资管理人实行严格的准入机制。首先，实行严格的准入机制管理有助于规范企业年金基金投资管理的非专业化、非市场化现状，以明确投资管理人的市场主体地位和专业化要求。其次，在制定初期，企业年金基金规模相对较小，如果完全放开基金的投资管理市场，势必引起过度的竞争，这一方面会降低基金投资组合的规模效益，另一方面会加大竞争成本从而摊薄基金的投资收益。所以，监管机构通过对企业年金基金的投资管理实行严格的准入制度，以保持基金投资管理市场的适度竞争性。再次，通过严格的准入限制，选择质量较高、经验丰富、投资业绩较好的专业投资机构进入市场，有助于企业年金的稳步发展，从而树立公众对这一新兴市场的理性预期和信心。最后，尽管我国企业年金基金治理采用信托模式，但由于国内企业规范年金投资管理中的委托代理关系的法律体系尚不够完善，难以保证受托人与投资管理人之间的委托合同，严格准入限制可以在一定程度上帮助受托人控制选择投资机构的风险。

从《企业年金试行办法》相关规定分析，我国企业年金投资监管更接近严格的限量式监管模式，但在具体做法上又不同于拉美各国，体现了我国的特色：

第一，对投资管理人实行双重许可证管理。投资管理人首先必须是经过相关金融管理部门批准设立的具有受托投资管理、基金管理或资产管理资格的专业投资机构。如，设立综合类证券公司、基金管理公司，须经中国证监会批准；设立信托公司，须经中国银监会批准；而保险资产管理公司，须经中国保监会批准。在此基础之上，投资管理人欲从事企业年金基金投资管理业务，必须在先获得其业务监管部门审核并同意的情况下，向劳动保障部门提出申请并获得其许可。

第二，资格认定标准突出企业年金基金投资管理的特殊要求。比如投资管理人在分业经营方式下从事企业年金投资业务，为了防范其他业务风险对企业年金投资管理的影响，在各部门金融法规的基础上，对不同的专业投资机构制定了不同的注册资金要求。如，根据《中华人民共和国证券法》的规定，综合类证券公司注册资本不少于5亿元人民币，当综合类证券公司作为企业年金基金投资管理人时，考虑到证券公司其他业务风险，所以要求其注册资本不少于10亿元人民币。

6.6.3 企业年金基金投资组合监管方式的选择

6.6.3.1 审慎人原则和数量控制原则

审慎人原则和数量控制原则是养老基金投资组合监管的两大原则。所谓审慎人原则，是指受托人在执行自己的职责时，要同处理自己的同类业务时一样勤勉、精明和小心。审慎人原则是一种行为和过程导向原则。首先，审慎人原则是一种投资理念，要求投资人以应有的谨慎态度进行投资，目的是确保投资多样化，保护受益人的利益，也让计划的发起人不致遭受偿付能力风险。其次，审慎人原则是评估投资的过程，而不是投资的结果，对投资过程的监控、检查和评估是审慎人原则的核心。

所谓数量控制原则是指监管当局为了在一定程度上确保对养老基金进行审慎投资，或者为了防范投资过程中面临的某类特殊风险，以定量的方式规定养老金的投资组合。数量控制主要体现在特定资产类别的最高（或最低）比例限制，单个投资项目的最高比例限制，资产和负债的匹配的程度要求，以及自投资和所有权的集中度方面的投资比重限制。

实际上各国很少单独采用这两种投资监管原则，而采用某种程度上的混合形式，如审慎人原则通常伴随着对自投数量限制，同时，数量控制原则也引进了安全性和获利最大化的概念。比如在实行审慎人原则的DECD国家，几乎都严格限制自投资，而拉美国家实行的也并非是纯粹的数量控制原则，还要遵守一系列的审慎人规定。总之，如果把审慎人原则认为是定性监管的话，数量控制原则可认为是定量监管，而定性与定量在何种程度上融合则取决于各国的实际情况。

我国在资产管理机构或基金投资经理上不能满足审慎人原则的要求。审慎人原则是一种投资理念，要求投资人以应有的谨慎态度进行投资，而我国现在市场上的机构投资者缺乏长期的、战略的基金投资理念，并难以在短期内运用该原则对企业年金基金进行投资组合管理。因此，我国在企业年金基金发展初期，一方面通过实行较严格的市场准入制，选择具备一定基金运营经验的投资管理机构从事企业年金基金投资管理业务，逐步培育审慎投资理念；同时制定明确的投资规则，加强外部监管来约束投资管理人进行审慎投资。

在企业年金基金发展的初期阶段，特别是在资本市场不成熟的情况下，规定较多的投资于政府债券的比例，不允许投资较高的股票和国外投资；随着资本市场的发展，再逐步放开禁止的投资领域，并逐步扩大高风险的投资比例。从我国的《企业年金试行办法》的相关规定上看，监管机构在强调企业年金投资管理时应遵循谨慎、分散风险的原则，应充分考虑企业年金基金财产的安全性和流动性，并在实行专业化管理的基础上，对企业年金的投资组合实行严格的限量监管。

6.6.3.2 对我国资本市场现状分析

在国外，企业年金基金的主要投资对象是资本市场的公司股票，其次是公司债券和政府债券。例如，美国企业年金投资包括储蓄、债券、股票、基金等多种投资方式，其中，投向以股票为主，约占401(K)计划资产的一半以上，雇员可以自行选择401(K)账户基金的各种投资项目及其组合，按照自己的意愿做出投资决策。英国企业年金基金投资管理人对股票的投资比例一直较高，平均在45%以上，并逐步提高国外股票与债券的份额。日本的企业年金投资方向包括国债、贷款、信托、动产信托、股票、不动产以及外汇证券等。而且上述国家投资的回报率普遍较高，一般都在7%以上，并没有由于投资风险而导致企业年金计划破产的风险。那么我国的情况如何呢？我们是否可以放心地将企业年金基金投资于中国的资本市场？中国的资本市场是否可以带给企业年金高的回报？下面就我国的资本市场做一些简要的分析。

(1)股票市场A股市值与GDP。自1993年以来，我国股票市场总市值迅速增长，从1993年的3328亿元增长到2005年的32430亿元，增长了近10倍，占GDP的比重从9.61%上升到17.79%。股票市场逐渐走向成熟。但是，同国外成熟的证券市场相比，我国的股票总市值占GDP的比重还比较小，股票市场的波动比较大，见图6-6。

作为一个新兴市场，中国股票市场既表现出高速的成长性

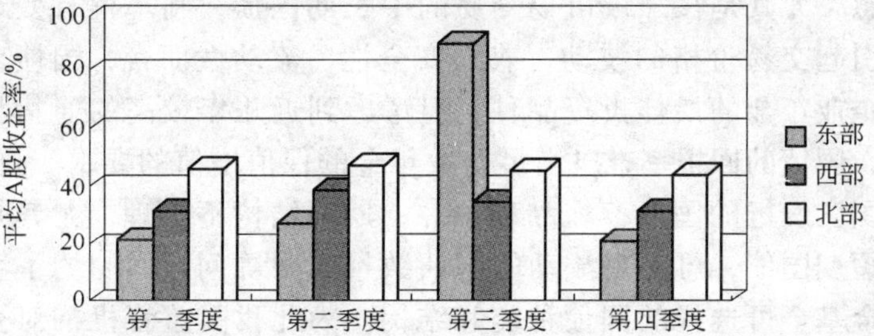

图6-6 平均A股收益率

发展前景，同时收益性波动较大。

从对833家上市公司(沪市)和其中的531家分红上市公司的统计分析可知，2004年上市公司平均每年净资产收益率(摊薄)为-19.8516%，风险指标(标准差)高达460.43351%，而平均年增产收益率(加权)也仅为3.0679%，风险指标(标准差)也近31.18445%，说明股票市场投资风险高，波动大。每股年平均收益(摊薄)为0.13996元，而每股平均年收益(加权)也仅为0.1580元，每股现金净流量为0.1223元。531家上市公司分红，只占到沪市上市公司的60.1359%，平均每股分红只有0.13633元。收益水平显然偏低。因此，企业年金基金投资需要做出一定的选择。中国企业年金基金进入中国的资本市场需谨慎操作，应尽量避免投资于历年业绩波动较大的股票，选择净资产收益率较高且稳定的股票进行投资，可以降低企业年金投资的风险。

(2)债券市场与GDP。中国自1981年恢复发行国债以来，债券市场得到高速发展，构筑了包括金融债券市场、企业债券市场、沪深两个交易所市场和柜台市场在内的债券市场体系。我国的国债规模越来越大，从1993年的1540.74亿元，增加到2005年的29631.00亿元，提高了19.2倍，占GDP的比重从4.45%提高到16.25%。

政府发行的国债往往是企业年金基金投资的较好选择。国债的高度信用使其几乎不存在坏账风险，但对利率风险却相当敏感，尤其是在二级市场交易的中长期国债，利率稍有变动便会引起交易价格的波动。兼顾安全性、流动性而言，国债市场是企业年金的最佳投资品种，但考虑到近几年较高的通货膨胀率，国债的回报率难以满足企业年金的保值增值的要求。目前，我国已发行的国债存在品种单一，期限结构不合理，尤其是缺乏短期国债，可上市流动的国债数量有限等问题，制约了企业年金基金可选择的国债种类和结构。为此我国监管机构对企业年金基金投资做出一些限定。

6.6.3.3 我国对企业年金基金投资做出的一些限定

(1)允许投资的范围及禁止或限制的交易方式。《企业年金试行办法》第四十六条列举了企业年金的允许投资范围：限于银行存款、国债和其他具有良好流动性的金融产品，包括短期债券回购、信用等级在投资级以上的金融债和企业债，可转换债、投资性保险产品、证券投资基金、股票等。

此外，还列举了禁止或限制的交易方式。如企业年金基金不得用于信用交易，不得用于向他人贷款和提供担保，不得进行使企业年金基金承担无限责任的投资。此外，出于防止相关利益人的冲突，投资管理人投资于自己管理的金融产品，应得到受托人的认可，受托人需要对投资管理人自己管理的金融产品进行分析和研究，若研究结果显示投资于该产品与受益人利益相符合时，可以同意；反之，应禁止投资管理人投资于该金融产品。

(2)投资比例限制。我国对投资比例的限制不是分别规定每类资产的百分比，而是采取了更为灵活的方式，即将投资范围内的金融产品按风险收益特征划分为货币类、固定收益类和权益类，对这三类规定一个综合投资比例。这一比例通常以各种投资产品的市价占基金净资产的百分比来表示，一般采取两种方式，最高比例和最低比例限制。

1)投资于银行存款、中央银行票据、短期债券回购等流动性产品及货币市场基金的比例，不低于基金净资产的20%；

2)投资于银行定期存款、协议存款、国债、金融债、企业债等固定收益类产品及可转换债、债券基金的比例，不高于基金净资产的50%。其中，投资于国债的比例不低于基金净资产的20%。

3)投资于股票等权益类产品及投资性保险产品、股票基金的比例，不高于基金净资产的30%。其中，投资于股票的比例不高于基金净资产的20%。

这三项规定，应该说基本上符合我们对中国资本市场运行情况的现状分析，符合企业年金投资必须遵循的安全性、流动性和收益性的原则。

为什么规定企业年金基金投资中，货币类产品的比例不低于净资产的20%？

货币类产品，包括银行活期存款、中央银行票据、短期债券回购等流动性产品及货币市场基金，该类资产风险很低，具有很强的安全性和流动性，符合企业年金基金风险承受能力较低且现金流入流出较为频繁的特征，因此，货币类产品的比例应不低于企业年金净资产的20%。

需要说明的是，中央银行票据是中央银行为调节商业银行超额准备金而向商业银行发行的短期债务凭证，其实质是中央银行债券，中央银行票据风险低，流动性较好。货币市场基金是指以货币市场投资工具为投资对象的证券投资基金，目前国内市场上的货币市场基金均是开放式，保持了较好的流动性。

为什么企业年金基金投资中，固定收益类产品的投资比例的下限为基金净资产的20%，上限为50%？

固定收益类产品包括银行定期存款、协议存款、国债、金融债、企业债、可转换债及债券基金等，它们的风险程度适中，收益稳定，投资于固定收益类产品有利于企业，年金资产的稳定增值。因此，固定收益类产品的投资比例的下限为基金净资产的20%，上限为50%。

固定收益类产品和货币类产品，将是企业年金基金投资组合中的主要品种。需要说明的是，协议存款是经中国人民银行批准，保险公司、全国社会保障基金理事会和养老保险个人账户基金与商业银行协商确立的利率水平、存款期限、结息和付息方式及违约处罚标准等条件，协议存款属定期存款，具有存款金额大(至少5年以上)，流动性相对较差等特点。债券基金是以固定收益类及货币类投资工具为主要对象的证券投资基金，收益风险适中，均为开放式，保持了相对较好的流动性。

为什么规定企业年金基金投资中，权益类产品及投资性保险产品、股票基金的比例，不高于基金净资产的30%，其中投资于股票的比例不高于净资产的20%？

权益类产品中，投资性保险产品和股票基金风险适中，股票风险较高，但权益类资产的预期收益均高于货币类和固定资产类资产，投资于权益类产品有利于提高企业年金资产的收益。权益类产品及投资性保险产品、股票基金的比例不高于基金净资产的20%，这样的规定主要目的在于控制投资风险。

需要说明的是，股票基金是指以股票为主要投资对象的证券投资基金，收益风险相对较高，目前股票基金分为封闭式和开放式，后者的流动性强于前者。

除了上述三项规定以外，对于单一证券和基金的投资比例也做了限制。

单个投资管理人管理的企业年金基金财产，投资于一家企业所发行的证券或单支证券投资基金，按市价计算，不得超过该企业所发行证券或该基金份额的5%，也不得超过其管理的企业年金基金财产总值的10%，这一规定的主要目的是控制企业基金的风险集中度。如果企业年金对某支债券或基金持有的比例过高，将造成企业年金基金市场价格风险和流动性风险。

这条规定实际上也限制了企业年金基金投资于本企业发行的证券，即自投资比例上限。国外经验表明，如果持有本企业的债券比例过高，当企业经营状况发生恶化时，会给企业年金财产和计划受益人带来巨大的损失。

综合上述讨论，可以看出我国企业年金基金投资监管更接近严格的限量监管模式。但在具体做法上不同于拉美各国，而是充分考虑了我国的现实国情，结合企业年金制度以及企业年金基金管理的相关要素，初步确立了我国现阶段的企业年金投资管理监管模式。

7 中石油某油田企业年金方案设计实例

本章以中石油某油田企业年金方案设计为例，说明企业年金方案设计的过程及其主要内容。

7.1 对企业内部情况的调查

7.1.1 总体思路及设计进度安排

为了保证调查研究的顺利进行，必须有一套总体的指导思想、有一份翔实可行的调查进度计划、有一种及时反馈意见修改方案的应急体系。

7.1.1.1 总体思路

由于本课题的实用性强的特点，笔者考虑实行“先从实际运作中提炼关键问题→再联系理论，从可以搜寻到的方案中寻找解决问题的办法，罗列各种实际存在的解决办法→调查同行业、同类型企业用这些办法解决问题的效果，提炼出较为稳妥、较为实用的办法→分析中石油某油田实际，考虑所有可能出现的问题，设想最终形成的企业年金方案→根据中石油某油田执行方案过程中出现的新问题，及时反馈修改意见”的总体思想。

7.1.1.2 调查进度

事先计划是做好一项工作的基本前提，笔者根据总体的指导思想研究决定了调查进度，如表 7-1 所示。

表 7-1 中石油某油田企业年金课题调查进度

研究阶段	研究时间	研究目的	完成情况
理论摸索阶段	2006. 11 ~ 2007. 1	掌握理论界的最新研究成果	已完成

续表 7-1

研究阶段	研究时间	研究目的	完成情况
提出问题阶段	2007.1~2007.3	找出企业年金方案运行中可能出现的各类问题	已完成
分析已有方案阶段	2007.3~2007.6	搜寻可能解决或者避免出现可预见问题的办法	已完成
走访同行业、同类型企业阶段	2007.7~2007.8	调查相似企业的执行办法和出现的问题，取其精华、弃其糟粕	已完成
形成最终方案阶段	2007.8~2007.9	总结调查研究结果，从备选方案中选择最合适的计划，形成最终方案	已完成
继续探讨、反馈、修改阶段	2007.10~2008.3	对已经形成的计划进行适应性修改	已完成

中石油某油田是国有大型的油气田公司，是国有大型企业，也是油气田企业，这两个特点应该在调查中体现。因此，本次调查的主要对象应当是国有大中型企业和大型的油田企业。笔者计划首先对中石油某油田进行实地考察，了解油田情况，弄清油田职工的需要，再针对国有大型企业的特点搜集、整理一些已经实行了的企业年金制度，最后再走访几个大型油气田公司，考察他们的企业年金计划，突出油气田企业的性质。

7.1.2 对企业内部情况的调查方式

要设计企业年金方案，必须先要充分了解该企业的具体情况，分析该企业建立企业年金制度的必要性和可行性，找出企业实行企业年金方案可能出现的问题。为了了解企业职工对企业年金的要求状况，笔者首先设计了调查问卷，对中石油某大型油田的主管人员、重要部门及各种类型职工进行了调查。

7.1.3 对问卷调查的总结

7.1.3.1 公司的基本情况

公司主要从事石油天然气勘探和生产、集输及储运、勘探开发工艺研究及规划研究等石油勘探开发核心业务。拥有油气资产原值229.60亿元，净值80.74亿元。注册油气勘探区域主要集中在冀中地区、内蒙古中部地区和冀南—南华北地区、山西沁水盆地等四大探区。

2000~2004年，公司生产原油2212万t，天然气26.99亿m^3，实现了储量替换率大于1的目标；公司累计取得科技成果558项，其中获省部级以上科技进步奖59项，获国家专利31项。纳税连续5年在河北省排名首位，为国家和地方经济建设做出了突出的贡献。先后被河北省评为重合同守信用企业、工业行业综合实力优强企业、厂务公开工作先进企业和思想政治工作先进企业等。

该石油管理局是中国石油天然气集团公司所属的集工程技术服务、生产服务、物业管理、社会服务和多种经营为一体的特大型国有企业。全局现有不同专业类别的下属单位60个，在职职工7.2万人，退休职工3.5万人，买断近3万人，全局固定资产原值54.54亿元，净值26.47亿元。

以下是中石油某油田公司人员年龄结构情况：图7-1和图7-2中，距离退休还有10年的员工共29820人，其中男性员工16320人，女性员工13500人。按照全局在职职工7.2万人计算，距离退休还有10年的员工占员工总数的41.42%。

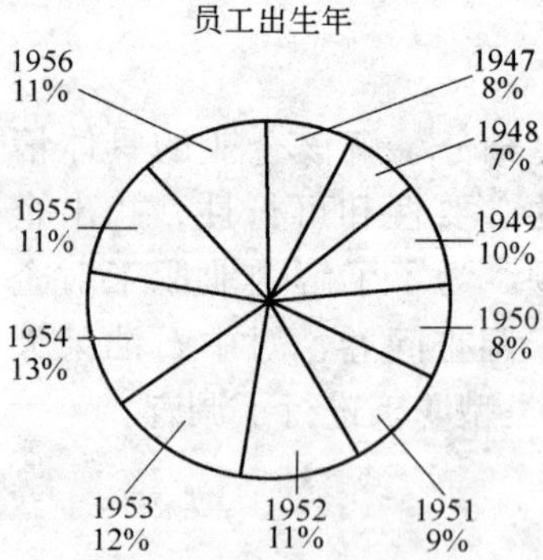

图7-1 距退休还有10年的男性员工分布情况

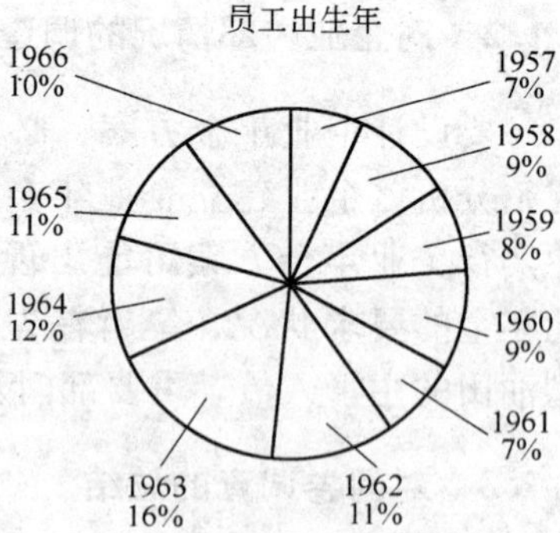

图7-2 距退休还有10年的女性员工分布情况

7.1.3.2　中石油某油田需要什么样的企业年金方案

在这次调查中，除了调查问卷以外，笔者还采取了与一线职工座谈、与社保部门领导座谈等多种调查方式。主要目的是寻找企业年金设计中的主要难点、重点问题，以便于有针对性地进行下一步调查和研究工作。

总结前一段时间理论学习所发现的问题以及对冀东油田考察后所发现的问题，笔者总结出了一份中石油某油田企业年金方案设计所必须考虑的重点、难点问题情况表：内容包括如何设置参加人员范围的问题；利益分配公式如何确定，应当考虑哪些要素；如何实现企业年金开始实施年度的平稳过渡问题；是否对低收入人群进行补偿；有没有必要设置个人缴费封顶线；是否设置“留存收益”科目；如何确定企业年金基金的监督与管理，如何确保基金投资运营的安全性；企业年金能否达到预想的替代率等。

这样，我们就找到了本次课题的主要研究内容和研究结果，以保证上述问题的解决，保证最终形成的方案能够避免出现大的误差，保证中石油某油田企业年金制度最后能够顺利实行。

7.2　走访同类企业调研

企业在设计企业年金方案时，仅仅考察自身的特点以及其他企业已经得到的经验和教训是不够的，还需要对与自身特点相似的企业进行调查，了解他们是如何实行企业年金计划的，他们在实行企业年金方案时出现了什么问题，他们又是如何解决现实中的问题的。对这些企业的调查可以使欲建立企业年金计划的企业充分了解各种方案的实际效果，预先认识到可能出现的问题，从而使他们设计企业年金方案有一定的依据。

为了能够突出中石油某油田的特点，也为了能从掌握的多种可选择方案中挑选出最适合中石油某油田的方案，笔者决定走访几个与中石油某油田公司性质、情况较为相似的企业。为此选定了冀东油田、四川油气田公司以及新疆石油公司作为调研的主要对象。这几个公司都是国有大型企业，都是油气田企业，都是企业年金方案实行了一定时期的企业。通过对这几个公司的调查，可以发掘出符合中石油某油田实际的因素，可以得到他们如何解决上述实际问题的经验，同时也能针对这几个公司运行企业年金的经验和教训做出提前的设计安排，使我们能够避免他们已经出现的问题。考虑到这三个公司所处的地理位置——河北、四川和新疆，笔者先对这三个省的企业年金政策作了调查和研究。这样做主要是为了剔除地理因素对企业年金方案带来的误差。

在调查中，我们主要解决了以下几个问题：

(1) 参加人员范围。大型企业，特别是转轨后的国有大型企业，其职工和历史问题所产生的人群主要有五类：在职在册职工、已退休人员、临近退休人员、内部退养人员、买断人员。其中在职在册职工、临近退休人员根据国家规定理所当然是企业年金规定范围的人群，已退休人员根据规定不能参加企业年金计划。因此主要问题出现在内部退养人员和买断人员：他们是否可以参加企业年金，他们是否有权力享受企业年金政策，如果把这部分人排除会不会造成大的影响，企业年金方案不设置这部分人的依据在哪？这些问题都从调研中得到了解答。

冀东油田实施的是一种较为模糊的范围定义，其企业年金的范围和对象是：公司和油田公司参加基本养老保险的单位及其原有职工、新增职工和子女合同工。但同时也规定：职工在内退、待岗、病休、借聘、带薪学习期间，仍可以享受企业年金。

在四川油田公司实行的企业年金方案中，是不包括内部退养人员和买断人员的。而且企业年金政策实施之后，也没有出现大范围的阻力。他们的主要理由是：国家政策规定买断人员是没有资格参加企业年金方案的，而内部退养人员占企业员工的相对数以及绝对数都不多，没有必要对他们再进行特例规定。

新疆油田公司的企业年金参加人员范围没有明确表述，但方案中包含了内部退养职工和因病提前退休人员，但不包括买断人员和退休人员。这主要是考虑内部退养员工还没有正式退休，而因病提前退休的人员虽然已经办理了正式退休，但由于工作年限不长，其养老金的额度也不是很大，为了保障这两部分人员的生活制定了这样的参加人员范围。

从掌握的其他国有大型企业的企业年金方案来看，多数都不包括买断人员和已退休人员，因此这两部分人在中石油某油田企业年金方案中也不加考虑。但是，从类似企业的调查中发现，这些企业由于都是老牌的国有大企业，因此都或多或少的存在一些内部退养人员，而这些企业也大都考虑了内退人员的实际需要，认为内退人员与企业没有脱离合同关系，应该还是属于企业的在册员工，为了保障他们的退休后收益不至下跌太大，大都把他们列入了企业年金计划的范围。调查得出，中石油某油田企业年金的参加人员范围应该是：连续工作满一年的在岗员工和内部退养人员。

（2）利益分配公式。冀东油田单位缴费记入职工企业年金个人账户的计算公式以职工上年度工资收入为主要因素，并且加入了指数化个人缴费工资的因素。其计算公式是：

$$M = S \times Q \times C$$

式中，M 为单位缴费记入个人账户的金额；S 为职工上年度工资收入；Q 为记入个人账户的比例 = 企业年金单位缴费总额/职工当年指数化个人缴费工资总和，其中职工当年指数化个人缴费工资 = $S \times C$；C 为工龄系数 =（本人实际工作年限 + 上年末企业职工平均工作年限）/（2 × 上年末企业职工平均工作年限）。

但是冀东油田企业年金方案中没有明确界定职工工资收入的范围，这也造成了实际运行中出现了一些提取混乱的问题。

四川石油公司的利益分配公式很简单：根据个人的工资份额把企业缴费部分分配到每个人的个人账户中，理由是工资总额已经考虑到个人的职位、职务、贡献等方面，如果再对其进行奖励显然是重复的。

新疆油田的企业补充养老保险目的是为了补充原行业养老保险与移交到自治区养老金保险后的待遇差而设立的，因此它的利益分配公式也是围绕这个目的而设计的，与大多数企业的企业年金不同。其计算公式为：

$$S = A \times B - (C + D)$$

式中，S 为企业月补充养老保险金；A 为本人退休前 36 个月的平均工资；B 为享受养老待遇的比例；C 为由自治区计发的基本养老金；D 为按自治区规定，因病提前退休，距法定退休年龄每提前一年递减 2 个百分点的基本养老保险金。

在新形势下，这种分配方式已经不符合有关规定和实际变化，所以新疆油田实际上也没有按照这种分配办法进行分配，而只是从 2001 年起每年按工资总额的 4% 提取了基金并进行了投资。

其他国有大型公司企业的办法中也有一些具有代表性的，例如考虑职务、工龄、特殊贡献、个人距退休年限等系数的办法，也有单独绝对数划归特殊贡献的办法。

笔者认为按照工资份额分配企业缴费是科学可行的。但是，以这种方式实施必须要明确工资收入的范围。只有这样才能解决这种方式下出现的某些小问题，例如一次性奖励是否纳入工资收入、年终奖是否纳入该范围、计发的福利是否算工资收入等。因此，笔者在中石油某油田企业年金方案的终稿中详细设计了工资收入的范围，明确界定了何种工资收入应当纳入企业年金个人账户的分配因素中，这也就避免了以后出现界定不清的问题。

（3）如何实现企业年金开始实施年度的平稳过渡问题。由于四川石油公司和新疆石油公司实行企业年金计划的时间是在 1998 ~ 2002 年之间，因此他们并没有出现过渡性的问题。这主要是由于 1998 年开始的养老保险改革，使 1998 年后退休人员的养老金收入低于 1998 年之前的退休人员。公司在这个契机下实行了补充养老保险，为 1998 年以后退休的职工增加了收入，因此他们不存在平稳过渡的问题。而冀东油田是2005年底开始实施企业年金计划的，可以说也正面临该养老保险体制的第二次改革，再加上冀东油田是较为年轻的油气田公司，人员范围不像老牌公司那么复杂，因此也实现了平稳过渡。

但是中石油某油田公司实行企业年金的时期正是养老保险的稳定期，如果2008年实行企业年金之初就出现两套办法的退休人员收入差距太大的话就会出现不稳定因素。因此笔者考虑，按照个人工资收入总额提取企业年金基金，2008年刚退休的人员账户积累并不多，因此退休后可以领到的企业年金也不会很多，这样就可以实现实施年度的平稳过渡。这也正是笔者没有考虑补偿低收入人群的一个因素。

(4) 是否对低收入人群进行补偿。这个问题几个公司处理不一：四川石油公司实行的是保底不封顶的政策，而冀东、新疆石油公司却没有保底封顶的政策。他们的企业年金状况却都比较平稳，运行也是较为良好的。

笔者通过调查发现，中石油某油田公司企业年金的分配方式规定为按照个人工资收入为划归因素，这一点从根本上决定了没有必要对低收入人群进行补偿。这也体现了企业年金的激励作用，工资收入是最能体现一个人对公司贡献程度的指标，按照工资收入的多少进行企业年金基金的划分，多贡献者多得，少贡献者少得，这是科学的。因此笔者认为，没有必要对低收入人群在企业年金上给予补偿。

关于低收入人群的企业年金替代率问题，笔者认为，低收入人群未退休前的工资水平就较低，因此参与替代率计算的基数就较低，所得出的替代率也是与高工资人群一样的。另外，即使划入个人账户的资金较少，按照预想的投资收益率得到的企业年金替代率也在15%～20%之间，不会出现替代率太低的现象。

(5) 有没有必要设置个人缴费封顶线。四川石油公司的个人缴费封顶线设置是一个比较有特色的规定，这也引起了笔者的兴趣。封顶线的设置是避免出现退休后企业年金太高的一个防范措施，另外，这样的设置也有益于公平性的安排。从企业年金实际运行的角度考虑，设置封顶线也不会出现退休后收入差距太大的问题。这可以说是一个有益的借鉴。

但是，由于石油行业的特殊性、石油勘探和采集的技术性与危险性，决定了石油行业的平均收入要略高于其他行业。因此设置封顶线的具体指标，是不应该按照全社会的数据的。笔者考虑，参照基本养老保险全社会的300%为封顶线，石油行业企业年金按照全局平均水平的300%设置封顶线可能是较为合适的。

(6)企业年金是否设立“留存基金”账户。这个问题是笔者在对国有大中型企业的企业年金方案的考察中发现的一个问题，有的企业设立了留存基金，主要用于记录企业年金运行过程中发生的资金盈余与资金短缺，同时也方便对特殊贡献进行一次性奖励。

实际上，无论是冀东油田还是四川、新疆油田，以及工商银行、河南省电力公司、云南锡业股份有限公司等，他们在分配企业缴费的时候必然会出现财务上的实际盈余，但是由于他们没有规定一个专门的账户用来计提这些盈余，因此有的实行一次性平均分配的办法，有的暂存于社保中心。

笔者考虑，中石油某油田企业年金应该设置“留存基金”科目。这个科目主要用于记录资金盈余与短缺。但考虑到是以个人工资总额作为分配的主要因素，特殊贡献在工资总额中已经有所体现，因此，笔者认为留存基金的主要用处不是再分配，而是用于企业年金运行中出现的误差，例如计提误差、投资误差等。这样，留存基金可能在以后会出现很大的余额，但是考虑到今后油田企业的企业年金会划归集团公司统一设计，因此可以将大额的留存基金用于最后按一定比例分配到个人账户中。

(7) 企业年金基金管理。四川油田的企业年金基金都是由公司内部的社会保障中心管理和运营的，而且他们的主要投资管理方式是定期银行存款。新疆油田的企业补充养老基金最初是由社保中心管理的，现正逐步移交给管理局、油田公司，存入集团财务公司，投资方式是除购买国债外全部存入国有商业银行。冀东油田仅规定按照国家有关规定投资运营，但实际操作中也同其他两个公司一样。这样做可以最大限度的保证企业年金基金的安全性，但相应的，企业年金的增值作用却被忽视了。

当然，有很多企业规定了其他的投资方式，例如：云南锡业股份有限公司就委托了投资公司对企业年金基金进行运营和管理，在保证资金保值的前提下，最大限度的实现基金增值。

对这个问题，笔者参考基本养老保险的受益率，认为如果企业有能力投资于其他营利性与安全性较好的项目，企业可以安排投资。但是，为了保证资金的安全性，应当按照资本运营规律约束投资项目：一部分基金存入银行作为长期存款；一部分基金购买国库券增加基金运作受益；一部分基金投资于其他营利性较好的项目上。这样的投资结构可以较好地保证资金的投资受益率，又能较为保险地保障资金的安全性。另外，按照《企业年金试行办法规定》也可以委托具有资格的投资运营机构作为投资管理人，负责企业年金基金的投资运营。

（8）企业年金的替代率问题。这三个公司是不考虑企业年金的替代率的，他们认为企业年金作为企业举办的补充性养老保险，其替代率的多少与参加年份、投入多少相应，没有必要规定必须的最低替代率。根据笔者提出的数据，中石油某油田社保局的工作人员进行了初步测算。按照个人按工资收入的2%、企业按全部职工工资总额的4%提取企业年金基金，加上基金管理投资受益率，中石油某油田的企业年金替代率基本上可以达到20%。当然，这个数值是与个人参加企业年金的年限联系的，并不是绝对的。另外，由于参加企业年金是个人自愿的，所以也没有必要对低替代率人群规定最低替代率。

总之，中石油某油田建立企业年金计划是人才发展战略的要求，是留住人才的重要手段，是完善绩效考核体系的要求，是提高劳动生产率和增强企业凝聚力的重要手段。企业年金制度的建立，分散了企业退休职工收入的风险，提高了保障的功能，防范了资金风险，确保退休保障的长期持续发展。在目前，国有大中型企业普遍实行企业年金制度，因此中石油某油田设计实施企业年金的时机成熟，势在必行。

通过调查得到了一些企业实施企业年金过程中的困难和遇到的问题，比照各个企业解决问题的办法，参照国家规定和地方政策的特殊性，对遇到的问题和难点一一解决。总之，经过中石油某油田企业年金方案设计的调查研究，笔者最终能够综合各个方面的因素，制定最适合中石油某油田的企业年金方案。

7.3 中石油某油田企业年金设计方案

下面是我们为中石油某油田设计的企业年金方案：

第一章 总 则

第一条 为了保障和提高职工退休后的生活水平，建立多层次的养老保险体系，调动职工的积极性和创造性，建立人才长效机制，增强油田凝聚力和创造力，促进油田健康发展，特建立油田企业年金制度。

第二条 油田建立企业年金制度的主要依据是：《中华人民共和国劳动法》、《中华人民共和国信托法》、《企业年金试行办法》、《企业年金基金管理试行办法》、《集体合同规定》和河北省企业年金的有关政策、规定。

第三条 实行企业年金的原则：

（一）企业年金是对基本养老保险的一种补充，是完善多层次养老保险体系的重要内容。要合理确定个人年金水平，综合考虑职工工作年限长短、职称（职务）和贡献大小等因素，确定单位缴费的分配。

（二）在符合提取年金基本条件的前提下，根据企业经营状况，合理确定年金缴费水平。

（三）企业年金实行企业和个人双方共同负担的原则。职工自愿参保，个人不缴费的，企业不补充。

第二章　组织管理与监督

第四条　成立中石油某油田企业年金理事会和企业年金管理委员会。

第五条　企业年金理事会，由参保企业代表、职工代表和受聘专家组成。其主要责任如下：

（一）负责本企业年金方案的制定和监督方案的实施，并对方案的解释和修改提出建议；

（二）配合政府养老基金监督部门的工作。

第六条　企业年金管理委员会成员由油田人事、劳资、社会保险、计划财务、工会、离退休办、法律事务、纪检监察、审计等部分负责人及职工代表参加。企业年金管理委员会下设办公室，成员由油田和下属各单位的社会保险部门组成，办公室设在中石油某油田社会保障局。主要责任如下：

（一）负责企业年金的组织与实施；

（二）负责企业年金基金的缴集、使用和管理，对企业年金计提、上划和使用情况进行年度预算和决算，及时向上级管理部门报告企业年金有关问题。

（三）负责参保企业和职工的数据管理、受益资格审定与证明；

（四）依据国家有关法律法规和政策，寻找基金投资管理的委托机构；

（五）定期为参保职工发送个人账户资金运营情况信息；

（六）为参保企业和职工提供咨询服务。

第七条　需指定专人作为企业年金管理委员会经办人，负责本机构企业年金的基本划拨、个人账户转移、支付、核算等日常管理工作。企业年金管理委员会经办部门需妥善保管企业年金相关文件资料、证明材料至少十五年，证明材料复印件在与原件核对无误后，需申请人、企业年金管理委员会经办人签字确认。

第三章 实施范围

第八条 职工参加和退出企业年金方案遵循自愿的原则。

第九条 凡与油田签订正式劳动合同1年以上(含1年)的职工(不包括试用期内职工)，已参加基本养老保险并履行缴费义务的，可以自愿参加企业年金方案。

2008年1月1日前已办理离、退休手续的职工不再加入企业年金制度。

凡符合条件并自愿参加企业年金方案的职工，需填写《中石油某油田企业年金方案参加申请书》，自觉遵守油田企业年金制度，并授权所在单位从其本人工资收入中代扣个人缴费、按照本方案的规定对其个人账户资产进行管理，经社保中心审核同意后，书面通知企业年金管理委员会经办人员，从次月起加入企业年金方案。

第十条 参保职工可以通过书面告知方式，自愿退出企业年金方案。

参保职工自愿退出企业年金方案，需填写《中石油某油田企业年金方案退出申请书》，由本人送交本单位社保部门审核后，转交企业年金管理委员会经办人员，从次月起退出年金方案。

参保职工退出企业年金方案后，一年内不得再次申请加入企业年金方案。

第四章 企业年金基金的筹集与管理

第十一条 企业年金由单位缴费和个人缴费共同筹集资金。

（一）企业年金单位缴费基数以在岗职工工资总额及内部退养职工生活费总额为基数，缴费比例为4%。单位缴费按照国家和河北省规定在工资总额4%以内的部分从成本中列支。

（二）参保职工以本人上年月平均工资收入为个人缴费基数，

个人缴费比例为2%。个人缴费由油田从本人月工资收入中代为扣缴，并按时记入个人账户。职工个人不愿缴费的，账户管理人不为其建立企业年金个人账户，并且不得享受企业年金单位缴费计入个人账户部分；职工中断缴费的，从中断缴费之月起个人账户不作缴费记录(包括企业划入个人部分)，也不计算缴费年限，其个人账户由账户管理人封存，储存额继续计息。

单位缴费比例及个人缴费比例、单位缴费的列支渠道如遇政策变动另行调整。

第十二条 当出现下列情况时，单位缴费核减或中止：

(一) 本企业破产，单位缴费终止；

(二) 本企业半数以上职工反对继续实施企业年金方案，单位缴费终止；

(三) 没有完成上级经营指标考核，被上级单位核减或停止单位缴费。

第十三条 企业年金基金按国家有关规定投资运营，投资运营收益并入企业年金基金。

第十四条 企业年金采取按月缴费方式，每月10~15日由各分油田将本单位和职工个人缴纳的金额交企业年金管理委员会办公室，再由其转交基金托管人。

第十五条 企业年金管理委员会应建立健全财务、统计制度，加强对企业年金的管理。企业年金的管理接受企业年金董事会和审计部门的检查和监督。

第十六条 二级单位、直属单位设立企业年金资金专户，用于企业年金资金的划拨。严禁任何单位和个人截留、挪用企业年金资金。

第十七条 企业年金不纳入企业经营报表，按非经营性资金单独管理，并按月向企业财务部报送企业年金报表，每年打印企业年金个人账户对账单，向企业职工公布个人账户企业年金结存情况。

第五章 账户管理

第十八条 企业年金基金实行完全积累，企业年金账户分为个人账户和企业账户。个人账户用于记录个人缴费部分及单位缴费分配到个人账户的部分，采用个人账户方式进行管理，个人账户号码采用职工本人居民身份证号码建立账户；企业账户用于记录企业留存基金部分。

个人账户余额支付完毕后销户。

第十九条 个人账户由三部分构成：

（1）个人缴费；

（2）单位缴费计入个人账户部分；

（3）基金投资净收益。

记入个人账户的单位缴费和个人缴费完全归入个人账户，由企业年金管理委员会选择投资管理人，进行投资运营。

基金投资净收益由当年投资营运情况决定。

个人当期投资净收益 =（当期企业年金投资净收益金额/当期企业年金投资金额）× 当期个人账户投资金额

职工当年末个人账户累计额为：以上年末个人账户累计额为基数，累加当年的个人缴费、单位缴费计入个人账户部分和当年基金投资净收益部分，累计额于下年第一季度末通知职工本人。

个人账户受益人根据国家有关法律规定和本规定对个人账户积累资本享有所有权和继承权。

个人账户受益人有权了解自己账户资金运营情况，每年可至少一次查询个人账户情况。时间定为每年第二季度。

第二十条 企业缴费的5%按月记入本企业账户。单位缴费未归属权益和收益分配尾差记入企业账户。

企业账户中的留存基金主要用于内退职工企业年金差距的补入及低效益年份差距补，以及经中石油某油田同意的其他用途。

第六章 单位缴费的分配

第二十一条 单位缴费，在提取留存基金后，剩余部分根据实际工龄、职务、贡献大小和距退休年限等因素按月分配到参保职工个人账户。分配公式为：

单位缴费划入职工 i 的个人账户金额 $= A \times 65\% \times \dfrac{C_i \times R_i \times P_i}{\sum_{i=1}^{n} C_i \times R_i \times P_i} + A \times 30\% \times \dfrac{D_i \times R_i \times P_i}{\sum_{i=1}^{n} D_i \times R_i \times P_i}$

式中，A 为单位缴费总额；C 为个人工龄系数；D 为个人职务(职称)系数；R 为个人距退休年限系数；P 为特殊贡献系数；n 为参保人数总数。

(一) 职务系数(职称系数)

职务系数以实际担任的油田内职务进行分类，见表7-2。

表7-2 职 务 系 数

代码	职称/职务	系数	代码	职称/职务	系数
1	局 级	3.0	5	科 级	1.3
2	正高级	2.5	6	中级技师	1.2
3	处级	2.0	7	其他人员	1.0
4	副高、高级技师	1.7			

(二)工龄系数

工龄系数依据实际工龄设置，工龄为1年的，系数为1；工龄为2年的，系数为2；工龄为3年的，系数为3；……以此类推。

(三) 特殊贡献系数

特殊贡献系数根据企业年金管理委员会当年公布的系数为准，特殊贡献系数的初始值均为1。根据油田企业年金留存情况，企业年金管理委员会发布通知，由各单位社保部门向企业年金管理委员会提交享受特殊贡献系数人员名单(特殊贡献系数享受办法另行规定)，经企业年金管理委员会审批后进行公示，公示无异议的，审核通过的人员当年特殊贡献系数记入单位缴费分配公示，进行当年单位缴费分配。

特殊贡献系数最高不超过5。

特殊贡献界定见表7-3。

（1）获得局级以上劳动模范的人员；

（2）获得全国“五一”劳动奖的人员；

（3）获得国家科技进步奖三等奖以上，省部级人员科技进步奖二等奖以上的人员；

（4）获得集团油田技能专家称号的人员。

表7-3　特殊贡献系数

代码	特殊贡献种类		系数
1	获得全国“五一”劳动奖的人员		5
2	获得国家科技进步奖的人员	一等奖	4
		二等奖	3
		三等奖	2
3	获得省部级科技进步奖的人员	一等奖	2
		二等奖	1
4	获得局级以上劳动模范的人员（不含全国“五一”劳动奖）		2～4
5	获得集团油田技能专家称号的人员		2～5

（四）个人距退休年限系数

油田按照目前已认定的出生年月进行足年足月计算，应在2008年退休的，个人距退休年限系数为3，以后每年递减0.2，2018年及以后年度退休人员系数均为1。

个人距退休年限系数认定后不再更改。依照个人距退休年限系数的出生年月计算，从到达退休年龄的次月起，个人距退休年限系数更改为1。

第七章　个人账户的转移、结算与封存

第二十二条　参保职工因个人原因离职的，其个人账户中

个人缴费部分本息完全归个人所有，单位缴费部分按照实际工龄对应的单位缴费享受比例，结算至离职日。单位缴费未归属权益并入本企业账户。

参保职工在油田实际工龄对应的单位缴费享受比例为：

不满5年的不享受单位缴费的所有权；

满5年不满6年的享受比例为50%；

满6年不满7年的享受比例为60%；

满7年不满8年的享受比例为70%；

满8年不满9年的享受比例为80%；

满9年不满10年的享受比例为90%；

满10年及以上的，享受比例为100%。

参保职工在退休前因正当理由离开企业或者在合同期满后离开企业时，次月起单位缴费终止，个人账户转移到其他经办机构，新单位没有实行企业年金制度的，其企业年金个人账户实行封存管理。

第二十三条 参保职工按油田章程规定，由用人单位强制解除劳动合同的，按个人原因离职处理；对油田造成损失的，按照损失金额扣减其个人账户中单位缴费及投资收益，并入企业年金留存基金。

第二十四条 参保职工自愿退出企业年金方案的，次月起单位缴费终止，个人账户实行封存管理。其重新加入企业年金方案后，次月起继续缴费。

第二十五条 因组织原因派往其他单位(油田境内关联企业、油田驻外机构或其他单位)工作的参保职工。新单位未建立企业年金制度的，其个人账户由油田继续管理；新单位已建立企业年金制度的，其个人账户可以在企业年金管理委员会封存，待其回来工作时继续缴费；也可以根据本人要求，其个人账户余额转入新单位企业年金方案中。个人账户单位缴费享受比例为100%。

第二十六条 参保职工在油田工作期间因公伤残后与油田

解除劳动合同的，单位缴费享受比例为100%。工伤认定以国家劳动保障经办机构认定的结果为准。

第二十七条 被派往其他单位工作、享受回油田退休待遇的人员，在办理回油田退休手续时，应将本人在其他单位的企业年金账户余额转入到油田企业年金方案中。

第二十八条 因其他原因停薪但未与油田解除劳动雇佣关系的参保职工，其个人账户在原单位封存，待重新起薪时继续缴费。

第二十九条 申请转出个人账户余额，需填写《个人账户转移申请书》，并提供接受转入的企业年金计划同意转入证明，由本人送交本单位社保部门，社保部门交由企业年金管理委员会经办人员审核无误后，予以办理个人账户转移手续。

第三十条 参保职工离职或因其他原因需结算企业年金个人账户资金时，由本单位社保部门书面通知企业年金管理委员会经办人员进行结算。

第八章 待遇支付

第三十一条 符合下列条件之一的，可以领取本人企业年金个人账户资金：

（一）经劳动和社会保障部门批准办理了退休手续的；

（二）出国定居；

（三）在退休前死亡。

第三十二条 参保人员退休后，不存在第二十三条列举的事项的，个人账户单位缴费部分按100%比例享受；存在第二十三条列举的事项，且情节严重的按第二十三条规定重新核定其单位缴费享受比例。

第三十三条 参保职工出境定居的，企业年金个人账户余额按照个人原因离职的规定结算，并一次性支付给本人。

第三十四条 参保人员在退休前死亡的，其单位缴费部分按100%的比例享受，个人账户余额一次性支付给其受益人或法定继承人。参保职工可以通过书面方式指定受益人。

第三十五条 申请领取企业年金待遇，需填写《中石油某油田职工领取企业年金待遇申报审批表》，并提供符合领取条件的证明材料，由本人、受益人、继承人持本人有效证件，送交企业年金管理委员会经办人员。由代理人代为办理的，需持本人和代理人的有效证件，以及本人签字的书面授权委托书。企业年金管理委员会经办人员审核无误后，予以办理企业年金待遇支付。

第三十六条 退休人员分十年按月领取本人企业年金待遇，特殊情况下经企业年金管理委员会批准后，也可以一次性领取。按月领取满十年后，退休人员可以选择继续按月领取至账户支付完毕，或一次性领取账户余额。一次性领取个人账户余额时，需由本人向企业年金管理委员会提出书面申请并签署承诺书，领取完毕后油田企业年金基金不再对其承担退休待遇支付义务。

按月领取期间，企业年金月领取标准为退休时个人账户储存额除以170，未发放的个人账户资金余额继续参与企业年金基金收益分配。

第三十七条 根据本年金方案认定的出生时间计算，从参保职工到达退休年龄的次月起，结算并封存个人账户，待劳动和社会保障部门审批退休后进行待遇支付。

第九章 附　则

第三十八条 本方案的解释权属于中石油某油田企业年金理事会。

第三十九条 企业每年定期将基金和个人账户情况向职工公布，并接受职工和劳动保障行政部门的指导和监督。

第四十条 油田出现兼并、解散、关闭破产等情况时，本《方案》终止实施，账户部分由账户管理人封存，储存额继续计息，待其达到领取条件时由职工个人一次性领取或分期领取。

第四十一条 油田所属单位出现亏损时，暂停缴纳企业年金，待有支付能力时补交或续交。

第四十二条 因订立或履行本方案发生争议的，由企业年金管理委员会与职工协商解决；协商不成的可以申请劳动仲裁机构进行仲裁。

（一）因企业年金缴费、数据管理和待遇支付发生争议，可以通过调解和民事诉讼渠道处理。

（二）企业年金管理委员会负责调解企业和职工之间因企业年金事务发生的争议；调解不成功的争议可以通过有关诉讼程序向人民法院起诉或不经调解直接向人民法院起诉。

（三）企业年金管理委员会因养老基金投资管理发生的争议，按基金管理有关法律和程序处理。

第四十三条 当国家政策、法律环境发生变化，导致本方案的条款与国家政策、法律相冲突时或本方案的条款不再符合委托人利益时，或者半数以上职工提议进行修改时，可以按照国家政策对本方案进行修改。修改本方案的程序为：

（一）通过集体协商的方式制订修改方案；

（二）书面通知中石油某油田企业年金理事会。

8 企业年金税收优惠政策

8.1 企业年金税收优惠政策的目标

税收优惠政策的功能是税收政策所固有的功能，即激励与约束。

激励就是激发与鼓励，是对参与者积极性的调动。这种作用的实质是以个体追求自身利益最大化行为假设为前提，实现整体目标。税收优惠制度的激励功能正是体现在对参与者行为的影响上。约束通常是指限制与惩罚，是对那些不符合集体利益的行为作出的抑制性反应，整体目标是约束的准绳，凡是与整体目标相悖的任何个体行为，自然就成为制度限制与惩罚的目标。

那么，企业年金税收优惠政策的整体目标是什么呢？

市场经济的行为主体包括政府、企业和个人，三者分别具有自己的行为方式及其特征，国家作为税收政策的权利主体，其行为及其特征取决于国家的利益目标和职能需要。从国家的利益目标来看，国家所追求的利益是整体利益或全民利益，而不是某一地区、某一企业、某一个人的局部利益和特殊利益。国家的一切行为都应该体现整体利益的要求，为实现国家的整体利益服务。税收优惠，作为国家主动放弃征税利益的特殊支出行为，究其行为动机是以个人和企业所追求利益最大化为假设，促使个人和企业去实现某些特定的社会经济目标。企业年金税收优惠的特定的社会经济目标是促进企业年金制度的发展，完善国家的社会养老保障体系。但是这一目标并非是终极目标，它应该构成国家整体利益即国家基本目标的一个组成部分，而且必须能够促进国家整体利益和全民整体利益的实现，不然，他势必失去立足之地。

8.1.1 税惠政策的直接目标：促进企业年金发展

从理论上分析，税收优惠政策降低了企业年金的计划成本。在西方国家，从雇主的角度看，支付给雇员企业年金与支付给雇员工资的税收待遇是完全一致的。福利和工资都是可以免税的费用。即对一位雇主来说，支付一笔100元工资的所得税效应等同于为雇员支付100元企业年金的所得税效应。因此，由于税收的优惠政策，雇主没有由于提供企业年金计划而增加额外的成本。对于雇员来说，与工资相对照，雇员福利在税收方面的好处是来自于雇员福利的所得税待遇。具体的说，存在税收利益的原因在于：(1) 从个人方面看，合格的企业年金计划的成本是不必纳税的，或者可以延期纳税，而工资在获得收入的当年就需要纳税。(2) 如果福利由个人来购买，雇员通常得不到同样的税收优惠。这样，由于税收优惠政策降低了企业年金的福利成本，促使更多的企业和雇员参加企业年金计划。从而有利于企业年金的推广。

从实证分析我们也可以看出，企业年金的发展和政府的税收支持是密不可分的。

在企业年金发展之初，资助这些计划的是公司的当期应税收入，缺乏税收支持，企业年金的发展受到限制。在企业年金规范发展时期，政府以税收优惠措施作为鼓励企业年金发展的重要手段。许多雇主设计的企业年金通常以最大限度地利用税收优惠政策为基础。20世纪50~60年代是企业年金计划普及的时代，1950年美国约有1000万雇员参加了企业年金计划，1960年更增加了2000万人。

在企业年金社会保障协调发展时期，一些国家给予企业年金计划全面的税收优惠，在客观上促进了本国企业为职工举办养老保险的积极性。例如，英国、荷兰、美国等国家的企业年金发展很快(这些国家的企业年金包括的职工占企业职工总数的比例都在40%以上，其中荷兰高达83%)，与这些国家的税收优惠政策有很大的关系。这些国家规定，企业向企业年金进行缴款和养老基金的投资收益可以免缴公司所得税。据统计，美国每年为企业年金提供税收优惠高达500亿美元，英国每年为企业年金的税收优惠为150亿英镑。在税收优惠的刺激下，许多企业参加了养老基金会。1990年，美、英、荷兰的养老基金资产分别占GDP的35%、55%、77%。但有些国家向企业年金计划只提供有限的税收优惠或不提供优惠，严重限制了企业年金的发展。例如，在丹麦，政府规定对企业年金基金投资收益超过3.5%的收益部分要征收44%的高所得税，这一规定严重限制了丹麦企业年金计划的发展。1990年，丹麦企业年金资产只占GDP的15%，远远低于美、英、荷三国水平。可见，没有税收政策的支持，企业年金很难大规模发展。

8.1.2 税惠政策的间接目标：完善社会保障制度

各国的社会养老保险制度虽然不尽相同，但是大部分国家都有一些共同特征，即这些制度都是强制的，都由现收现付的税制支持。目前，随着人口出生率的下降，人口寿命延长，人口老龄化成为全球普遍趋势。在人口老龄化的背景下，这一制度使政府背负了过分沉重的责任，国家财政不堪重负，不具备可持续性，如果不进行改革，制度的崩溃是迟早的事。这一制度的运行结果也显示了政府对养老金的过分干预的弊端，由于加重政府改革财政负担导致财政对基本建设、公共服务、教育等方面投资的减少，管理中的严重官僚主义导致社会保险运行机制的低效率、机构膨胀、人员增加、管理费用提取比例高、办事效率低下；与商业经营性的保险机构的资金运营相比，政府干预的社会保险计划的资金运营和投资管理经常处于低效率状态；个人对政府依赖性增强，劳动积极性降低。

从社会养老保险改革的趋势来看，许多国家都倾向于缩小社会养老保险的规模和替代率，以企业年金等形式来弥补社会养老保险所退出的空间。由于政府不承担企业年金的直接责任，由此可以减轻政府的财政负担；同时企业年金更多地采取市场化运营和管理方式，可以避免由于政府过多的干预带来的“政府失灵”现象。但是如何使习惯于依赖政府的企业和职工能积极参加企业年金计划呢？当然需要政府适当地引导，其主要手段就是税收优惠政策了。它能起到引擎的作用，迎合了企业和职员的需要。

8.1.3 怎样设计税收优惠政策来达到集体目标

企业年金税收优惠政策具有上述的正面效应之外，也会具有下面的负面效应。

(1) 加剧了个人财富分配的不平等。政府以税收优惠政策作为刺激企业年金计划发展的主要手段。而高收入者又是企业年金计划的主要参与者，高收入者通过缴纳较高的保费享受更多的税收优惠，因为保费从收入中扣除可以免征较高税率的税收，这样企业年金的税收优惠为高收入者避税带来了方便。同时，由于高收入的个人和行业纳税减少，在财政支出相对不变的情况下，势必会加重低收入者的税收负担。可见，在某种程度上，企业年金税收优惠使“富者更富，贫者更贫”，加剧了贫富不均。这不免会引起人们在企业年金税收优惠下对财富分配的关注，甚至有些人认为企业年金是富人的盛宴。

(2) 企业年金加剧了小企业和大企业竞争的不利地位。市场主体之间的竞争实力取决于各自的综合实力，如资金优势、管理水平、技术力量、员工素质等。企业年金计划常常作为人力资源管理手段被大企业运用，实行企业年金税收优惠政策使大企业得到国家的经济援助，其竞争实力得到进一步加强。而小企业在市场竞争中，由于其综合经济实力较差，本来就在竞争中处于不利地位，再加上由于其受资金、管理及其他条件的限制，参加企业年金计划的广度和深度远不及大企业，不能享受国家给予的企业年金税费优惠政策，这就使得小企业和大企业相比，在竞争中更处于劣势。

（3）减少了财政收入，造成税收收入流失。税收优惠政策是以政府放弃一部分本应收取的税收收入为代价的，大量的税收优惠使法定税率与实际税率严重背离，侵蚀了国家财政收入，造成政策性的税收收入流失。

怎样设计税收优惠政策来达到集体的目标，也就是怎样建立激励和约束机制来激发正向激励、控制负向激励，这就要研究我们税收优惠政策可能带来的正向和负向效应，尤其要重视该项政策本身所包含的负面作用。因为任何一项政策都是对其法律主体的权利和义务的设定，所以它本身就是政策设计者对各种主体利益的一种分配和协调，体现了政策制定者对这种利益分配的价值取向。在侧重特定或个别主体利益时，必然对其他主体利益有所忽略和损害，因此，任何一种改革都不可避免地存在着负面作用。问题的关键在于负面作用是否过大以及是否建立起相应的机制来消除或限制这种负面作用。

8.2 企业年金税收优惠政策的构成

企业年金税收优惠政策的构成包括：税收优惠政策的要素、税收优惠政策的要求，税收优惠政策模式。

8.2.1 税收优惠政策要素

在制定税收优惠政策时需要考虑以下问题：

（1）参加养老保险的员工向企业年金缴费时如何征税；

（2）雇主替雇员向企业年金缴费时如何征税；

（3）对养老金拥有的资产应如何征税；

（4）员工从企业年金领取养老金时如何征税。

要明确这些问题，就需要确定税收优惠政策的要素。税收优惠政策的要素构成了税收优惠政策的框架。它们回答了对什么征税、对什么免税、给予谁减税和减免多少税等基本问题，税收政策构成要素很多，在这里主要探讨其中的涉税环节和税收优惠扣除率。

8.2.1.1 涉税环节

企业年金有3个涉税环节：

(1) 企业或员工参加企业年金缴费的环节；

(2) 用所积累的企业年金基金投资的环节；

(3) 受益人领取养老保险金的环节。

8.2.1.2 税收优惠的客体和主体

税收优惠的客体是一个国家税收优惠政策的目的物，指对什么东西优惠税收。企业年金税收优惠政策所涉及的税种主要是所得税。它包括企业所得税和个人所得税，并且个人所得税的税基并非是个人所得税，通常仅限于薪金收入。所以受惠客体是企业所得税和个人薪金收入。

税收优惠的主体是税收优惠客体的对称，当课税主体享受税收优惠政策时就可以称之为税收优惠主体。受惠主体可以是法人，也可以是自然人。企业年金的税收优惠主体是参加企业年金计划的企业和员工。

8.2.1.3 税收优惠扣除率

税收优惠扣除率是指应优惠税额与课税基数之间的数量关系或比例，通常以百分比来表示。优惠扣除率是计算应优惠税额的尺度，决定着税收优惠的深度。在课税基数既定的前提下，国家税收的规模和纳税人的负担水平以及纳税人之间的税负是否公平，主要取决于优惠政策扣除率形式的选择及优惠政策扣除率设计的高低。企业年金的优惠扣除率常常采取比例税率。

8.2.2 享受税收优惠待遇的条件

为实现企业年金税收优惠政策的目的，发挥其激励和约束机能，限制其负面效应，就必须对享受企业年金税收优惠政策的资格、程度做出限制。如果对企业年金税收优惠程度不加以限制，就会导致过分强调效率而忽视社会公平，如果不对享受企业年金税收优惠政策的条件进行限制，就会使企业和个人滥用参与企业年金计划的名义，而不能实现建立企业年金计划的目标。可见，规定享受企业年金计划税收优惠待遇的条件，目的在于规范企业年金的发展。

通常，企业年金的税收优惠政策主要是从以下几个方面考虑其受惠主体是否合格：

（1）制定和实施计划必须以职工及其受益人的福利为唯一目标。

（2）在充分履行全部计划债务之前，计划资金不能挪作他用，养老金计划必须是永久的。

（3）计划的覆盖面必须达到一定数量和一定比例的员工，不得在待遇上和参加人员上偏向高收入雇员，即不能违反歧视性原则。

（4）对职工账户上每年的增加量和税前缴费数量要加以限制，超过规定的数量的职工缴费不纳入计划之中。

（5）对年金和工作情况的要求不应超过最低标准。

（6）对职工工作业绩的考核必须依据具体规定。

（7）在职工的工作年限达到要求时就可以享受企业年金。年金的给付必须依据明确规定的起始时间和持续时间。

（8）在确定缴费型计划中，必须为参保人设立个人账户。

（9）在计划合并、协商期或计划资金转账期，应计待遇和基金的增值必须得到保护。

8.2.3 企业年金税收优惠政策模式

企业税收优惠政策主要是针对企业年金的需求者制定的，为此可以从下列角度进行分析建模：一是实施企业年金计划的企业；二是实施企业年金计划的公司职工。所涉及的税种主要是所得税，包括企业所得税和个人所得税。

8.2.3.1 企业年金税收优惠政策与企业所得税

对企业来说，如果是DC计划，涉税主要环节是企业为职工缴费的环节，主要问题是企业为职工缴纳的养老保险费是否可以在规定的范围内作为费用支出从应税收入中扣除。

如果企业缴费能在应税收入中扣除，无疑能降低企业的福利成本，起到激励企业建立企业年金计划的作用，但是如果企业不将这笔资金作为企业年金缴费，而以现金的形式发给职工，在西方国家，同样可以在纳税前扣除。不过，对于企业来说，以现金的形式作为当期工资发给职工，虽然不如将同样一笔资金作为缴费而建立企业年金计划对员工的激励和约束作用更大，尤其是在许多企业都在实施年金计划的时候。

西方国家为鼓励企业推行企业年金计划，往往给予企业所得税的优惠，准许企业缴费在规定的额度和比例内，在应纳所得税所得额中扣除，并以较低的所得税率征收投资收益所得税。

8.2.3.2 企业年金税收优惠政策与个人所得税

在西方国家，企业年金计划的运行一般包括三个环节：由企业或职工交纳养老保险费；通过企业年金基金投资获得回报；从企业年金基金及其投资回报中支取养老费。个人所得税的征缴、减免和以上3个环节都密切相关，涉及企业和职工缴纳的养老保险费是否作为当期个人收入的一部分缴纳所得税；在第二个环节涉及企业年金基金的投资回报是否作为当期个人收入的一部分缴纳个人所得税；同样，在第三个环节，涉及职工领取的企业年金是否作为个人所得缴纳所得税。上述3个步骤中的企业和个人的保险缴费、投资回报和退休应领取的企业年金收入为征税提供了可能，政府对企业年金的优惠也主要体现在这3个环节上。

这3个征税点不同的征税方式组合成几种不同的企业年金税收模式。如果用E代表免税，以T代表征税，根据3个可征税点是否征税可以列出5种征税组合的效果。在这个组合中，我们均假定，用于养老金积累的均为100，距离退休年龄为5年，只征收25%的收入所得税，拥有10%的投资回报率，同时不存在通货膨胀，见表8-1。

表 8-1 企业年金不同税收模式

项目 \ 模式	A(EET)	B(TEE)	C(TTE)	D(ETT)	E(EEE)
(1) 用于养老金积累的个人收入	100	100	100	100	100
(2) 个人所得税		25	25		
(3) 企业年金缴费	100	75	75	100	100
(4) 5 年基金净收入	61.05	45.79	32.67	43.56	43.56
(5) 退休时企业年金个人账户收入	161.05	120.79	107.67	143.56	143.56
(6) 对基金收入的税收	40.26			35.89	
(7) 返还养老金总收入	120.79	120.79	107.67	107.67	143.56

(1) 模式 A。该模式对养老保险费、养老金基金回报免税，对返还养老金总收入征税简略表示为 EET 型。在交纳个人所得税时，用于养老金积累的个人收入可被扣除，但是在 5 年退休后所得的总收入将课征个人所得税，退休时基金收入为 $100\times(1+10\%)^5=161.05$ 元，缴纳 25% 的所得税后返还的养老金总收入为 120.79 元。在这种模式下，储蓄后纳税导致的个人收益率同纳税后即时消费的个人收益率相等，即用于养老金积累的收入为 100 的人，可以选择即时消费(消费值为 $100-25=75$)，即时消费的终值为 $75\times(1+10\%)^5=120.79$。与这种模式下参加养老保险的养老金返还额相等。这种税收模式事实上是对个人推迟支付收入、推迟征收个人所得税的形式，即将一部分收入及其投资回报应纳的税赋推迟到退休年金征收和缴纳，对企业年金计划的建立有一定的促进作用。

(2) 模式 B。这种模式对养老保险缴费征税，对企业年金基金投资回报和返还养老金总收入免税，简略表示为 TEE。用于年金积累的个人收入须同其他收入一样交纳个人所得税，因而税后只有 75 个单位用于企业年金积累。投资回报和养老金总收入免税计算的养老金总收入为 $75\times(1+10\%)^5=120.79$。同模式A一样，储蓄后纳税导致个人收益率同纳税后即时消费的个人收益率相等。其中，对基金收入免税起了关键作用。这种模式对鼓励企业年金的建立有一定作用。

（3）模式C。该模式对养老保险缴费和基金投资收入征税，对返还养老金总收入免税。简略表示为TTE。这种模式在征收个人所得税时没有将养老保险缴费扣除，对投资收益全部征税，与模式A和B不同，这种税收模式使得储蓄后纳税导致的个人收益率低于纳税后即时消费的个人收益率。模式C的个人投资回报率为 $10\%(1-25\%)=7.5\%$，返还养老金总收入为 $75\times(1+7.5\%)^5=107.67$ 元，无疑，该税收模式会挫伤建立企业年金的热情。

（4）模式D。模式D对基金保险缴费免税，对企业年金基金投资回报和返还养老金总收入征税，简略表示为ETT。对养老金总收入的征税和对养老保险缴费的免税与对养老保险缴费的征税和对养老金总收入的免税替代，这种模式的最终结果与模式C相同，其储蓄后的纳税导致的个人收益率低于纳税后即时消费的个人收益率，因而也会挫伤建立年金计划的热情。

（5）模式E。该模式对养老保险缴费、企业年金基金投资回报和养老金总收入均予免税。其最终结果是储蓄导致的个人收益率高于纳税后即时消费的个人收益率，个人收益率为13.8%，返还养老金总收入为 $75\times(1+13.8\%)^5=143.56$ 元。这种模式对企业年金的发展具有相当大的积极促进作用。

8.2.3.3 企业年金税收模式的国际比较

对养老保险缴费、企业年金基金投资回报和养老金总收入这三个可征税点征免税的不同组合在工业化国家都是存在的。但是由于社会保障体系不同，具体国情不同，通货膨胀的存在，现实生活中的企业年金税收政策及其立法要比上述各模式复杂得多。笔者对澳大利亚、奥地利、比利时、丹麦、荷兰、法国、德国、韩国、瑞典、瑞士、英国、意大利、美国、日本等国对企业年金税收政策进行了比较。从比较结果可以看出：

(1) 企业年金税收优惠政策多为 EET 模式。绝大多数国家对企业年金的缴费是给予减免税优惠的，无论是企业缴费，还是职工个人缴费。

对于企业年金的投资回报，大多数国家给予免税，即使不免税，也给予低于通常所得税税率的税收待遇。

对于个人领取的养老金，一般都作为应税收入征收个人所得税，但部分也给予了减税的待遇。

对于企业年金给付的方针政策，通常按年金的方式给付和一次性给付方式有所不同。在一些国家，在退休之前不允许领取年金，如若提前领取，将支付惩罚性税收；而在另外一些国家，在退休时一次性领取养老金给予免税待遇或只缴纳比正常税率低很多的税。这主要是由于退休职工从企业年金计划一次性提款之后，还要将这笔资金存入寿险公司或其他金融机构，以后再以年金的形式从这些机构领取养老金，当他们每年领取养老金时再按税法规定缴纳所得税。所以，为了避免重复课税，有些国家规定对于一次性领取企业年金给予税收优惠。

可见，大多数国家对企业年金的税收政策与模式 A，即 EET 型相近，即通过税收减免政策推动企业年金计划，起到推迟消费的作用。这种模式已经在各国运行了很长时间。

(2) 对企业年金计划给予税收管制

企业年金计划要享受税收优惠，税务部门通常会规定应满足一定的条件。这种条件主要有：1) 对于 DC 计划规定了最高缴费水平；2) 规定能够达到参加税收优惠企业年金计划职工的最高水平的限额和参加的资格；3) 对举办企业年金计划抽回资金的限制；4) 对领取企业年金基金的年龄和其他条件的限制；5) 对企业年金基金积累权益转移应遵循的有关规定。

政府要鼓励企业年金的发展就应确保不会由于企业年金给企业和个人带来更沉重的税收负担，并尽量给予一定的税收优惠的同时，政府一般也会对企业年金方案设计和运作施加一定的限制，以避免企业滥用税收优惠政策实现其他目的。

8.3 中国企业年金税收政策的现状和问题

8.3.1 中国目前企业年金的税收政策

和西方国家对企业年金支持的力度的相比，中国政府显然对企业年金认识不足、支持不够，其中主要表现在中国企业年金缺乏税收优惠政策的足够支持。下面从企业年金的缴费、投资收益和领取养老金三个环节来分析目前中国企业年金的税收模式。

8.3.1.1 筹资中的税收政策

（1）对于企业缴费的税收政策规定。关于企业缴费是否享受企业所得税优惠有一些相关规定。

2001 年 3 月 8 日，根据国务院《关于印发完善城镇社会保障体系试点方案的通知》（国发[2000]42 号）中规定，部分经济效益好的企业为职工建立的补充养老保险，缴纳额在工资总额 4% 以内的部分，准予在缴纳企业所得税前全额扣除。其后，2003 年 2 月财政部下发的《关于企业为职工购买保险有关财务问题的通知》（财企[2003]61 号）文中也有类似的规定。

（2）对于个人缴费的税收政策。对于在个人参加企业年金计划时，个人为企业年金缴费是否免缴个人所得税及缴费在多少百分比率内可以享受免缴个人所得税的政策仍然没有明确规定。为此，实际执行时，为企业年金的个人缴费视为工资、薪金所得计征个人所得税。

8.3.1.2 企业年金养老金给付方面的税收政策

目前尚未颁布明确的税收政策。一部分人认为，根据个人所得税法的规定，将“按国家统一规定发给干部、职工的安家费、退职费、退休工资、离休工资、离休生活补助费”列入免税范围。由此可以理解为对职工所得企业年金给付补充免征个人所得税。

但是针对一些地方或行业企业年金的给付，国家税务总局出台了一些相关的税收政策，显示了不同的意向。国家税务总局认为，职工取得的类似于企业年金给付的收入应按照“工资、薪金所得”应税项目计征个人所得税。可见，在企业年金的给付方面由于缺乏具体的规范的法律法规，在实际中具体操作五花八门，相互矛盾。

8.3.2 中国企业年金税收政策问题分析

无论是理论界还是实务界都认识到税收优惠政策是企业年金的“引擎”，企业年金的发展需要政府税收政策的支持，但是却在理论上缺乏对企业年金税收优惠政策的研究，在实务上企业年金税收优惠政策也处于混乱状态。

中国企业年金税收政策的问题主要有：

8.3.2.1 尚未确定采取的税收优惠模式

总体说来，我国企业年金的税收模式还未成型。迄今，我国对企业年金税收方面的优惠政策仅明确了企业缴费在工资总额4%以内的部分可以从成本中列支，而且这一政策还只是在少部分省市实行，一些省市出台的优惠政策和中央的政策并不一致。

对参加企业年金的个人更没有明确税收优惠模式是采取EET还是TEE，抑或是EEE模式，个人所得税方面缺乏明确的优惠政策，导致个人缺乏企业年金的热情，更多的希望及时领取现金收入，而不是将来的养老保障，以此来规避政策变动的风险。

8.3.2.2 对税收优惠水平缺乏论证

企业缴费在工资总额4%以内的部分可以从成本中列支，给予4%的优惠率够不够？是否足以支持企业年金的20%的目标替代率？并没有进行充分的论证。事实上工资总额4%的缴款，即使投资效益较好，其积累额根本达不到20%的目标替代率(后面有说明)。

8.3.2.3 缺乏对享受企业年金税收优惠政策资格的限定

我国仅在1995年劳动部印发的文件《关于建立企业年金补充养老保险制度的意见》中，对企业建立补充养老保险应具备的条件有明确规定：企业必须已经参加了当地的基本养老保险统筹；企业的生产经营状况比较稳定；企业具有较好的民主管理的基础。因此，我们可以认为，凡是符合上述条件建立企业年金计划的企业都可以享受税收优惠。与西方国家相比，我国没有对企业年金进行税收管制，没有试图通过税收管制来保障企业年金的正常运行。具体的说，没有在税收政策中规定企业年金必须满足一些条件才能享受税收优惠。例如，企业年金必须具有长期性，企业不能随意抽取资金，个人不能提前领取，防止倾向高薪职员，职工既得受益权的保障等。从已经出现的问题来看，政府没有用税收政策、法规来约束企业的行为、规范企业年金的发展，是政策设计中的一大失误，导致在实践中出现了许多问题。如，企业年金短期化，长险短作；企业领导指定某些职工参加企业年金计划，而把另一些职工排斥在外，具有随意性；养老金水平具有随意性，没有一个可依据的规范公式；账户管理不规范，不设置个人账户；缺乏对管理机构、投资机构选择的限定。

8.4 中国企业年金税收优惠政策的模式选择及设想

8.4.1 中国企业年金税收政策模式的选择

关于EET模式与其他模式的比较如下：

在税收政策模式中，TTE模式和一般的储蓄税制无差异，且要牺牲个人存款的自由，所以不利于人们参加企业年金计划。ETT模式其储蓄后纳税与TTE模式一样，导致个人收益率低于纳税后即时消费的个人收益率，因而也会挫伤人们参与企业年金的热情。

而采取TEE模式，虽然对个人来说，其纳税结果与EET模式是一样的，但TEE模式常常使人们担心由于政府税收政策的变化而得不到政府许诺的税收优惠，因此就人们渴望抓住眼前利益的心理而言，EET 模式就优于 TEE 模式。

至于 EEE 模式，虽然对促进企业年金计划最有利，但对于个人所得税的免税过于宽容，会有损于社会公平，也使国家财政支出过大，政府无财力承受。

所以，如前所述，众多国家的经验证明，EET 制能有效地实现促进企业年金制度的政策目标。

EET 模式在国际上如此流行并非偶然，因为 EET 模式符合次优税收理论。

EET 模式的依据是：企业为职工建立企业年金计划，不应视为消费和购买某种产品，而只是一种储蓄，对这部分收入应予免税，这部分储蓄所产生的利息在尚未消费之前也应免税。当职工年老时，得到这部分递延收入，用于老年生活消费时，才予以课税。所以对企业年金的税收优惠可以按消费支出来征收个人所得税。

EET 模式的实质是在所得税税金的选择上，以直接对个人消费支出征收的支出税代替对个人所得的征税。二者的差别在于：支出税只对所得中用于消费的部分征税，用于储蓄的部分不征税；所得税则对于用于储蓄和消费的部分都征税。从经济学的角度来看，以支出税代替所得税的确具有明显优点：以消费支出为税基避免了所得税对储蓄所得和投资的不利影响。因为前者对储蓄所得和投资所得是免税的；以消费支出为税基意味着对社会资源中抽取的部分征税，而不是对投资的部分征税（即对所得征税），以消费支出为税基，将通货膨胀的影响自动的纳入到税基中，从而避免了个人所得税深受通货膨胀困扰的问题。

所以，采取 EET 模式可以在某种意义上纠正所得税存在的不足。

因此，为促进企业年金制度的发展，并且消除所得税对储蓄和投资的不利影响，并将税收支出控制在政府可接受的范围内，中国企业年金税收政策模式也应选择 EET 模式。

8.4.2 中国企业年金税收优惠政策的设想

税收优惠政策包括两大组成部分：一是税收优惠政策要素，包括优惠税金、扣除率等；二是享受优惠的条件和要求。

8.4.2.1 中国企业年金优惠政策的要素

(1) 涉税环节即涉及的税种。在企业或员工参加年金缴费的环节，在规定的额度或比例内，免征企业所得税和个人所得税；在企业年金基金投资的环节，投资收益免征个人所得税；在退休职工领取养老保险的环节，对所领取的养老金按规定征收个人所得税。

(2) 税收优惠的税基。企业年金税收优惠通常以工资或薪金为基数，那么工资或薪金应包括哪些内容呢？

工资是指职工的劳动所获取的报酬，一般由基本工资、奖金和福利三部分构成。所谓基本工资，是指按照岗位(或职务)分类所确定的一组相对固定的结构工资收入，主要由基础工资、职务(岗位)工资、技能工资、工龄工资和国家津贴及各种津贴所构成。奖金则是工资的一种补充形式，一般要与工作绩效相联系，比如月奖、季奖、年终奖等形式，都是与月工作绩效、季度工作绩效和全年工作绩效联系在一起的。奖金发放的多少，一方面与贡献的大小直接相关，另一方面与职工所在单位经济实力的强弱直接相关。

个人所得税法规定，应纳个人所得税项目中工资、薪金所得，是指个人因任职或其他受雇而取得的工资、薪金、奖金、年终加薪、劳动分红、津贴、补贴以及任何任职或受雇有关的其他所得。

那么是否与个人所得税的规定相呼应，对企业年金缴费优惠的税基-工资或薪金所得也应包括以上项目吗？美国的经验或许能给我们一些启示。

美国的《保障法》或《税收法》本身并没有对“年度报酬”做任

何定义，只要是不偏向高收入雇员，不违反歧视性原则，雇主可以选择任何报酬形式，但用基本工资加奖金做出的定义，就可能是不合理的，因为在大多数的情形中，只有高收入的高管人员才有巨额奖金。美国《税收法》第401(a)(17)中对高薪雇员每年根据年收入计算其年度企业年金缴费额时，规定了最高年度收入的限制，如2001年为17万美元，这一限制规定的目的是为了避免参加企业年金计划的高薪雇员获得太多的退休金。

美国的经验给我们一些启示：1）工资总额的内容必须有所限制，防止对税收优惠政策的滥用；2）工资总额的定义必须兼顾社会公平；3）工资总额的定义要简单、明确，有利于税收征管。为此，笔者认为：第一，工资总额基本工资部分，即按照岗位(或职务)分类所确定的一组相对固定的结构工资收入，主要是由基础工资、职务(岗位)工资，技能工资、工龄工资和国家津贴以及各种补贴所构成的收入，不包括奖金和福利。这种定义具有如下优点：1）有利于减少对高薪人员过分优惠待遇。高管人员薪水高，主要由于其奖金、福利或年度效益薪酬所致。2）有利于减少财政负担。工资总额并非职工的全部收入，这样就使优惠税基缩小，从而减少税式支出税额。3）符合确实原则。税收政策明确，使得税务机关和人员不能擅自行事，也有利于纳税人依法纳税，防止偷逃税。第二，应该对享受税收优惠的工资总额做一个最高限的规定。我们注意到，在某些企业高管人员不仅是奖金和绩效工资高于普通员工，基本工资也非常高，如2002年某企业总经理年薪高达750万元，因此在计算其年度企业缴费时，如对其计算工资额最高限定，就会出现高薪人员的过分优惠。所以，应该对享受税收优惠的工资总额做出一个最高限定。当然这个最高限定具有一定的弹性，可随收入增长、通货膨胀、投资收益、财政要求而相应调整。

(3) 优惠扣除率。优惠扣除率是否足够的判断标准是这里所设置的扣除率为所建立的企业年金计划能够达到的预定的替代率。

根据国家现有的目标模式，企业年金计划替代率为20%比较合适。现在的问题是，企业工资总额4%的缴费能否达到20%的目标替代率，2002年博时基金课题组对此进行了测算。

下面借用博时课题组的模型和结论，对此问题加以说明。

博时基金课题组在2002年分析预测了工资增长率，缴费比例、预期投资收益率及退休年龄对替代率的影响。表8-2为在工资增长率、缴费比率、预期投资收益率及退休年龄各种组合下，30岁的职工退休时的企业年金替代率。

表8-2 企业年金替代率预算表

工资增长率/%	缴费比率/%	预期投资收益率/%	养老金替代率/%		
			55退休	60退休	65退休
4	4	4	3	5	8
		8	6	10	15
		12	10	19	34
	8	4	11	19	30
		8	19	38	68
		12	9	13	19
	10	4	9	13	19
		8	14	24	38
		12	24	48	84
7	4	4	3	4	5
		8	4	6	9
		12	6	11	8
	8	4	5	7	10
		8	8	13	18
		12	13	3	36
	10	4	6	9	12
		8	10	16	22
		12	16	28	45
10	4	4	2	3	4
		8	3	4	6
		12	4	7	11

续表 8-2

工资增长率/%	缴费比率/%	预期投资收益率/%	养老金替代率/%		
			55 退休	60 退休	65 退休
10	8	4	4	6	7
		8	6	9	12
		12	9	15	21
	10	4	5	7	9
		8	7	11	15
		12	11	18	27

从测算的结果可见，如果预计退休年龄为60岁，当缴费比率为4%时，即使预计工资增长率为4%，预计投资率高达12%左右，企业年金的替代率也很难达到20%。当缴费比例提高到8%时，投资收益率达到8%，基本上可以达到20%的替代率，见表8-3。

表 8-3　60 岁退休若干组合及其替代率

组合（工资增长率、缴费比率、投资收益率、退休年龄）	替代率/%
4，4，8，60	10
4，8，8，60	19
4，10，8，60	24

当退休年龄为55岁时，假设工资增长率为4%，预期投资收益率为8%左右，缴费比例提高到14%，才能达到企业年金20%的替代率。见表8-4。

表 8-4　55 岁退休若干组合及其替代率

组合（工资增长率、缴费比率、投资收益率、退休年龄）	替代率/%
4，4，8，55	6
4，8，8，55	11
4，10，8，55	14
4，14，8，55	20

为应付人口老龄化挑战带来的养老金支付危机，如果我们将退休年龄提高到65岁的话，其缴费比例控制在8%以下就能达到替代率为20%的目标。见表8-5。

表 8-5 65 岁退休若干组合及其替代率

组合（工资增长率、缴费比率、投资收益率、退休年龄）	替代率/%
4，4，8，65	15
4，8，8，65	30
4，10，8，65	38

8.4.2.2 合格的企业年金计划的要求

合格的企业年金计划的运行符合税收法律、法规及其管理制度的规定，称为合格的企业年金，才能享受税收优惠的待遇。针对这些在企业年金运行中出现的偷逃税和避税的案例，我国在规定合格的企业年金计划要求时，下面一些问题值得思考：

（1）防止歧视低薪雇员。如果一个雇主可以自主决定其所资助的企业年金计划的覆盖者，往往会基于人力资源的稀缺性，从自己的利益出发，一般都更乐意只覆盖高薪雇员，并且税收优惠政策对高薪雇员更具有刺激作用。但是从社会公平的角度出发，应防止雇主的随意性，防止把许多低收入者排斥在外或者提供较低的保障。

首先，应要求企业年金计划达到一定的覆盖面。政府税收政策可以规定一个比例，比如至少达到全体有资格参与者的75%，该计划才是一个合格的企业年金计划，才能享受税收优惠待遇，并逐年进行测试，这样保证随着企业人员规模的扩大，参加企业年金计划的人数也会随之增多。

其次，应限制缴费额和退休金额。无论高薪人员参加几个企业年金计划，但总的缴费额在规定限度之内就算是合格的企业年金计划。对于 DC 计划，同时还应规定企业应按每个员工工资的同一比例并小于优惠税率为每个员工缴费，才能享受税收优惠。当然，高于规定优惠税率的阶段，就由企业或个人在税后承担。对于 DB 计划，其缴费应有一个相对固定的缴费公式提出其依据，并向税务机关和其他监督部门报批执行。监管部门对其退休后的给付金额应给予限制，规定年受益额的最高限额。不过，这一金额应考虑工资增长率和通货膨胀率等因素定时进行修正。

(2) 既定收益权进度表的规定。既定收益权进度的规定，主要是为了维护职工的权益，防止雇主随意或以种种理由终止职工的年金计划，剥夺职工的收益权，但是同时需要考虑两个方面的问题，一是是否有利于人力资本的增长，二是是否有利于人力资本的配置。这两者存在一定的矛盾。既定收益权进度表时间的规定，会限制人力资本的流动，不利于人力资源的配置，其便携性受到影响；但既定收益权进度表有利于稳定企业职工，提高企业参与企业年金的积极性，并有利于企业增加对人力资产的投资。

对于个人账户上积累的金额可以分为两部分，一部分为员工自己及缴费的积累额，另一部分为企业资助缴费的积累额。对于员工为自己缴费的部分，员工一参与计划就享有全部的收益权。对于企业缴费的积累额，可规定一个既得受益权进度表。比如2年后可享受20%，3年后可享受40%，以此类推，6年后可享受100%，考虑到在市场经济时代，一个人不可能在某一企业终身工作，假如人均一生大概换5~6个工作，那么5~6年时间比较合适。

(3) 防止提前领取退休金的规定。如果一个享受税收优惠的企业年金计划的参加者在达到规定的退休年龄之前，甚至还在工作期间，随时可以从个人账户提款的话，将带来两大弊端：1)利用企业年金计划避税，扰乱社会秩序。2)没有达到政府鼓励企业年金计划的目的——提供退休生活保障。因为参与者提款之后，可能用于当期消费。

中国目前已经出现一些现象：由于养老保险退休的给付是不交所得税，企业假意为员工办理养老保险，与保险公司达成协议，保险公司收取了一定的手续费，员工在很短的时间内就退保，利用保险套现，这种行为还夹杂着企业管理者或管理阶层获取好处费和巨额养老金，造成腐败。

我国的一些现象让我们认识到：第一，必须限制参与者提前领取退休金。如果一定提前领取，就失去税收优惠政策，补交所有的企业所得税和个人所得税。第二，必须改革我国保险业的税收制度，尤其是团体养老保险的税收制度。应该认识到，团体年金保险实际上是社会保障制度的重要组成部分，是企业年金计划的一种，应该与企业年金制度的税收优惠政策相统一。否则，“假投保”的现象会层出不穷，既造成税收流失，又失去客观推进企业年金计划发展的目的。

（4）贷款规定。由于企业年金是一个长期退休保障计划，在退休之前由于各种意外事故和各种要求可能导致企业年金参加者陷入财务困境，如果对个人账户上积累资金的提款和使用规定得过于死板和严厉，就会打击参加者的积极性。所以在美国的企业年金计划中都设有贷款条款，其中规定贷款的额度不能超过获得既得受益权的一半或5万美元，以低者为限，贷款期限不应超过5年，401(K)计划中允许参加者在经济困难时提款，但提款之后的12个月之内不能再按计划缴纳任何税前缴费款等。中国企业年金制度的设计中可以参考美国及其他国家的做法，这样既可以满足参与者临时困难用款的需要，也要让这种用款行为付出一定的代价，来限制提前取款行为。

9 DC-DB 结合的企业年金计划的开发及精算

9.1 DB 与 DC 型企业年金计划的优劣比较

本章将从如下几个方面对 DB 和 DC 型企业年金计划进行优劣比较：给付水平、雇员流动性、风险承担和成本因素。通过对这几方面的比较，我们可以进一步了解 DB 和 DC 型企业年金计划的优势和劣势，有利于我们找出一种更适合我国国情的企业年金计划。

9.1.1 给付水平比较

DB 计划的企业年金给付较 DC 计划稳定。DB 计划的企业年金领取额是事先规定好的，无论市场投资环境如何，都要保证足额发放。当投资回报率很低，基金数额不足以支付养老金时，差额部分由雇主或企业负责补齐。因而，雇员的养老金收入是比较稳定的。

而 DC 计划并不规定雇员退休后可得到多少养老金，它只规定了雇主和雇员每年向养老金账户缴纳保费的多少。雇员退休后可得到的养老金的数额是不确定的，通常取决于雇主和雇员的缴费以及基金投资状况。一般情况下，投资回报率是很难控制的，它很容易受到经济波动的冲击，因而，雇员难以预测几十年后的养老金水平。如果基金投资回报率较高，则雇员退休时将得到较高的养老金收入；相反，如果基金投资失败，则雇员要承担投资回报率较低所带来的经济损失。

9.1.2 雇员流动性比较

DB 型企业年金计划实际上同雇员从业早期的工资无关，而同退休时的工资水平和工作年限高度相关，因此建立 DB 型企业年金计划能够在一定程度上限制人才的外流。从另一个角度来说，雇员要为同一个雇主长期努力工作直至退休，才能换得两次回报：一是工资，二是建立在高工资基础之上的企业年金给付。而这种计划必然增加了离职成本，降低了对新雇员的吸引力。

相对于 DB 计划，DC 计划对既得条款的规定比较宽松，一般情况下，只要为企业工作满 2 年或 3 年，便可积累养老金权益。积累期内，雇员每年的缴费是稳定的，因而其每年的养老金增加值也比较稳定，不会像 DB 计划那样出现明显的上升趋势。因此，在 DC 计划下，如果雇员提前辞职，将会获得比 DB 计划更多的养老金。

另外，DB 计划携带性差的弱点也加重了辞职雇员的权益流失。由于 DB 计划是在统一账户下管理养老基金的，因而当雇员辞职时，办理账户转移的手续就相当繁琐，所需费用也要部分或全部的从雇员养老金权益中扣除。而 DC 计划分别为每位雇员建立独立的个人账户，雇员对账户的处置具有广泛的选择权，雇员辞职时可以一次性领取所积累的既得权益，操作手续简单，且个人账户金额不会有明显的减少。

9.1.3 风险承担比较

DB 计划下，雇主负责对账户资产进行管理和投资，并承诺雇员退休时为其提供足额的养老金。当发生某些意外事件，如市场波动带来投资回报率低，或者精算失误使早期缴费额少于需要时，此时，基金资产不足以支付雇员退休金的部分由雇主负责补齐。由此可见，DB 计划中与养老基金相关的所有投资风险均由雇主承担，雇员不必担心金融风暴对账户资产的影响，他们只需根据计划条款分得属于自己的那部分养老金。其次，大多数 DB 计划提供的养老金与雇员最终收入挂钩，这样做可以有效地规避退休前发生通货膨胀的风险，当然通货膨胀风险也由雇主承担。再次，雇主承诺雇员退休后每月可以得到稳定的养老金收入直至其去世为止。因而，雇员不必担心寿命太长致使年轻时的储蓄不足以满足退休后的生活，长寿风险由雇主承担。此外，DB计划通常会提供附加给付，为发生死亡、伤残的雇员及其家属提供生活保障。因而，DB计划下雇主还要承担雇员死亡和伤残等带来的风险。

而DC计划最大的优势在于其基金资产与基金负债始终匹配，不会出现资不抵债的赤字现象。相比之下，雇主承担责任有限，雇主只负责每年按雇员工资的一定比例向个人账户中缴款，并不对养老基金的保值增值承担责任，投资风险由雇员承担。一般情况下，雇主只为雇员提供几组投资组合方案，由雇员行使投资决策权，承担投资风险并享受投资收益，同时还要面临错误的决策以及恶劣的金融环境所造成的养老金亏损。DC计划不存在成员之间风险共担的功能，他们根据自己积累的资产和投资决策获得应得的投资收益，不存在成员之间投资收益的转移。然而在风险承担上，DC计划也存在一定的弊端。这是因为DC计划的投资决策权归属于雇员，而大多数雇员并没有金融学、投资学等知识背景，为了避免投资失败，多数雇员会选择比较保守的投资组合，因而DC计划的基金投资回报率有可能低于DB计划。Buck咨询公司对内布拉斯加州公共部门养老金体系(1983~1999年)的调查显示，DB计划的年均投资回报率为11%，而DC计划的年均投资回报率仅为6%。也就是说，缴纳同样多的保费，DC计划的参保者有可能获得比DB计划参保者略低的养老金。在DC计划中，雇员账户余额还会受到通货膨胀的影响，在通货膨胀期，雇员基本上只能依赖投资收益使退休金保值增值。但雇员选择投资方案时往往比较保守，更倾向于那些低风险低回报率的资产，以至于他们的投资收益无法充分保障他们不受通货膨胀的影响。

9.1.4 成本比较

无论DB计划还是DC计划，都需要训练有素的人员进行内在管理和外在监督。

首先，DB 计划所需技术成本高过 DC 计划。DB 计划在确定缴费率时要用到大量的精算技术。精算师首先要对影响缴费率的各风险因素及其变动规律进行定量与定性分析，在分析的基础上对其未来发展趋势进行科学假设，最后，通过建立精算模型推算出当前的缴费率。影响因素略有偏差，可能会造成缴费水平的较大变动。可见，精算假设的准确性直接影响到缴费率测算结果的合理性。为了保证所做的精算假设合理而精确，精算师需要查阅大量文献资料并搜集相关数据。而且，缴费率的测算并不是一蹴而就的，它采取的是一种走着瞧的做法，精算师要不断的根据实际情况的发展变化对缴费率进行相应的调整。监管部门还要求精算师定期撰写精算报告，对养老基金的资产负债进行评估，分析基金的财务状况和偿付能力，以保证养老金的正常给付。由此可见，DB 计划需要有较高的精算技术进行支持，所需技术成本也较高。相对于 DB 计划，DC 计划则不需要过于缜密的精算技术，个人账户资产始终等于负债，因而技术成本较低。

其次，在账户管理方面，DC 计划所耗成本较高。两类计划不同的账户设计模式，决定了二者账户管理成本的不等。DB 计划为所有雇员建立统一的养老金账户，进行统一管理，可以从管理的规模经济中获益。而 DC 计划要为每位雇员分别建立个人账户，分别进行管理。如果计划资金小规模经营或由个人管理，那么费用将相当高。DB 计划的统一账户，虽然可以降低管理成本，但有时也会遇到一些麻烦。例如，当雇员辞职时，账户转移的处理方法就显得比较复杂，其账户转移成本要高于 DC 计划。开放的市场环境促使雇员流动性的不断增强，DB 计划要想维持其账户管理方面的优势，势必要对账户转移成本进行控制。

再次，DC 计划所需投资管理成本较高。虽然 DC 计划给予雇员充分的投资决策权，但由于懂得金融知识的雇员并不多，他们普遍缺乏制定投资策略的能力，因而企业有义务向雇员提供基金投资咨询服务，且费用要由企业负担。一般的，雇主会建议雇员将养老金投资于共同基金。与其他投资工具相比，共同基金的投资顾问可以根据客户需要为其提供分散化、多样化的投资组合，而且还可以每日为其提供价格、交易情况、电话查询交易账户信息等服务。但是，投资顾问所提供的上述服务是要收取劳务费的，一般以服务费用的形式从基金资产中扣除，此项费用通常是同等水平机构的两倍甚至更高。相比于 DC 计划，DB 计划的基金统一管理，更能发挥规模投资的优势。

9.1.5 比较分析

对 DB 与 DC 型企业年金计划的比较详见表 9-1。

表 9-1 DB 与 DC 型企业年金计划的优劣比较表

项　目	DB 型企业年金计划	DC 型企业年金计划
给付水平	比较稳定	不稳定，与投资回报率等因素有关
雇员流动性水平	增加了离职成本，一定程度上限制了人才外流，但是也降低了对新雇员的吸引力	雇员如果提前辞职，会获得比 DB 计划更多的养老金
风险承担水平	风险基本上由雇主承担	雇主承担有限责任，投资风险由雇员自己承担
成本因素	需要较高的技术成本	需要较高的账户管理和投资管理成本

从企业年金的给付情况来看，DB 型企业年金计划可以保证雇员退休后得到稳定、持久的退休金收入，还可以为其提供健康给付、伤残给付等辅助养老金，充分实现了社会保障的目的。DC 型企业年金计划规定了比较稳定的保费，但是却没有稳定的给付水平。我国大众普遍厌恶风险，从给付水平上来说，一般会更愿意接受 DB 型企业年金计划。

从雇员的流动性情况来看，DB 型企业年金计划会限制人才的外流，其携带性差的特点无法适应当今社会雇员流动性日益增强的现状。DC 型企业年金计划对员工的限制较少，比较容易被年轻人接受。

综上所述，DB 型企业年金计划具有较高的稳定性，能充分实现社会保障的目的，这种计划的实施必将大大提高补充养老保险的替代率水平。但是正是由于 DB 型企业年金计划过于稳定，必然不能很好的适应当今社会经济的发展趋势。我国的企业年金市场还不够完善，社会经济也不够稳定，我国企业如果贸然采用 DB 型企业年金计划反而会使其成为企业的另一个负担，因此，目前我国不适合实行 DB 型企业年金计划。

按照我国现行的政策法规，我国目前的企业年金计划类型是 DC 型，相对 DB 型计划来讲，DC 型企业年金计划能在一定程度上被我国企业所接受。然而 DC 型企业年金计划提供的年金收入缺乏稳定性，其保障水平最终取决于一国的金融市场投资环境。我国资本市场的发展还不成熟，股票市场系统风险也较大，如果企业采用 DC 型企业年金计划，就会增加雇员对年金的投资风险，否则企业就要进行良好的投资管理，来协助引导员工的投资决策，这就会大大增加企业的管理成本，不管怎样，都会使 DC 型企业年金计划的效果大打折扣。

9.2 发展趋势：DC-DB 结合的企业年金计划

9.2.1 DC-DB 结合的企业年金计划的内容

目前，我国学术界在企业年金计划方面存在着一种新观点，即主张采用混合型计划模式。混合型计划模式较 DB 型计划模式和 DC 型计划模式在缴费、成本、投资风险、税收、适用性、可携带性、人力资源管理等方面具有独特优势，能满足我国企业年金的市场需求。其中，DC-DB 结合的企业年金计划是目前一种比较简便实用，也比较符合我国员工实际需求的混合型计划模式。

DC-DB 结合的企业年金计划，即在员工刚刚进入工作岗位时采取 DC 型计划，等到规定年龄（例如 40 岁）时，可以选择转到 DB 型计划上来，这样做的目的是为了结合两种方案的优点，趋利避害。首先，在雇员年轻的时候，由于其风险承受能力较强，并且工作及职务的变动性很大，工资水平也随之大幅波动，这时就可以充分的利用 DC 型计划的优点，在保持个人账户资金充分累积的同时又保证了其便携性及独立性。其次在规定的年龄，根据其个人账户资金的累积状况，及未来工作的年限、工资水平等因素，可以由精算技术将 DC 型计划转为 DB 型计划。雇员在这个年龄时期一般开始追求稳定的生活和保障，工作基本稳定，未来的工资水平也较容易预测，并且距离退休的时间相对也会缩短，利率走势预测的偏差也会减小。因此雇主为 DB 型计划所承担的风险也会在合理的范围内，雇员退休后也有明确的保障水平。这种计划对于公司而言，关键是在什么时候雇员有权从 DC 计划转到 DB 计划上，雇员的年龄越低，公司愿意承担的风险程度越高。对于个人而言，可以受益两种计划的优点。

总之，DB 型计划与 DC 型计划的结合，一方面，个人既可以享受到 DB 型计划安全稳定的未来年金保障，又可以通过 DC 型计划来最大化自己的收益；从公司来看，可以根据人力资源管理策略对雇员退休待遇进行充分地选择和灵活设计，在降低总的风险的同时仍能够继续提供可观的养老金。另一方面，这样的年金计划管理工作必然复杂，成本也相对于单一计划要高，企业承担了一定的风险，因此企业要根据自身的综合实力和人力资源管理的目标制定。

9.2.2 DC-DB 结合的企业年金计划的基本特点

DC-DB 结合的企业年金计划结合了 DB 与 DC 型企业年金计划的基本特点。

（1）给付水平稳定。DC-DB 结合的企业年金计划是由 DC 型转向 DB 型的计划类型，当员工在该企业工作满一定年限时，可以选择由 DC 型计划转向 DB 型计划。因此，DC-DB 结合的企业年金计划既可以保证员工在退休后有明确、稳定的生活保障，又可以很好地预测未来的工资水平。

(2) 合理地满足了雇员流动的需要。建立 DB 型企业年金计划会限制人才的外流，DC 型计划对既得条款的规定比较宽松，相对 DB 型计划来说，能够减少因工作调动所带来的年金损失，为员工进行合理的工作调动提供了便利。而 DC-DB 结合的企业年金计划则充分地考虑了雇员流动性的需要。雇员一般都是在年轻时比较容易调换工作，这时采用 DC 型计划，等到了一定年龄之后，就会趋于稳定的工作与生活，就可以由 DC 型计划转为 DB 型计划。对于大部分雇员来说，这一假设是完全成立的，这一过渡的关键就在于何时转换，或者是否考虑将这一权力完全交给雇员，即雇员自己决定何时由 DC 型计划转换为 DB 型计划。对于另一小部分雇员来说，他们可能希望继续保持 DC 型计划，那么它们可以放弃进行转换的权利。

(3) DC-DB 结合的企业年金计划满足了雇主与雇员双方规避风险的需要。DB 型计划中与养老基金相关的所有投资风险均由雇主承担，雇员不必担心金融风暴对账户资产的影响，他们只需根据计划条款分得属于自己的那部分养老金。相比之下，DC 型计划雇主承担责任有限，雇主只负责每年按雇员工资的一定比例向个人账户中缴款，并不对养老基金的保值增值承担责任，投资风险由雇员承担。换句话说，在 DB 或者 DC 型计划中，雇主与雇员的利益是冲突的，是不能共同受益的，必须要有一方承担大部分的风险。而 DC-DB 结合的企业年金计划的风险承担是分散的。在第一阶段，雇主承担有限责任，雇员承担投资风险；在第二阶段，雇主承担雇员退休后为其提供足额养老金的风险，雇员则在退休后分得定额的养老金，风险仅在于丧失了年金增值而得到更多的养老金的机会。这样，雇员既有机会对企业年金账户资产进行管理和投资，又可以在退休时规避风险，获得定额的养老金；而雇主首先减少了投资风险，再者当 DC 与 DB 型计划进行转换时，雇员未来的工资水平较容易预测，距离退休的时间相对也会缩短，利率走势预测的偏差也会减小。因此雇主为DB型计划所承担的风险也会在合理的范围内。对于雇主和雇员来说，这种混合型计划可以使他们分散风险，双方受益。

（4）成本会因为需要进行两种计划的管理和运作而增加。首先，DC计划需要较高的账户管理成本和投资管理成本；其次，DB计划在确定缴费率时要用到大量的精算技术。这两种计划的共同管理和运作成本必然比单独采用DB型计划或DC型计划的成本要高得多。因此，采用这种混合型计划必须要首先解决成本问题，否则就会成为企业建立这种计划的绊脚石。

综上所述，DC-DB结合的企业年金计划在很大程度上是符合我国企业现状及需要的。在上一节中，我们对DB与DC型企业年金计划进行了优劣比较，现在我们仍沿用表9-1的内容，来对比DC-DB结合的企业年金计划的优与劣。见表9-2。

表9-2 DC-DB结合的企业年金计划的优劣比较表

项　目	DC-DB结合的企业年金计划	DB型企业年金计划	DC型企业年金计划
给付水平	比较稳定	比较稳定	不稳定，与投资回报率等因素有关
雇员流动性水平	能够满足雇员的需要	增加了离职成本，一定程度上限制了人才外流，但是也降低了对新雇员的吸引力	雇员如果提前辞职，会获得比DB计划更多的养老金
风险承担水平	能够分散风险，满足雇主和雇员双方的需要	风险基本上由雇主承担	雇主承担有限责任，投资风险由雇员承担
成本因素	需要较高的管理和运作成本	需要较高的技术成本	需要较高的账户管理和投资管理成本

由表9-2可见，在给付水平、雇员流动性水平、风险承担水平上，DC-DB结合的企业年金计划具有明显的优势，在成本上，

DC-DB 结合的企业年金计划处于劣势。因此，只要能够找到合理的降低成本的方法，DC-DB 结合的企业年金计划是完全可行的。

9.2.3 DC-DB 结合的企业年金计划的方案设计

我国企业目前采用的都是 DC 型年金计划，本书将以我国现有的 DC 型企业年金计划方案为模板，设计一套系统的 DC-DB 结合的企业年金计划方案。我们设计这一方案的目的是突出 DC-DB 结合的企业年金计划方案与我们平常所熟知的 DC 型企业年金计划的不同之处，而主要的不同之处就在于缴费环节。

本方案将企业年金的缴费部分分为两个阶段：即 DC 阶段和 DB 阶段。DC 阶段根据员工不同的工作年限，设定不同的缴费比率。员工最初加入企业年金计划时的缴费比率应由公司根据公司的具体情况来确定(具体的确定方法我们将在本书 9.3 节的精算研究部分进行讨论)，然后按照一定的年龄分段逐步递增。DB 阶段则为员工设定出可以由 DC 计划向 DB 计划转换的年龄，这个年龄一般要选取在员工工作生涯的三分之二左右，因为超过这个年龄阶段的员工会希望得到比较稳定的收益，并且又给 DB 计划保留了足够的储备期。

方案如下：

中国 ××× 公司企业年金计划方案(国有企业)

为了保障和提高本企业职工退休后的企业年金待遇，建立多支柱养老保障体系，调动本企业职工的劳动积极性，增强企业的凝聚力，提高劳动生产率，促进企业的健康持续发展，根据《中华人民共和国劳动法》、《企业年金试行办法》、《企业年金基金管理试行办法》[1]和《河北省企业年金实施意见》，结合公司实际，制定本企业年金计划(以下简称“本计划”)。

[1] 劳动和社会保障部、中国银监会、中国证监会、中国保监会令 23 号：企业年金基金管理试行办法。

一、企业年金缴费

本计划先采取缴费确定型模式，一定年龄后再采取待遇确定型模式。企业年金缴费由企业和职工个人共同缴纳。

1. 缴费确定型模式下

企业年金采取单位缴费和个人缴费相结合的筹资方式。单位缴费按照员工在该企业的工作年限而递增，公司每年为员工的缴费比例按照工作年限分为四个等级：

(1) 对于工作年限5年以内、已加入本计划的职工，企业为其提供的企业缴费比例为该员工上年度工资总额的4%；

(2) 对于工作年限5~10年(包括5年)、已加入本计划的职工，企业为其提供的企业缴费比例为该员工上年度工资总额的6%；

(3) 对于工作年限10~20年(包括10年)、已加入本计划的职工，企业为其提供的企业缴费比例为该员工上年度工资总额的8%；

(4) 对于工作年限20年以上(包括20年)、已加入本计划的职工，企业为其提供的企业缴费比例为该员工上年度工资总额的10%。

其中，企业缴费不超过单位上年度工资总额4%的部分，从成本中列支。

个人缴费按单位缴费向个人账户记入金额的20%缴纳，员工可以选择从自己的工资收入中适当调高个人缴费额，由企业代为缴纳。但是企业和职工缴费合计不得超过本企业上年度职工工资总额的六分之一。

2. 待遇确定型模式下

当员工达到一定年龄之后，企业年金计划转向待遇确定型。本计划规定，员工由缴费确定型向待遇确定型的转化年龄为：

(1) 50岁退休的女职工，可以在35~40岁之间行使转换权，超过40岁不转换计划类型的，视为放弃转换权；

(2) 55岁退休的男职工，可以在40~45岁之间行使转换权，超过45岁不转换计划类型的，视为放弃转换权；

（3）60岁退休的男职工，可以在45～50岁之间行使转换权，超过50岁不转换计划类型的，视为放弃转换权。

员工转换计划类型的统一报送时间为每年的6月1～3日，新的计划类型于下月的发薪日开始实施。

企业在这种模式下，通常根据员工退休时的工资水平和工作年限确定其年金支付额，再根据对员工未来年金支付额的预测，以及在缴费确定型模式下的资金积累水平，来确定各年的筹资额。在待遇确定型计划模式下，员工的资金积累由个人账户转入企业为所有员工设立的统一账户中，由雇主来承担企业年金基金的缴费和基金的投资运作风险。员工退休后可以享受每月定额的企业年金，直至退休员工及其配偶死亡为止。

二、企业年金权益支付

员工在职期间不得领取企业年金。公司自员工退休之日起，停止为其支付企业年金缴费，员工及合法继承人（以下简称受益人）开始按月支取定额的企业年金账户资金，直至受益人死亡。

9.2.4 建立DC-DB结合的企业年金计划模式的意义

建立DC-DB结合的企业年金计划模式的意义有如下几点。

（1）该种计划模式符合我国企业的现状。我国企业与国外企业相比有其自身的特点，主要表现有：第一，多种所有制形式的企业并存；第二，企业员工构成复杂；第三，企业的经营效益和资金积累差异较大；第四，企业员工投资偏好及风险承受力不尽相同。DC-DB结合的企业年金计划模式，相比单一的DB型或DC型企业年金计划来说，更能满足我国企业的要求。

（2）该种计划模式有利于调动员工参与企业年金的积极性。DC-DB结合的企业年金计划模式既可以满足员工规避投资风险的需要，又可以在一定程度上保证企业员工的退休金水平，它是在充分考虑了员工的风险偏好程度后而设计的。年轻的员工通常乐于接受风险，因为高风险就可能会获得高收益，而随着年龄的增长，员工对风险的喜好程度往往也会随之减弱，逐渐趋于喜好稳定的收益。因此，DC-DB 结合的企业年金计划模式能够满足员工因年龄增长而产生的不同需求，有利于调动员工参与企业年金的积极性。

（3）该种计划模式有利于调动企业发起设立企业年金的积极性。DC-DB 结合的企业年金计划模式，可以吸引和留住更多的人才。员工选择好的企业，福利待遇一定是重要的考虑因素。这种灵活的企业年金计划模式，可以迎合员工的心理，从而吸引更多的人才。这种计划模式还在尽可能满足员工退休后生活保障的同时，降低了企业所承担的风险。因此，这种计划模式能够吸引企业主动去设立企业年金。

（4）该种计划模式有利于做大做强中国的企业年金市场。在世界各国的企业年金市场发展壮大的同时，我国企业年金市场的潜在需求并没有转化成我国企业年金市场巨大的现实需求。其主要原因必然是企业没有设立企业年金的积极性，而员工由于不了解企业年金，或者因为种种顾虑，也没有参与企业年金的积极性。由于 DC-DB 结合的企业年金计划模式可以减少 DB 型或 DC 型企业年金计划模式的不足之处，在一定程度上调动了企业设立企业年金和员工参与企业年金的积极性，因此，这种计划模式对于我国企业年金市场的发展能够起到一定的促进作用。

9.3 DC-DB 结合的企业年金计划精算

9.3.1 企业年金计划精算概念

企业年金计划涉及企业年金从建立到运行方方面面的事务安排，是一个复杂的过程。我们大致可以将其划分为四个阶段：确定目标阶段、设计核心条款阶段、测算阶段、计划文本的具体设计和审批阶段。从这几个阶段中，我们可以看出精算技术在成功建立一个企业年金计划中所起的关键性作用。

9.3.1.1 确定目标

确定目标是指企业根据自身的经济条件、薪酬福利的总体状况等因素，确定是否建立企业年金计划、所建立的企业年金计划的总体水平和企业年金计划期望达到的激励效应。虽然国家出台有关奖励、引导企业年金发展的政策，但并不强制要求每个企业必须建立企业年金计划，企业年金计划的建立是自愿性的。一个企业在知道有关企业年金的政策后，首先要做的是，评估企业自身的有关情况，然后决定是否建立以及建立水平的高低。在确定目标阶段，企业要了解本地区的基本养老保险政策、本地区关于企业年金的实施办法、税收政策、企业的经济状况和职工薪酬福利状况评估；确定建立的基本目标：即要大致确定企业年金计划的总体缴费水平以及目标替代率。

9.3.1.2 确定方案的核心内容

确定了建立企业年金计划的基本目标后，就进入设计企业年金计划的实质阶段。在开始设计之初，首先要对三个方面的问题做出选择：企业年金计划采用什么模式；企业年金缴费在不同职工之间如何分配；企业年金计划如何管理。这三个方面的内容可以说是一个企业年金计划的核心内容，决定了计划的基本特征。

(1) 计划模式。企业需要在缴费确定型计划和待遇确定型计划之间做出选择。

(2) 分配原则。企业建立企业年金计划的目标是吸引、留住和激励职工，因此，需要确定在不同层次、不同特征的职工之间合理分配总的缴费资金的原则和方法，以便达到最好的团体激励效应。

(3) 管理方式。管理方式是指履行企业年金经办管理、基金管理、监督等职能的管理机构设置和分工协作的形式。

9.3.1.3 数据测算

对于职工来说，建立企业年金计划的结果是为他们提供一份额外的养老金，这份额外的养老金与基本养老金一起构成职工退休后主要的生活来源。因此，一个企业年金计划在设计方案时必须对职工最终可能获得的养老金待遇做出预测，即对企业缴费水平、投资回报率、工资水平、退休年龄等不同假设条件下的企业年金待遇进行精算分析预测。

9.3.1.4 计划的具体条款的拟定和审批

在确定了企业年金计划的核心内容之后，就可以围绕核心内容确定其他方面的内容，并拟定计划文本的具体条款，从而形成一个完整、可操作的方案。制定好了的计划文本得到有关政府部门审批后才能正式实施。

从上边的阐述可以看出，在企业年金计划的设计中，本书所指的企业年金计划的精算就是在所选择的模式和假设下，确定职工参保条件和权益归属条件、确定企业的缴费方法和测算出企业的总体缴费水平、确定每个职工的缴费计算方法和缴费水平、确定职工退休后的收入水平及工资替代率。在本论文中，将把投资回报率、工资水平、退休年龄以及税收政策看作是既定的。

9.3.2 DC计划精算原理

DC计划的精算过程是先确定供款率，然后根据计划的缴费积累和投资收益状况确定替代率水平，再由企业的目标替代率水平反过来推算职工的个人账户缴款率。

9.3.2.1 DC计划精算原理的基本假设

决定企业年金替代率的因素有很多，包括缴费率、工资增长率、积累期投资收益率、积累期限、领取期投资收益率、退休后各年龄的死亡率。只有对这些因素进行基本假设后才能计算企业年金替代率。对这些因素的假设称为基本假设。下面将这些元素用字母表示：

C——职工个人账户缴费率(包括企业缴款和职工个人缴款)；

k——在积累期上的预期平均工资增长率；

i——在积累期上的预期平均投资收益率；

n——积累期限，等于预期退休年龄减参加企业年金计划时的年龄；

j——在领取期上的预期平均投资收益率；

a——年金因子，由领取期预期平均投资收益率和适当的生命表计算得出。

9.3.2.2　由个人账户缴款率预测企业年金的替代率

首先，计算退休时的预期个人账户积累额，记为 A；若参加企业年金计划时的某职工年薪为 S，个人账户缴款按年存入，个人账户缴款在每年年中存入，那么该职工退休时的个人账户积累额为：

$$\begin{aligned} A &= S\cdot C(1+i)^{n-\frac{1}{2}} + S(1+k)C(1+i)^{n-1\frac{1}{2}} \\ &\quad + S(1+k)^2C(1+i)^{n-2\frac{1}{2}} + \cdots + S(1+k)^{n-1}C(1+i)^{\frac{1}{2}} \\ &= S\cdot C(1+i)^{n-\frac{1}{2}}\left[1+\frac{1+k}{1+i}+\left(\frac{1+k}{1+i}\right)^2+\cdots+\left(\frac{1+k}{1+i}\right)^{n-1}\right] \end{aligned} \tag{9-1}$$

其次，将个人账户积累额转换为按月领取的年金：若 a 为确定的年金因子，h 为退休后的平均生存年数。$v=\frac{1}{1+j}$，$d^{(12)}=12(1-v^{\frac{1}{12}})$。则 a 的计算为 $a=\ddot{a}_{\mathrm{h}}^{(12)}=\frac{1-v^{\mathrm{h}}}{d^{(12)}}$。

第三步，如果月领额记为 P，所有月领额的现值就是 $12P\cdot a$，那么有：$12P\cdot a=A$，因此得到月领额为：$P=\frac{\mathrm{A}}{12a}$。

第四步，计算临退休前的预期年薪。在预期平均工资增长率为 k 的假设下，临退休前的预期年薪为：

$$S(1+k)^{n-1}$$

临退休前的预期月薪为：

$$\frac{S(1+k)^{n-1}}{12}$$

最后，计算预期收入替代率，记为 R，预期收入替代率即为

预期月领额与临退休前的预期月薪之比

$$R = \frac{A}{12a} \Big/ \frac{S(1+k)^{n-1}}{12} = \frac{A}{aS(1+k)^{n-1}}$$
$$= \frac{C}{a}(1+i)^{\frac{1}{2}}\left[1 + \frac{1+i}{1+k} + \left(\frac{1+i}{1+k}\right)^2 + \cdots + \left(\frac{1+i}{1+k}\right)^{n-1}\right] \tag{9-2}$$

当 $i \neq k$ 时，有

$$R = \frac{C}{a}(1+i)^{\frac{1}{2}}\left[1 - \left(\frac{1+i}{1+k}\right)^n\right] \Big/ \left(1 - \frac{1+i}{1+k}\right) \tag{9-3}$$

当 $i = k$ 时，有

$$R = \frac{C}{a} n (1+i)^{\frac{1}{2}} \tag{9-4}$$

从上面可以看出，退休收入替代率与工资水平无关。只要缴费率和积累期限相同，不同的工资水平的职工就具有相同的替代率。上式的计算是基于个人账户缴款按年存入的假设。但是也适合于按月存入的假设，因为两者误差很小。

9.3.2.3 由目标退休收入替代率确定个人账户缴款率

由目标退休收入替代率确定个人账户缴款率是上述过程相反的一个过程。先设定目标替代率为 R，由领取期预期平均投资收益率 j 和适当的生命表算出 a，然后从上述计算替代率的公式中解出 C，即得出个人账户缴款率的公式。

当 $i \neq k$ 时，有

$$C = R \cdot a (1+i)^{-\frac{1}{2}}\left(1 - \frac{1+i}{1+k}\right) \Big/ \left[1 - \left(\frac{1+i}{1+k}\right)^n\right] \tag{9-5}$$

当 $i = k$ 时，有

$$C = \frac{R \cdot a}{n}(1+i)^{-\frac{1}{2}} \tag{9-6}$$

在这里需要注意的是：

第一，预期平均工资增长率和预期平均投资收益率在大多数情况下都会有偏差，从而在既定的缴款率下最终的替代率与目标替代率会不一致。要实现目标替代率，就需要定期对个人账户缴款率进行调整。

第二，在实际中，个人账户积累额通常允许职工退休时一次领取，由职工自己支配。在这种情况下不能通过替代率来说明职工所获得的退休收入保障，通常是用个人账户积累额是临退休前年薪的多少倍来说明问题。假设这个倍数设为 r，则有

$$r = \frac{A}{S(1+k)^{n-1}} = C(1+i)^{\frac{1}{2}}\left[1+\frac{1+i}{1+k}+\left(\frac{1+i}{1+k}\right)^2+\cdots+\left(\frac{1+i}{1+k}\right)^{n-1}\right] \tag{9-7}$$

当 $i \neq k$ 时，有

$$r = C(1+i)^{\frac{1}{2}}\left[1+\left(\frac{1+i}{1+k}\right)^n\right]\Big/\left(1-\frac{1+i}{1+k}\right) \tag{9-8}$$

当 $i = k$ 时，有

$$r = C \cdot n(1+i)^{\frac{1}{2}} \tag{9-9}$$

第三，如果职工在退休时不是选择一次性领取，则通常有两种方式：一是公司用职工的个人账户积累额为其购买寿险公司的生命年金，同时个人账户撤销；二是公司保留职工的企业年金的个人账户，个人账户的资产仍可投资获得收益，职工自己决定每月的领取额，领取到个人账户为零时止。在第一种情况下，寿险公司提供的一般不是纯粹的生命年金，通常是带有一个确定给付期限的生命年金，各寿险公司的各种年金产品的预定利率是不相同的，费用也不一样，通过这种方式得到的替代率与上面谈到的将个人账户积累额转换为生命年金和转换为以退休后的平均生存年数为领取期的确定年金来计算的替代率没有可比性。在第二种情况下，职工可以自行决定领取额，因此企业年金所提供的保障水平也难以统一计量。

第四，用个人账户积累额转换为生命年金来计算的替代率，与转换为以退休后的平均生存年数为领取期的确定年金来计算的替代率，是两个可比较的、可用来衡量企业年金的保障水平，

它们不因职工对企业年金的领取方式的选择不同而不同。

9.3.2.4 决定企业年金替代率的三个要素

决定企业年金替代率的关键因素有三个：投资收益率、积累年数、个人账户缴款率。若积累年数相同、月薪相同、缴款率相同，则较大的投资收益率产生的个人账户积累额将更大，退休月收入自然也更大，所以投资收益率对养老保障起决定作用；积累期限也对最终的积累额产生重大影响，期限越长，积累越多；在其他条件相同时，替代率与缴款率按相同比例提高。因此，客户可以根据目标替代率来设定账户缴款率。

9.3.3 DB 计划精算原理

DB 计划的年金待遇是预先确定的，而年金计划的供款率是通过精算得到的。它是根据计划承诺给付额的现值等价于职工在职期间缴费金额的现值而计算出来的。

9.3.3.1 DB 计划精算原理的基本假设

（1）与 DB 计划精算原理有关的基本因素。与 DB 计划精算原理有关的基本因素主要有：

C——职工个人账户缴费率(包括企业缴款和职工个人缴款)；

S——职工参加企业年金计划时的年薪；

a——职工加入企业年金计划的年龄(我们假设职工参加工作的年龄即为加入计划的年龄，不考虑企业初设计划时的老人与中年人)；

r——职工退休年龄；

x——职工的实际年龄(我们只讨论 $a \leqslant x < r$ 的情况，因为只有这段时期是员工的供款期)；

k——在积累期上的预期平均工资增长率；

i——在积累期上的预期平均投资收益率。

（2）减因概率。由于职工在工作期间可能会发生与单位解约、死亡、因残废而退休、因年老而退休等情况，相应地，在工作期的各个年份内有如下概率：解约的概率、死亡的概率、因残废而退休的概率和因年老而退休的概率。从 x 岁到 $x+t$ 岁的这一年的上述概率分别记为${}_tq_x^{(w)}$、${}_tq_x^{(d)}$、${}_tq_x^{(i)}$、${}_tq_x^{(r)}$，以${}_tp_x^{(T)}$ 表示 x 岁的职工在 t 年后仍在职的概率，则在退休前有：

$$ {}_tp_x^{(T)} = 1 - ({}_tq_x^{(w)} + {}_tq_x^{(d)} + {}_tq_x^{(i)} + {}_tq_x^{(r)}) $$

a 是职工加入保险的年龄，运用存续函数 $l_x^{(T)}$，给 $l_a^{(T)}$ 设立一个值，那么我们就有：

$$ l_{x+1}^{(T)} = l_x^{(T)}\,[1 - (q_x^{(w)} + q_x^{(d)} + q_x^{(i)} + q_x^{(r)})] = l_x^{(T)} \cdot p_x^{(T)} $$

通过存续函数可以计算出 ${}_tP_x^{(T)} = \dfrac{l_{x+t}^{(T)}}{l_x^{(T)}}$

也可以通过递推的方式求得 ${}_tP_x^{(T)} = {}_{t-1}P_x^{(T)}P_{x+t-1}^{(T)}$

（3）工资增长率。企业年金计划缴费一般以工资的一定比例缴付，职工工资随工龄、工作业绩、劳动生产率和通货膨胀率而变动。设员工 a 岁加入企业年金计划，S 为员工参加工作时的实际工资额，$(ES)_t$为员工在工作 t 年时的预期工资额，则职工在 $a+t$ 岁时的预期工资额为：

$$ (ES)_t = S(1+k)^{t-1} $$

职工从 a 岁到 $r-1$ 岁的预期累积工资总额为：

$$ S_r = \sum_{t=1}^{n} S(1+k)^{t-1} $$

9.3.3.2 退休金给付额的确定

年老退休给付有三种给付额计算形式：年给付额不依赖于年薪的情形；年给付额由临退休前年薪决定的情形；年给付额由整个工作期平均年薪决定的情形。首先引入函数 R，表示 a 岁参加计划，现年 x 岁的职工，将从 r 岁退休时开始获得年给付额，同时假设年给付额不变。

（1）年给付额不依赖于年薪的情形。这种情形有两种计算方式。第一种，职工为企业每工作一年，可在其退休年给付额上增加一个固定数额 b，这时年给付额函数为 $R=b(r-a)$；第二种，在某一规定年限内，每工作一年增加年给付额 b_1，超过规定年限的工作年数每年增加较少的年给付额 b_2。若这个规定年

数用 m 表示，那么年给付额为：

$$R=\begin{cases} b_1(r-a) & (r-a\leqslant m) \\ m\cdot b_1+b_2(r-a-m) & (r-a>m) \end{cases} \tag{9-10}$$

（2）年给付额由临退休时年薪决定的情形。职工企业年金年给付额可以由其退休前最后一年的年薪决定，企业首先要确定一个目标替代率 A，并根据预期工资增长率预测出职工退休前的工资。一般情况下，企业采用这种方式计算年给付额的情况较为普遍。此时年给付额为：

$$R=A(ES)_{r-1}=A\cdot S(1+k)^{r-2} \tag{9-11}$$

（3）年给付额由整个工作期平均年薪决定的情形。年给付额等于整个工作期平均年薪乘以工作年数再乘以固定百分比 f。则预期年给付额为：

$$R=f\int_0^n (ES)_{a+s}\,\mathrm{d}s=f\int_0^n S(1+k)^{a+s-1}\,\mathrm{d}s \tag{9-12}$$

退休金给付额通常采取年金的方式，以保证退休职工得到定期的收入来源。最常用的一种年金方式是生存年金，即在退休职工生存期内给付年金，死亡后停止给付。每年 1 元的生存年金，在职工退休当年 r 岁的精算现值为：$\ddot{a}_r=\sum\limits_{t=0}^{\infty}{}_tp_x v^t$

9.3.3.3 退休金给付额的精算现值（present value of future benefits，PVFB）

DB 计划的参与者从退休时开始领取年金给付额为 R 的一个生存年金，这个年金在退休时的精算现值可以表示成为：$R\cdot\ddot{a}_r$。实际年龄为 x 岁职工的年退休金给付额的精算现值以 $(PVFB)_x$ 表示，则：

当 $x=a$ 时，$(PVFB)_x=R\cdot{}_{r-a}p_a^{(T)}\cdot v^{r-a}\cdot\ddot{a}_r$ (9-13)

当 $a<x<r$ 时，$(PVFB)_x=R\cdot{}_{r-x}p_x^{(T)}\cdot v^{r-x}\cdot\ddot{a}_r$ (9-14)

式中，${}_{r-x}p_x^{(T)}$ 是 x 岁的人在 r 岁退休时仍在年金计划中的概率；v^{r-x} 是利率在 r-x 年前的折现值；$\ddot{a}_r$ 是从 r 岁起每年初 1 元年金的现值。

9.3.3.4 职工缴费额的精算现值(actuarial present value of contribution, APVC)

年龄 x 岁($x \geqslant a$)的职工缴费精算现值以$(APVC)_x$表示，则：

当 $x=a$ 时，$(APVC)_x = \sum_{t=a}^{r-1} C \cdot S \cdot {}_{t-a}p_a^{(T)} \cdot v^{t-a}$ (9-15)

当 $a < x < r$ 时，

$$(APVC)_x = \sum_{t=a}^{x-1} C \cdot S(1+k)^{t-a}(1+i)^{x-t} + \sum_{t=x}^{r-1} C \cdot S(1+k)^{t-a} \cdot {}_{t-x}p_x^{(T)} \cdot v^{t-x} \tag{9-16}$$

式中，$\sum_{t=a}^{x-1} C \cdot S(1+k)^{t-a}(1+i)^{x-t}$ 为 x 岁职工从年龄 a 岁到 $x-1$ 岁的已缴费金额与投资收入的累积和。

9.3.3.5 职工个人账户缴款率的确定

根据职工缴费精算现值=退休金未来给付精算现值，即可确定职工个人账户缴款率。即：

当 $x=a$ 时，则由$(APVC)_x=(PVFB)_x$，可得：

$$C = \frac{R \cdot {}_{r-a}p_a^{(T)} \cdot v^{r-a} \cdot \ddot{a}_r}{\sum_{t=a}^{r-1} S(1+k)^{t-a} \cdot {}_{t-a}p_a^{(T)} \cdot v^{t-x}} \tag{9-17}$$

当 $a<x<r$ 时，则由$(APVC)_x=(PVFB)_x$，可得：

$$C = \frac{R \cdot {}_{r-x}p_x^{(T)} \cdot v^{r-x} \cdot \ddot{a}_r}{\sum_{t=a}^{x-1} S(1+k)^{t-a} \cdot (1+i)^{x-t} + \sum_{t=x}^{r-1} S(1+k)^{t-a} \cdot {}_{t-x}p_x^{(T)} \cdot v^{t-x}} \tag{9-18}$$

上述模型给出了待遇确定型计划中计算任何年龄职工的缴费水平，对于职工初始加入企业年金计划的年龄超过企业规定初始年龄时，为了在退休时得到同样的退休给付，需补缴的金额可参考该算法给出的计算公式。

9.3.4 DC-DB 结合的企业年金计划精算模型的建立

DC-DB 结合的企业年金计划是兼具 DC 计划与 DB 计划两种

计划特点的混合型计划。本文对这种计划建立精算模型的原理是首先设定一个目标替代率，得出职工退休后能够领取到的确定的企业年金金额，然后由目标替代率测算出 DC 计划阶段个人账户的缴款率。再根据缴款率测算职工在进行 DC 计划与 DB 计划转换时的账户积累额，最后根据账户积累额和替代率测算 DB 计划阶段的缴费额。

9.3.4.1 DC-DB 结合的企业年金计划精算模型的基本假设

我们将建立模型的相关元素用以下字母表示：

C——职工个人账户缴费率（包括企业缴款和职工个人缴款）；

S——职工参加企业年金计划时的年薪；

a——职工加入企业年金计划的年龄（我们假设职工参加工作的年龄即为加入计划的年龄，不考虑企业初设计划时的老人与中人）；

f——职工行使转换权的年龄（如果员工不进行转换，就成为了 DC 型计划，我们在这里不予考虑）；

r——职工退休年龄；

u——职工的最高死亡年龄；

k——在积累期上的预期平均工资增长率；

i——在积累期上的预期平均投资收益率；

v——折现率。

另外要指出，为了简化计算，我们不考虑员工在职期间死亡的可能性，因为一旦员工在在职期间死亡，那么他的账户中的企业年金数额则一次性转交给其亲属。

9.3.4.2 设定目标退休收入替代率

在预期平均工资增长率为 k 的假设下，员工临退休前的预期年薪为：$S(1+k)^{r-a-1}$；临退休前的预期月薪为：$\frac{S(1+k)^{r-a-1}}{12}$。

设目标退休收入替代率由 R 表示，则员工退休后预期能够按月领取的企业年金为：$P = R\frac{S(1+k)^{r-a-1}}{12}$。

9.3.4.3 计算 DC 计划阶段个人账户的缴款率

首先，计算企业年金给付额在职工退休时的精算现值。因为 DC-DB 结合的企业年金计划的给付阶段采取的是 DB 计划的给付方式，即职工定期领取定额的年金，死亡后停止给付。已知每年 1 元的企业年金，在职工退休当年 r 岁时的精算现值为：$\ddot{a}_r = \sum_{t=0}^{u-r} {}_tp_r v$，其中，${}_tp_r$ 表示某人已生存到 r 岁，他在 t 年后仍生存的概率。则职工退休后给付总额在职工退休当年的精算现值为：$(PVFB)_x = 12P \cdot \ddot{a}_r$。

其次，计算退休时的预期个人账户积累额 A。本模型对 A 的精算是按照 DC 计划模式的计算方法得出，原因有以下几点：第一，对于 DC-DB 结合的企业年金计划来说，前一阶段是缴费确定型，后一阶段是待遇确定型，待遇确定型的个人账户缴费额是一个变量，是由其他条件推算而出的。因此很难在待遇确定型阶段预测退休时的个人账户积累额。第二，本模型中员工工作期间大部分时间都是 DC 计划阶段，只有接近退休才改用 DB 计划，因此用 DC 计划来计算预期个人账户积累额比较准确。第三，DB 计划阶段的缴费额是根据 DC 计划阶段的积累额和稳定的退休金水平来确定的，它本身就对 DC 计划阶段实际积累额和预期积累额之间的差异起到一个调节作用，因此 DB 计划同样可以调节因为精算误差而造成的积累额的微小差异。则退休时的预期个人账户积累额为：

$$\begin{aligned} A &= S \cdot C(1+i)^{r-a-1} + S(1+k) \cdot C(1+i)^{r-a-2} \\ &\quad + S(1+k)^2 \cdot C(1+i)^{r-a-3} + \cdots + S(1+k)^{r-a-1} \cdot C \\ &= S \cdot C(1+i)^{r-a-1}\left[1 + \frac{1+k}{1+i} + \left(\frac{1+k}{1+i}\right)^2 + \cdots + \left(\frac{1+k}{1+i}\right)^{r-a-1}\right] \end{aligned} \tag{9-19}$$

最后，DC 计划阶段个人账户的缴款率 C 的确定。由企业年金给付额在职工退休时的精算现值等于退休时的预期个人账户积累额，即 $(PVFB)_x = A$ 可得：

$$12P \cdot \ddot{a}_r = S \cdot C(1+i)^{r-a-1}\left[1+\frac{1+k}{1+i}+\left(\frac{1+k}{1+i}\right)^2+\cdots+\left(\frac{1+k}{1+i}\right)^{r-a-1}\right]$$

则当 $i \neq k$ 时，有

$$C = \frac{R \cdot S(1+k)^{r-a-1} \cdot \ddot{a}_r}{S(1+i)^{r-a-1}\left[1+\frac{1+k}{1+i}+\left(\frac{1+k}{1+i}\right)^2+\cdots+\left(\frac{1+k}{1+i}\right)^{r-a-1}\right]}$$

$$= R \cdot \ddot{a}_r\left(\frac{1+i}{1+k}-1\right)\Big/\left[\left(\frac{1+i}{1+k}\right)^{r-a}-1\right] \tag{9-20}$$

当 $i = k$ 时，有 $C = \dfrac{R \cdot S(1+k)^{r-a-1} \cdot \ddot{a}_r}{(r-a)S(1+i)^{r-a-1}}$

$$= \frac{R \cdot \ddot{a}_r}{r-a} \tag{9-21}$$

9.3.4.4 DC 计划与 DB 计划转换时的账户积累额的确定

在 DC 计划阶段职工个人账户的积累期限为 $f-a$，则职工转换计划时 DC 计划阶段的个人账户积累额为：

$$\begin{aligned} B' &= S \cdot C(1+i)^{f-a-1} + S(1+k)C(1+i)^{f-a-2} \\ &\quad + S(1+k)^2 C(1+i)^{f-a-3} + \cdots + S(1+k)^{f-a-1} \cdot C \\ &= S \cdot C(1+i)^{f-a-1}\left[1+\frac{1+k}{1+i}+\left(\frac{1+k}{1+i}\right)^2+\cdots+\left(\frac{1+k}{1+i}\right)^{f-a-1}\right] \end{aligned} \tag{9-22}$$

9.3.4.5 计算 DB 计划阶段个人账户的缴款率

在这一阶段中，已知企业年金给付总额在职工退休时的精算现值，和职工在 DC 计划阶段所形成的个人账户积累额。为了能够使职工退休后的企业年金收入达到目标水平，在 DB 计划阶段就要在职工退休之前积累足够的个人账户积累额，而这一积累额在数值上就应该等于企业年金给付总额在职工退休时的精算现值减去 DC 计划阶段的个人账户积累额在职工退休时的积累总额。因此，我们首先要计算 DC 计划阶段的个人账户积累额在职工退休时的积累总额。

DC 计划阶段的个人账户积累额在进入 DB 计划阶段后，由个人账户管理转入企业的统一账户中进行管理。职工在 DC 计划中的个人账户积累额不再随着职工的工资增长而变化，而是由企业的投资收益率来决定。则：

$$B = B' \cdot (1+i)^{r-f}$$

其次，假设 DB 计划阶段的缴款率用 C'来表示，计算职工退休时 DB 计划阶段所形成的积累额。

$$\begin{aligned} A' &= S(1+k)^{f-a}C'(1+i)^{r-a-1} + S(1+k)^{f-a+1}C'(1+i)^{r-a-2} \\ &\quad + S(1+k)^{f-a+2}C'(1+i)^{r-a-3} + \cdots + S(1+k)^{r-a-1}C'(1+i)^{f-a} \\ &= S(1+k)^{f-a}C'(1+i)^{r-a-1}\left[1+\frac{1+k}{1+i}+\left(\frac{1+k}{1+i}\right)^2+\cdots+\left(\frac{1+k}{1+i}\right)^{r-f-1}\right] \end{aligned} \tag{9-23}$$

最后，确定 DB 计划阶段个人账户的缴款额。

根据企业年金给付额在职工退休当年的精算现值等于职工退休时 DB 计划阶段与 DC 计划阶段所形成的积累额之和，即 $(PVFB)_x = B + A'$，可得：

$$A' = (PVFB)_x - B \tag{9-24}$$

式中，A'为职工退休时 DB 计划阶段所形成的积累额。由于 DB 计划阶段的缴费额是确定的，因此与职工的工资等因素无关，只与企业的投资回报率有关。

根据普通年金终值公式，得：

$$\begin{aligned} A' &= D + D(1+i) + D(1+i)^2 + \cdots + D(1+i)^{r-f-1} \\ &= D\frac{(1+i)^{r-f}-1}{i} \end{aligned} \tag{9-25}$$

式中，D 为 DB 计划阶段的年缴费额。由式 9-24 和式 9-25 可以得出：

$$D\frac{(1+i)^{r-f}-1}{i} = (PVFB)_x - B,\text{即}$$

$$D\frac{(1+i)^{r-f}-1}{i} = R \cdot S(1+k)^{r-a-1} \cdot \ddot{a}_r - S \cdot C(1+i)^{f-a-1}$$

$$\left[1+\frac{1+k}{1+i}+\left(\frac{1+k}{1+i}\right)^2+\cdots+\left(\frac{1+k}{1+i}\right)^{f-a-1}\right](1+i)^{r-f}$$

化简得

$$D=\frac{i}{(1+i)^{r-f}-1}\cdot S(1+k)^{r-a-1}$$

$$\left[R\cdot \ddot{a}_r-C\left(\frac{1+i}{1+k}\right)^{r-a-1}\frac{1-\left(\frac{1+k}{1+i}\right)^{f-a}}{1-\frac{1+k}{1+i}}\right] \tag{9-26}$$

9.3.5 DC-DB 结合的企业年金计划的精算说明

9.3.5.1 DB 型企业年金计划和 DC 型企业年金计划

图 9-1 和图 9-2 分别描述了 DB 型和 DC 型企业年金计划的运行过程。对于以上图示，横轴表示积累期和给付期，纵轴表示货币单位。计划的目标是向计划参与者承诺一个等于 BD 的企业年金待遇。职工工作 AB 年，到 B 点退休，在 BC 期间收到企业年金给付。

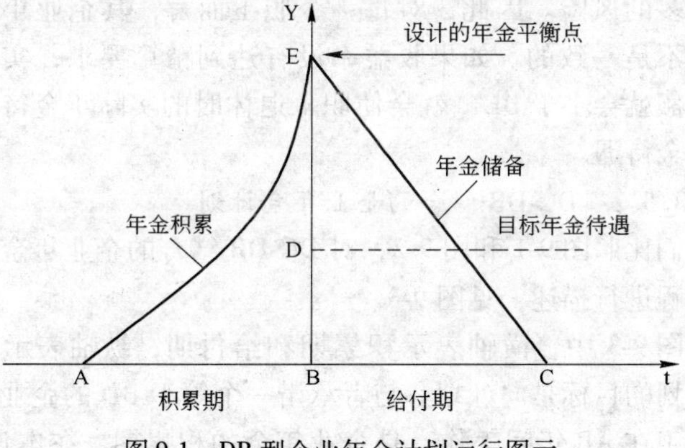

图 9-1 DB 型企业年金计划运行图示

由于供款期和给付期的基金数额都是随机变量，计划要求一个等于 BE 数量的基金积累才能满足企业年金给付需求。这个数量是根据职工或受益人的生存概率和资产的预期收益率等确定的。如果目标年金待遇由计划发起人预先向计划参与者承诺并担保实现，这就是 DB 计划。对于 DB 计划，为了达到规定的

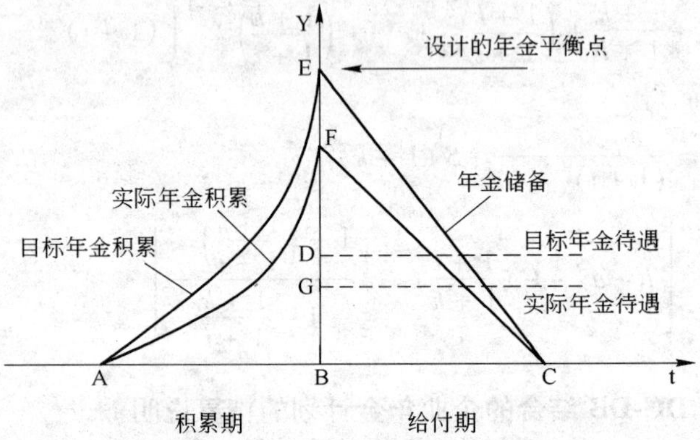

图 9-2　DC 型企业年金计划运行图示

目标年金给付，在积累期由于所假定的参数会经常发生变化，就需要不断地对缴费水平做出调整，因此，DB 计划所面临的风险主要在积累期。而对于一个 DC 计划，影响精算平衡的变量是随机的，因为这些变量在积累期和给付期都存在，职工自己将承担更多的风险。因此，对每一个职工而言，其企业年金待遇水平将不是一致的。如果收益率没有达到精算要求，实际的年金积累额就会小于 BE，就会使职工退休时的实际年金待遇低于目标年金待遇。

9.3.5.2　DC-DB 结合的企业年金计划

我们比照图 9-1 和图 9-2，对 DC-DB 结合的企业年金计划的运行过程进行描述，见图 9-3。

在图 9-3 中，横轴表示积累期和给付期，纵轴表示货币单位。计划的目标是向计划参与者承诺一个等于 BD 的企业年金待遇。职工在 AB 年间工作，是企业年金的积累期。在本计划中，积累期被一分为二，F 表示企业年金由 DC 计划转向 DB 计划的转换时间，则 AF 为 DC 计划阶段的积累期，FB 为 DB 计划阶段的积累期。职工在 B 点退休，在 BC 期间收到企业年金给付。

对于 DC-DB 结合的企业年金计划来说，它在给付期的年金待遇是确定的，而在积累期的 DC 计划阶段，是由职工自己承担

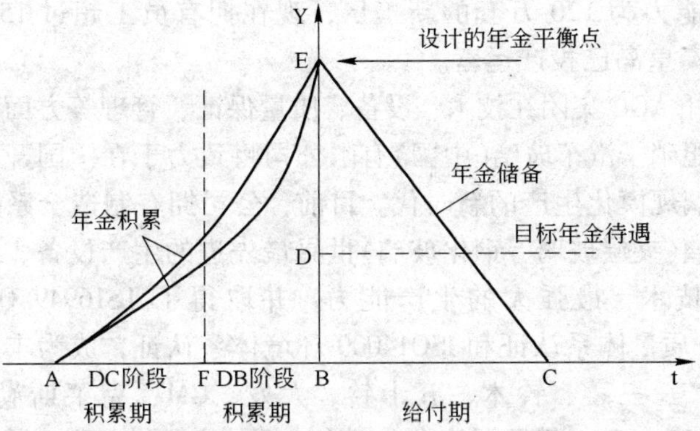

图 9-3　DC-DB 结合的企业年金计划运行图示

投资风险，因此会造成不同职工企业年金待遇水平的不一致。当进入 DB 阶段时，企业进行统一账户管理，企业会根据不同职工的不同积累水平设定不同的缴费率，积累额多的职工降低缴费率，积累额少的职工增加缴费率，来调整 DC 计划阶段所形成的差异。因此，当职工退休时，仍然能够达到预期的积累水平 BE，而职工也就能够获得预定的目标年金待遇。

9.4　旭硝子汽车玻璃(中国)有限公司的精算案例

在上面，我们根据精算原理建立了 DC-DB 结合的企业年金计划的精算模型，该模型是从设定一个目标替代率入手，分别计算了 DC 计划阶段和 DB 计划阶段的缴费率水平。在本章的实证研究中，鉴于目前我国没有实行这种企业年金计划模式的成功案例，我们将把某一具体企业作为研究对象，设定参数，并进行精算，来计算在目标替代率下如果我国企业采用 DC-DB 结合的企业年金计划，DC 计划阶段和 DB 计划阶段的缴费率情况。

9.4.1　企业简介

旭硝子汽车玻璃(中国)有限公司，是成立于 2003 年 8 月的 AGC 集团的独资企业，其前身是在中国业界享有盛名的秦皇岛海燕安全玻璃有限公司(创建于 1958 年)。2004 年 11 月，建设了年产能力为 120 万套的新工厂，现在拥有员工超过 1500 人，在中国秦皇岛已投产运营。

依托 AGC 集团在技术、设备、质量保证、管理等方面的深厚底蕴，旭硝子汽车玻璃(中国)有限公司将致力于在中国开创汽车安全玻璃规模化生产的新时代。目前，公司拥有制造全系列汽车安全玻璃(夹层玻璃、钢化玻璃)世界最先进的生产设备、最专业的工艺技术、最强大的生产能力，并取得了 TS16949. QS9000、VDA6. 1 质量体系认证和 ISO14000 环境体系认证，成为丰田、本田、日产、三菱、铃木、五十铃、大发、GM、克莱斯勒福特、VW、BMW、PSA 等国际汽车公司在中国的主要供应商，同时为一汽集团、东风集团、上汽集团、广汽集团、北汽集团、长汽集团、南汽集团等众多国内大型汽车集团提供配套服务。此外，已经开始了对日本、韩国的汽车玻璃出口业务，此项业务在不断扩大发展之中。现在，旭硝子汽车玻璃(中国)有限公司为扩大在全国各地区的业务，以及更好地为客户提供产品和服务，分别在长春、天津、武汉、成都、重庆、广州等地注册了分公司，同时新增设了上海、沈阳的供给据点。

9.4.2 基本参数的设定

(1) 企业年金计划的目标工资替代率为 20%。目前，我国基本养老保险的目标工资替代率为 60%，研究表明，当职工退休后，日常的支出会小于工作时的日常开支，领取原工资 80% 的退休金就能使其基本达到原来的生活水平，因此我们选定企业年金的目标工资替代率为 20%。

(2) 年利率为 4%。根据历年金融机构法定存款利率，按执行月份进行加权平均，可以得到平均年利率为 7.9%，这显然不符合未来的发展可能。由于改革开放 20 多年来中国经济高速发展以及财政政策、货币政策的作用，中国的法定存款利率进行过若干次调整，特别是 1997 年中国经济“软着陆”之前，金融机构一直实行较高的法定存款利率，因此以历年平均年利率作为参数显然不具代表性，按照成熟经济的实践，金融机构法定存款利率一般不超过5%，本文模型所选4%正是基于中国经济趋于成熟的考虑。同时，此参数设定也与“中国养老保险基金测算与管理”课题中的假设投资回报率为4%相同。

(3) 预期平均投资收益率为10%。企业为职工建立企业年金之后，要对企业年金账户进行长期的投资和管理，目前来说，中国的投资业回报率很高，但是也存在很大风险，综合各种因素考虑，本文把预期的平均投资收益率设定为10%。

(4) 最高死亡年龄为105岁。该数据来自《中国人寿保险业经验生命表(1990~1993)(混合表)》。

(5) 生存概率。《中国人寿保险业经验生命表(1990~1993)(混合表)》中给出了人的生存概率。生命表中的生存概率是一个随机过程，事件发生具有不规则性，为了简化计算过程，本文采用基本概率加上变化率的方式使这个随机过程变为一个规则的运动过程，变化率分别以退休期生存概率的变动作为一个指数变化。这一数据我们将结合企业的实际情况计算得出。

(6) 职工转换企业年金计划的年龄为45岁。这一数据是由我们的实证目标假设而得，为了简化计算，我们不再对男性和女性职工的转换年龄作出区分。

9.4.3 向模型中引入企业的有效数据

(1) 职工参加工作的年龄平均为20岁。旭硝子汽车玻璃(中国)有限公司拥有员工超过1500人，其中管理人员一百余人，生产工人一千三百余人，参加工作的平均年龄经估算约为20岁。

(2) 职工的退休年龄平均为57岁。旭硝子汽车玻璃(中国)有限公司执行我国的法定退休年龄，具体为男性60岁，女干部55岁，女工人50岁。特殊工种可以提前5年退休。在本文中为了计算简便，取男、女法定退休年龄的近似平均值为依据，并且不考虑提前退休的现象。

(3) 普通职工的平均工资水平及工资增长率水平。旭硝子汽车玻璃(中国)有限公司普通职工的月平均工资水平为1500元左右，年平均工资增长率约为5%。

9.4.4 旭硝子汽车玻璃(中国)有限公司实证分析

上述基本参数归纳见表9-3。

表9-3 DC-DB 结合的企业年金计划模型的基本参数值

S	R	a	f	r	u	k	i
18000	20%	20	45	57	105	5%	10%

另外，根据之前对生存概率的介绍，在这个模型中，我们的退休期以57岁时的生存概率作为基数，以58岁到105岁逐年生存概率的平均变化作为基本变化率。查表可得，人在57岁时的死亡率为0.008524，则57岁时的生存概率为0.991476(1－0.008524)。根据计算得出，从58岁到105岁逐年生存概率的平均变化值为0.011。因此，退休期生存概率的计算公式为：${}_tp_r = 0.991476\times(0.991476-0.011)^t$。则每年1元的企业年金，在职工退休当年$r$岁时的精算现值为：

$$\ddot{a}_r = \sum_{t=0}^{u-r} {}_tp_r v^t = \sum_{t=0}^{105-57} 0.991476\times(0.991476-0.011)^t \times(1+4\%)^{-t}$$

$$= \sum_{t=0}^{48} 0.991476\times\left(\frac{0.980476}{1.04}\right)^t = 16.36(\text{元})$$

由于职工退休时执行的是DB型计划，每年能够领取定额的企业年金数额，与企业年金的投资回报率无关，计算年金现值所用到的折现率就是银行的利率，在上文中已给出的年利率为4%，即折现率为4%。

(1) 计算员工退休后领取的企业年金。已知预期平均工资增长率为5%，员工临退休前的预期年薪为：

$$S(1+k)^{r-a-1} = 18000(1+5\%)^{57-20-1} = 18000\times1.05^{36}$$

$$=104252.69(\text{元})$$

临退休前的预期月薪为:

$$104252.69/12 = 8687.72(\text{元})$$

则员工退休后预期能够按月领取的企业年金为:

$$P = R\frac{S(1+k)^{r-a-1}}{12} = 20\% \times 8687.72 = 1737.54(\text{元})$$

(2) 计算 DC 计划阶段个人账户的缴款率。首先，计算职工退休后给付总额在职工退休当年的精算现值为:

$$(PVFB)_x = 12P \cdot \ddot{a}_r = 12 \times 1737.54 \times 16.36 = 341113.85(\text{元})$$

其次，计算退休时的预期个人账户积累额 A，见公式 9-19:

$$A = S \cdot C(1+i)^{r-a-1} \cdot \left[1 + \frac{1+k}{1+i} + \left(\frac{1+k}{1+i}\right)^2 + \cdots + \left(\frac{1+k}{1+i}\right)^{r-a-1}\right]$$

再由企业年金给付额在职工退休时的精算现值等于退休时的预期个人账户积累额，即 $(PVFB)_x = A$，计算出 DC 计划阶段的缴款率 C。

$$12P \cdot \ddot{a}_r = S \cdot C(1+i)^{r-a-1} \cdot \left[1 + \frac{1+k}{1+i} + \left(\frac{1+k}{1+i}\right)^2 + \cdots + \left(\frac{1+k}{1+i}\right)^{r-a-1}\right]$$

又因为在本实证中 $i \neq k$，则由公式 9-20 可得:

$$C = R \cdot \ddot{a}_r \left(\frac{1+i}{1+k} - 1\right) \Big/ \left[\left(\frac{1+i}{1+k}\right)^{r-a} - 1\right]$$

$$= 20\% \times 16.36 \times \left(\frac{1+10\%}{1+5\%} - 1\right) \Big/ \left[\left(\frac{1+10\%}{1+5\%}\right)^{57-20} - 1\right]$$

$$= 0.2 \times 16.36 \times \frac{0.048}{4.591} = 3.4\%$$

即在旭硝子员工的月平均工资为 1500 元的情况下，在 DC 计划阶段每月企业年金的缴款额为:

$$1500 \times 3.4\% = 51(\text{元})$$

(3) 计算 DB 计划阶段个人账户的缴款率。首先，职工转换计划时的个人账户积累额见公式 9-22:

$$B' = S \cdot C(1+i)^{f-a-1} \cdot$$

$$\left[1+\frac{1+k}{1+i}+\left(\frac{1+k}{1+i}\right)^2+\cdots+\left(\frac{1+k}{1+i}\right)^{f-a-1}\right]$$

进入 DB 计划阶段后，职工个人账户的积累额由企业的投资收益率来决定，B 表示职工在 DC 计划阶段的积累额在退休时的终值。

$$B = B'(1+i)^{r-f}$$

$$= S\cdot C(1+i)^{f-a-1}\cdot$$

$$\left[1+\frac{1+k}{1+i}+\left(\frac{1+k}{1+i}\right)^2+\cdots+\left(\frac{1+k}{1+i}\right)^{f-a-1}\right](1+i)^{r-f}$$

$$= S\cdot C(1+i)^{r-a-1}\frac{1-\left(\frac{1+k}{1+i}\right)^{f-a}}{1-\frac{1+k}{1+i}}$$

$$= 18000\times 3.4\%\times(1+10\%)^{57-20-1}\times\frac{1-\left(\frac{1+5\%}{1+10\%}\right)^{45-20}}{1-\frac{1+5\%}{1+10\%}}$$

$$= 18000\times 3.4\%\times 30.9127\times\frac{0.6875}{0.0455}$$

$$= 285857.55(元)$$

其次，根据已知的职工退休当年的精算现值和 DC 计划阶段的积累额在职工退休时的终值，可以计算出职工在 DB 计划阶段的积累额在职工退休时的终值，用 A' 表示。

由公式 9-24，可得

$$A' = (PVFB)_x - B = 341113.85 - 285857.55$$

$$= 55256.3(元)$$

这表示，在 DB 计划阶段只需使最终积累额达到 55256.3 元，就能满足职工退休后企业年金的正常领取。

由公式 9-25

$$A' = D\frac{(1+i)^{r-f}-1}{i}$$

可得:

$$D = A' \frac{i}{(1+i)^{r-f} - 1}$$

$$= 55256.3 \times \frac{10\%}{(1+10\%)^{57-45} - 1}$$

$$= 2583.97(\text{元})$$

因此，如果旭硝子汽车玻璃(中国)有限公司实行 DC-DB 结合的企业年金计划，DB 计划阶段每年需缴纳的企业年金为 2583.97 元，则每月需缴纳:

$$2583.97/12 = 215.33(\text{元})$$

参 考 文 献

[1] 李宏艳．企业年金研究述评[J]．中国社会保障，2004，(8)：22.

[2] 朱正．明天的奶酪：企业年金的历史选择和运营方式[J]．企业管理，2004，(2)：6～11.

[3] 孙健勇．企业年金管理指引[M]．中国财政经济出版社，2004：19.

[4] 杨燕绥．企业年金理论与实务[M]．北京：中国劳动和社会保障出版社，2003：156～161.

[5] John Bowman, Pension Fund Models in the UK and Poland. International Seminar on Pension Fund Modes and Legal and Regulatory Framework, 2001：15～17.

[6] 胡秋明．企业年金的人力资源管理效应及其理论解释．财经科学，2006，(10)：61～68.

[7] 张维衡．政策决定发展：美国个人退休计划对中国年金业务发展的启示[N]．证券时报，2005.7.4.

[8] 杨义灿．我国企业年金投资管理中委托代理关系研究[J]．现代管理科学，2006(8)：26～28.

[9] Government Actuary(2003), PPI(2003). Department of Employment：15～16.

[10] SMITH S, McKAY S. Employers' pension provision 2000 Research report. Department of Work and Pension, No. 163：14～15.

[11] 田昆．英国职业年金制度介绍[N]．中国劳动保障报，2002.2.7.

[12] University of St. Andrews Superannuating and Life Assurance Scheme. Pensions Review for the year to 31, July, 2004：1～3.

[13] Davis E P, Steil B. Institutional investor. MIT Press, Forthcoming. 2000：18～25.

[14] 胡劲松．基本养老保险与补充养老保险整合初探[J]．中国保险管理干部学院学报，1996，(7)：18～19.

[15] Russell Mellon CAPS Fund Returns, 2004：12～13.

[16] British Household Panel Survey, 1992 to 1998 inclusive：21～23.

[17] Recent Developments in Foreign Public and Private Pensions. October 2003, March 2004, April2004, May 2004, Social Security Administration's Office of Policy, USA,：65～68.

[18] 赵曙明，武博．美、日、德、韩人力资源管理发展与模式比较研究[J]．外国经济与管理，2002，(11)：31～36.

[19] 陈建安．战后日本社会保障制度研究[M]．上海：复旦大学出版社，1996：168～169.

[20] JonChoy. Japanese Pension Funds Coming Up Short. JEI No. 40, October25, 1996：43～52.

[21] 吕学静．日本社会保障制度[M]．北京：经济管理出版社，2000：56~68.
[22] 张树新，何金颖，莫燕曹等．全球企业年金[M]．北京：中国劳动和社会保障出版社，2004：135~139.
[23] 钟仁翅．养老保险改革国际比较研究[M]．上海：上海财经大学出版社，2004：25~26.
[24] 王贞凉．中外企业年金制度的比较及启示[J]．江汉论坛，2004，(5)：44~46.
[25] 孙建勇．企业年金：社会保障的重要支柱[N]．经济日报，2003，(12).
[26] 朱青．国外企业年金计划的税收政策和启示[J]．涉外税务，2003，(8)：46~50.
[27] 李连友，刘革．西方规制理论在我国年金基金监管中的运用[J]．求索，2004(5)：15~17.
[28] 郑秉文．"一开一降"适度调整年金和社保比例[N]．中国证券报，2005.8.5.
[29] Global Financial Stability Report 2004.(N0263).
[30] 祁新娥．中国企业年金财务问题研究[M]．上海：复旦大学出版社，2007：153.
[31] 劳动保障社会保险研究所．中国企业年金制度与管理规范[M]．北京：中国劳动和社会保障出版社，2002：62~68.
[32] 王俊．发展我国企业年金问题研究[J]．商业研究，2004，(295)：35~42.
[33] 袁权．对我国企业年金制度人力资源战略管理功效的思考[J]．经济师，2005，(6)：33~38.
[34] Stiffing Kidd. Investment Policy for Defined-Contribution Pension Scheme Member Close to Retirement：An Analysis of the"lifestyle"Concept[J]. North American Actuarial Journal，2000，(01)：2~5.
[35] 杨燕绥，耿晓丹．企业年金试行办法的战略意义[J]．社会保障，2004，(08)：47~49.
[36] 刘子兰．职业养老金计划模式选择[J]．统计与精算，2004，(03)：52~55.
[37] 张俊．针对不同企业特点进行企业年金方案设计[J]．保险研究，2004，(12)：36~39.
[38] Robert L. Clark，Fred W. Munzenmaier. Impact of Replacing a Defined Benefit Pension with a Defined Contribution Plan or a Cash Balance Plan[J]. North American Actuarial Journal，2002，(05)：32~35.
[39] Edward P. Actuarial Mathematics. N. L. Bowers，2002：42~46.
[40] 王晓军．中国养老金制度及其精算评价[M]．北京：经济科学出版社，2000：34~39.
[41] 卢仿先，曾庆五．寿险精算数学[M]．天津：南开大学出版社，2000：102~106.
[42] Khorasanee，M. Zaki. Deterministic Modeling of Defined-Contribution Pension Funds[J]. North Actuarial Journal，2004，(04)：83.

[43] 邓大松，刘昌平．中国养老社会保险基金敏感性实证研究[J]．经济科学，2001，(6)：39~43.

[44] [英]理查德．索普，吉尔·霍曼．企业薪酬体系设计与实施[M]．北京：电子工业出版社，2003：59~170.

[45] 陈峥嵘．谨慎人规则还是严格数量限制规则[N]．上海证券报，2005，(8)：26~30.

[46] 高建伟，李春杰．随机利率下缴费预定型企业年金保险中生存年金精算现值模型[J]．系统工程，2004，(22)：18~25.

[47] 邱宛华，高建伟．个人账户中养老金给付精算模型及其应用[J]．北京航空航天大学学报，2002，(03)：24~29.

[48] Robert M. Katz. Cash Balance Plans an Alternative for Superannuation. Iaaust Biennial Convention，2001：111~114.

[49] 邓大松，刘昌平．中国养老社会保险基金敏感性实证研究[J]．经济科学，2001，(06)：37~42.

[50] 贾洪波，温源．基本养老金替代率优化分析[J]．中国人口科学，2005，(01)：81~87.

[51] 劳动保障部法制司，社会保险研究所，博时基金管理有限公司．中国养老社会保险基金测算与管理[M]．北京：经济科学出版社，2001：209~211.

[52] 周江雄，刘建华，黎颖芳．生命表的构造理论[M]．天津：南开大学出版社，2001：123~198.